中央编译局文库
**Central Compilation and
Translation Bureau Literature**

国家出版基金项目
NATIONAL PUBLICATION FOUNDATION

中央编译局文库
Central Compilation and
Translation Bureau Literature

马克思主义研究资料

第22卷

主　编　杨金海
副主编　冯　雷(常务)　薛晓源

科学社会主义研究Ⅳ

本卷主编　李媛媛

中央编译出版社
CCTP　Central Compilation & Translation Press

总　序

　　呈献给读者的这套《马克思主义研究资料》丛书，旨在服务于我国正在实施的马克思主义理论研究和建设工程，积极吸收和借鉴国外马克思主义研究成果，对改革开放以来中央编译局编译的有关国外学者研究马克思主义的成果，以及少量相关的国内学者的研究成果整理出版，为我国马克思主义研究提供基础性的参考资料。本丛书计划出版 37 卷，三年内陆续完成编辑和出版工作。

　　编译国外学者关于马克思主义的研究成果，并对相关问题展开深入探讨，是马克思主义经典著作编译研究的基础性工作。中央编译局作为马克思主义经典著作编译研究的专门机构，历来十分重视这项工作。20世纪 50 年代以来，特别是改革开放以来，中央编译局的同志们编译了大量国外学者关于马克思主义的研究文献，也发表了不少自己的相关研究成果。这些成果曾经在中央编译局编辑的《马列著作编译资料》、《马列主义研究资料》、《马克思主义与现实》等刊物公开发表，或在内部刊物《马克思恩格斯研究》、《列宁研究》等刊载。这些成果对于推进马克思主义经典著作的编译和研究工作发挥了重要作用，时至今日，一些学者仍然把它们当做研究马克思主义的珍贵资料。

　　然而，随着近年来中央实施马克思主义理论研究和建设工程的深入推进以及马克思主义学科建设的快速发展，这些研究资料的留存情况已经远远不能适应形势发展的需要了。《马列著作编译资料》和《马列主义研究资料》早已停止出版，很多人难以找到原有资料；《马克思恩格斯研究》等内部刊物刊载的文章没有公开面世，也难以为人们广泛使用；而新编译的文献资料又很零散。因而，希望中央编译局提供马克思主义研究资料的呼声越来越高。

　　为了继承前辈的事业，适应学界的需要，尽可能全面系统地收集整理中央编译局近几十年来编译的国外学者关于马克思主义的研究成果以及相关的国内学者的研究成果，中央编译局专门成立了《马克思主义研究资料》丛书课题组，并对该项工作提供了基金资助。课题组不仅在局内组织力量进行工作，而且争取到社会力量的支持。经过课题组同仁两年多努力，已经形成一批编辑成果，还将继续补充、完善并陆续推出。这套《马克思主义研究资料》丛书就是这些成果的集中体现。

　　本丛书力求体现如下四个特点，这也是丛书编辑工作所力求遵循的四条原则：第一，保证文献性。本丛书主要收集改革开放以来中央编译局刊物发表的有关马克思主义理论编译和研究方面的成果，这些刊物包括公开出版的《马列著作编译资料》、《马列主义研究资料》、《马克思主义与现实》、《当代世界与社会主义》、《经济社会体制比较》、《国外理论动态》等，也包括内部刊物《马克思恩格斯研究》、《列宁研究》、《斯大林研究》、《马克思恩格斯列宁斯大林研究》等；少量收集其他杂志发表的中央编译局学者编译或撰写的有关文章；个别收集与中央编译局长期合作的其他学者的相关文章；对所收商榷性文章涉及的其他学者的成果，也作为附文收入，以示对相关学者的尊重，也便于读者在阅读正文时参考。收集整理这些学术成果的目的主要是为学界研究马克思主义提供参考资料，同时帮助人们了解马克思主义研究的历史进程和思想脉络。因此，本丛书所收文献力求保持其历史原貌，包括其中的人名、地名、术语、引文等，都不作改动，以便读者进行文献考证之用，只对个别错漏文字等进行校正，对于文中可能产生歧义的地方，以"本丛书编者注"的方式加以说明。其中读者特别应当留意的是译名、术语的不统一问题，例如关于《马克思恩格斯全集》历史考证版，就有多种表达方式：原文版、国际版和 MEGA 版，其中，往往又以"老"、"新"、"MEGA^1"、"MEGA^2"、"MEGA1"、"MEGA2"等来区分历史考证版第 1 版和第 2 版。第二，突出编译性。本丛书所收文献中，以国外学者的成果为主，包括国外学者关于马克思主义经典作家的著作、思想、生平事业，乃至书信往来、工作生活等方面的研究文献，凡比较有资料价值的，均在收集之列。如上所述，国内学者的相关考证性成果，包括经典著作翻译、版本、传播、重要术语考据等文献，凡具有资料价值的，也一并收入，但这部分内容所占比例较小。第三，力求系统性。上述几十年来形成的这些编译研究资料繁茂芜杂，十分零散，使用起来很不方便，编辑整理就更为困难。为把这些宝贵文献整理面世，使之更好地发挥作用，编辑人员下了很大功夫。在收集整理中，我们力图分门别类，尽可能将同类资料按照一定逻辑顺序编排，使之呈现一定的系统性，以便读者全面掌握有关资料。第四，力争权威性。本丛书力争选编国内外在相关研究领域具有一定权威性的专家学者的具有代表性和影响力的文献。为保证文献的权威性和准确性，我们对文献的引文进行了校订，特别是对有关马克思主义经典著作的引文进行了原版原文核对，并对注释尽可能地作了规范化处理，以便读者更准确地了解引文及其出处。

基于上述考虑，本丛书的编排体系大体分四个部分。第一部分是经典著作研究，包括关于《共产党宣言》、《资本论》等手稿、创作、版本、传播诸方面的研究文献；第二部分是基本理论研究，包括哲学、政治经济学、科学社会主义以及政治学、法学等方面的研究文献；第三部分是版本和传播、编译以及生平事业研究；第四部分是国外马克思主义研究。每一部分包括若干卷。每一卷都有本卷编辑说明，对本卷编辑的思路、内容和有关技术问题作简要交代。各卷内容按照逻辑顺序进行编排，在此基础上再按照时间顺序编排。各卷内容一般要作分类，并加分类标题，以便读者阅读研究。

需要说明的是，由于本丛书是整理编辑已有的文献，而且主要限于整理编辑中央编译局学者编译和研究的部分成果，这就决定了本丛书不可避免地存在一些缺憾。一是这些文献中有的观点不一定正确。选编这些文献并不意味着编者赞同其中的观点，我们的目的仅仅在于为人们研究马克思主义提供参考资料，其中正确的思想成果可以作为我们研究借鉴的思想资源，而错误的观点可以作为我们研究批评的对象。例如，对有关马恩对立论的观点，我们是不赞成的，但为了让研究者了解、研究和批评这种观点，也收入了相关文章。所以，谨请读者在使用这些文献时注意辨别是非。二是这些文献存在质量参差不齐的情况。由于这些文章的作者、译者水平不同，写作时间、背景、针对的问题、产生的影响以及发表的刊物等不同，其质量也就有一定差别。例如，有的概念和译文在今天看来不一定科学、准确，有的文献曾经很有价值而在今天看来最多只有学术史的价值。在选编过程中，我们尽量收入那些分量较重、影响较大的文献，但为了比较全面地反映学术史的原貌并提供尽可能详细的研究参考资料，也收入了一些篇幅较短、影响不大但有一定资料或史料价值的文献。另外，有少量比较重要的文献，由于作者或译者不同意收入，也不得不忍痛割爱。三是这些文献的系统性、规范性不太强。尽管我们努力按照上述编辑原则工作，对这些文献进行了分类整理，力求全面系统地提供给读者相关方面的文献资料，但由于这些资料十分繁杂，彼此之间的关联性不强，有的方面资料较多，有的较少，且发表的刊物、时间等不同，体例也很不统一，整理起来难度极大，加之各位编者的研究角度不同，水平各异，所以，每一卷书的结构、篇章、内容、观点等都不尽相同，其规范程度也不尽一致。对本丛书存在的以上不足或缺憾，谨请读者鉴谅；对其中可能存在的疏漏和错误之处，谨请读者批评指正。

　　本丛书在编写和出版过程中，得到了各个方面的大力支持。中央编译局对此项工作高度重视，始终给予鼎力支持。国家出版基金将本丛书列入 2013 年度资助项目。中央编译出版社为本丛书申报国家出版基金项目并最终立项，以及为丛书出版做了大量工作。本丛书所收文献的译者、作者和出版者，凡已联系上的，均给予我们大力支持，同意使用这些文献；对尚未联系上的，我们将尽力联系，也请相关同仁主动联系我们。丛书顾问委员会的专家对丛书的编写工作给予热情指导，编委会成员和课题组同仁为丛书的编写付出了辛勤劳动。在此一并致以衷心的谢意！

《马克思主义研究资料》

编辑委员会

2013 年 12 月 10 日

编辑说明

本卷为"科学社会主义研究"类的第Ⅳ卷，该卷共选收国内外学者研究社会主义理论和实践问题的相关文献共 23 篇。

本卷分为两部分：第一部分共收录 12 篇文章，主要内容是各国学者对现代社会主义的特点和模式的研究，以及世界社会主义国家如古巴、越南等对社会主义道路的探索；第二部分共收录文章 11 篇，主要内容是学者们对中国社会主义道路的理论和实践的阐释与研究，探讨了新世纪中国共产党的意识形态、当代中国的马克思主义、中国特色社会主义理论，以及中国的社会主义文化、经济、法制以及国际环境对中国社会主义建设的影响。

为保持文献性，本丛书的注释尽量保持原貌，不作改动；但对原注释有错误或有遗漏的，我们尽可能查阅了有关文献，作了必要的规范和完善；对有些查找不到的，保留原来的内容和格式。

目 录

马克思和恩格斯关于计划与市场的基本观点及其现实意义[*]

〔美〕阿尔·坎普贝尔

美国学者阿尔·坎普贝尔（Al Campbell）在 2008 年 3 月 3—7 日于哈瓦那举行的第十届全球化和发展问题国际会议上提交了题为《建设社会主义和共产主义：计划与超越市场的过程》的文章，认为马克思和恩格斯关于计划与市场的基本观点是：计划是社会主义内在的一个本质方面，也被资本主义用于维护资本的利益。而在社会主义建设中，市场在计划中也占有重要地位，因此存在和资本主义市场不同的社会主义市场。本文对于我们梳理马克思和恩格斯关于计划与市场的基本观点，认识在当前国际金融危机情况下，资本主义采取计划手段克服危机这一做法的性质，以及社会主义国家如何利用新的计划超越市场的局限性来克服当前世界经济危机有参考价值，特将其主要内容介绍如下。

本文将论述以下八点。(1)作为本文所探讨内容的背景，我们承认计划是社会主义内在的一个本质方面，我们必须把适合于当今世界的计划的细节和基本本质创造出来，以支持（各种）向社会主义的过渡。(2)关于当今社会主义计划适于采取何种基本结构，有许多问题需要解决，本文将只关注其中之一，即为了建设社会主义，市场在计划中应当

---

* 本文选自《国外理论动态》2010 年第 7 期。

居于何种地位。（3）资本主义市场以有利于资本主义的方式来塑造其参与者（任何生产方式都创造它自己的前提），而这种塑造方式既不利于其参与者生活在社会主义中，也不利于其参与者影响从资本主义到社会主义的过渡，本文将就此讨论资本主义的本质属性。（4）马克思和恩格斯认为，工人政府刚刚夺取政权后，资本主义的商品生产和资本主义市场仍将存在，本文将论述他们的这一观点。（5）马克思和恩格斯认为，向社会主义的过渡将导致资本主义市场和商品生产的消亡，而在社会主义中将完成对两者的超越，本文将论述他们的这一观点。（6）接着，本文将严格依照马克思和恩格斯的言论来论证，在社会主义条件下，必然存在单一市场，尽管这是一个和当今市场的性质不同的市场，我称这一市场为"社会主义市场"（并且我将仔细地说明它与资本主义市场之间的根本区别）。（7）本文接着将论证，虽然社会主义市场是社会主义所必需的，且又不同于资本主义市场，但它仍然是社会主义向共产主义过渡的障碍。（8）马克思确实认为，共产主义生产方式是一个没有任何市场的社会，本文最后将讨论，超越社会主义单一市场的必要条件是什么，完成向共产主义生产方式过渡的必要条件是什么。

一、导　言

历史上，马克思主义者认为计划是社会主义内在的基本组成部分。下面是著名马克思主义者为此提出的三段表述。

马克思在世时看到了其生平名著《资本论》第一卷的出版，他在其中写道：

"只有当社会生活过程即物质生产过程的形态，作为自由联合的人的产物，处于人的有意识有计划的控制之下的时候，它才会把自己的神秘的纱幕解掉。"①

恩格斯在十年以后写道:

"只有一个有计划地从事生产和分配的自觉的社会生产组织,才能在社会方面把人从其余的动物中提升出来,正像生产一般曾经在物种方面把人从其余的动物中提升出来一样。"②

将近一百年后,切·格瓦拉重申了同样的实行计划的任务。他与马克思和恩格斯一样,认为对于社会主义来说,计划不仅是一个更优越的能够生产更多产品的协调经济的方式,更重要的是,计划是社会主义的基本成分,因为它是人类成为他们自己的历史主体的一个方面,也就是说,它是人的自身发展的一个方面,人的自身发展既是社会主义和共产主义的目的,也是社会主义和共产主义的本质。

"……中央计划是社会主义社会的存在模式,是社会主义社会的本质特征,在中央计划的条件下,人的意识最终成功地把经济综合起来,使之服务于其目标:在共产主义社会的框架内实现人的全面解放。"

75 年前,苏联创造了一种特殊的非资本主义社会的计划类型,后来苏联和其他不同国家对之进行了改造,直到 1991 年。我认为,这种原创的计划设计既具有适应社会主义发展的方面,也具有为真正的社会主义发展故意设置障碍的其他方面,因为真正的社会主义将威胁到 20 世纪 30 年代在苏联出现的特权精英。然而,本文的目的不需要或不想对苏联的经验作出某种评价。本文的重点是,那些现在渴望向社会主义转型的社会需要创造一种新的社会主义计划方法。而且,他们不能把计划设计成他们理论上想要的那样,而是必须在当今的世界中创造计划的

---

① 《马克思恩格斯全集》第 1 版第 2 卷第 97 页。——译者注
② 《马克思恩格斯选集》第 2 版第 4 卷第 275 页。——译者注

方法，而当今世界在经济和政治上都被新自由主义的资本主义形式所统治。

为了向社会主义过渡，在新的计划模式的创造中需要解决很多问题。这其中有：（1）集中计划和分散计划的平衡，除了两者的平衡之外，还有两者的整合，因为两者不仅是人们通常描述的相互替代的关系，而且还是互补关系；（2）自上而下的计划、自下而上的计划以及上下反复的计划的地位和相互关系；（3）就计划和控制（例如，一项计划的实施）而言，何种目的和手段才是恰当的；以及许多其他问题。我坚持认为，在这一历史性的时刻，而且尤其是在新自由主义的资本主义模式在世界上占主导地位的情况下，那些试图创造必需的新计划方法的人们所面临的最重要的问题之一是，市场在建设社会主义的计划中发挥何种作用和具有何种性质才是适当的。

本文的目的是反思在建设社会主义的计划过程中，市场发挥何种作用和具有何种性质才是恰当的。

包括笔者在内的许多作者都曾反复强调，除非一个人表明他所认为的社会主义的目的是什么，否则，从方法论上说，他关于社会主义标准的言论都是没有意义的。许多表示社会主义核心目的的词语实际上表达的是同一个概念：（真正的）人的发展，个人潜力的开发，个人潜在才能和能力的发展机会，成为更完善的人，人的物种的发展，或者是马克思和恩格斯用过很多次的一个简单词组：获得自由。对他们来说，这个词组表述的是同一个问题。

本文的其余各节将做如下组织。在第二节中，我将讨论什么是市场以及市场基于其本质对参与市场的人们做些什么事情，后者是前者即市场定义的一部分。这些问题解决之后，我将在第三节回顾一下，工人政府刚刚夺取政权时应如何对待资本主义市场，以及在向社会主义过渡中如何对待资本主义市场，马克思和恩格斯的观点是什么。在下一节，我将讨论，马克思和恩格斯认为，社会主义条件下将存在一个类型根本不同的市场，他们对这一市场持何种立场。我把这个市场称为社会主义市场，并且我将详细地指出，在马克思和恩格斯的眼中，这一市场怎样区别于资本主义市场。第五节将探讨，虽然马克思和恩格斯认为社会主义中将会存在一个单一的非资本主义市场，但他们认为这一市场将是社会进一步向共产主义过渡的障碍。接着，这种观点显然将导致第六节的推论，即有些社会主义社会成员的目标是推进人的自我发展，这种目标促使他们为共产主义的生产方式而奋斗，这些人将不得不与这种非资本主义市场发生何种关系。倒数第二节讨论如何超越这种社会主义市场。最后一节进行总结。

二、市场是什么，做什么

表面上看，市场是交换人们认为等值的物品的地方（用商品、服务、劳动力交换货币，用货币交换对未来的商品或服务的承诺，等等）。注意，即使是这样一个市场的基本定义也直接取决于市场做什么。但市场的内容远不止这一基本定义，这也恰恰是因为市场做的事情远不止是物品交换。

基于本文的标题，我们关注的是市场作为文化制度的方面，这些文化制度辩证地塑造着市场参与者的本质。一方面，它们塑造参与者的人格，我将对市场塑造人格的方式展开讨论。另一方面，市场参与者的集体人格、他们的习俗、文化、法律、准则也影响着市场的本质。

重要的是我们要懂得，市场有两种相互对立却同时存在的特征。第一种是所有市场的共有特征。这些特征来自市场作为等值物品交换地的共同本质。下面我将描述几条这样的特征，这几条特征对于超越任何市场的问题都具有重要意义。

然而，为了达到对市场的整体认识，一个人需要懂得，这种交换制度是更大的社会组织的一部分。因此，市场成为某个社会的一部分，这一社会的性质决定了市场具有某些特定特征。这一点对于马克思所讨论的单一市场问题具有重要意义，马克思认为，单一市场将在社会主义条件下继续存在（并将在建设共产主义的过程中被超越），下面我将探讨这一问题。卡尔·博拉尼（Karl Polanyi）在其论述资本主义市场崛起的杰作《大转变》（1944 年）中，强调了（并创造了现在很常用的短语）市场植根于特定社会的思想，并强调市场的性质一定程度上取决于所在社会的性质。并非所有的市场都是资本主义市场。资本主义市场是非常特殊的市场，它们植根于资本主义社会中，因此，它们的许多性质、许多运作方式都源自资本主义的性质。① 恩格斯嘲笑杜林试图通过描述虚构的莱比锡书市危机来解释现代资本主义市场的危机，并提出了同样的观点。杜林认为，所有市场都是类似的，是独立于其作为一部分的体系的，恩格斯把杜林的观点比喻为"用杯中水的风暴来说明海洋上的风暴"②。我们将看到，马克思描述了一个植根于社会主义的单一市场，这个市场不涉及商品生产，而且这一市场被纳入到社会计划之中。显然，这一市场根本不同于资本主义市场，尽管我们将看到，这一市场仍

————————

① 封建社会的大多数市场（不是所有，封建社会中也有资本主义市场）都包含手工生产。撇开学徒地位的复杂问题（学徒地位因地区和师傅的不同而不同，尤其取决于涉及的学徒数量），供销售的产品是由出售货物的个人（或家庭）生产的。因此这些市场在本质上不同于资本主义市场，因为这里既没有雇佣劳动，也没有剩余价值生产，而这两者分别是资本主义条件下市场的形成和目的。

② 《马克思恩格斯选集》第 2 版第 3 卷第 636 页。——译者注

然具有所有市场所共有的某些特征，因此，这一市场将是超越社会主义向更高阶段过渡的障碍。

无论市场植根于何种生产方式，所有的市场都共有某些特征，这些特征来自市场作为交换人们认为等价的物品的场所的性质，我们现在回头来展开这一论断。长期以来，保守主义者们为市场唱赞歌是因为市场具有下述所有市场共有的特征。

（1）一个人不需要关心，甚至不需要认识和他做交易的人。因此，市场奖励并强化冷漠旁观、缺乏同情心和匿名性。想想亚当·斯密关于屠夫和酿酒师的有名例子吧。

（2）个人决定买、卖、工作或雇佣时，不需要涉及社会协商问题。因此，市场奖励并强化一种错误的鲁宾逊·克鲁索式的孤立个人（与需要社会交流和社会决策技能的真实的社会个人形成对照）。

（3）人们在市场中活动，只需要最起码的信息，实际上就是物品的价格和一些相近替代品的价格。因此，市场奖励并强化对经济体系的片面和不完整的理解，由此也导致对人们处于其中的社会体系的片面和不完整的理解。

（4）市场既不依赖于买方或卖方的承诺，也不依赖于人的信任，因此，市场奖励并强化成功的欺骗和背叛。

但是市场强化的所有的人的品质，恰恰是更有人情味的社会主义社会想要强化的人的品质的反面。长期以来，社会主义者认为，下列问题对社会主义及人类的发展目标具有重要意义。

（1）人类本质上是集体的动物，这不仅体现在他们的生产中，而且体现在他们的本质本身中——他们如何学习，每个个体是如何变成他后来的样子，等等。马克思称之为我们的类特性。对他人有同情心、有和他人团结一致的感觉（这需要以一个人知道自己在和谁交往作为前提

7

条件），是社会主义对未来非异化社会的展望中所必需的。

（2）真正的人的发展要求集体控制个人生存的所有方面（"自由王国"）。因此，对于建设社会主义来说，团体交流和集体社会决策的能力是必要的。

（3）为了集体地控制人的社会环境，比如控制经济，社会需要明白自己是如何运行的。注意，这是市场捍卫者和社会主义者之间长期存在的分歧。对于前者来说，市场的一个优点是，某个人只需要知道少数商品的价格，然后通过人们无法理解的被称为"看不见的手"的过程，一切都可以解决得很好，事实上，较之他为了人类的利益而努力去认识复杂的经济体系并采取行动来控制经济体系，这样更好一些。相反，社会主义者不仅认为，人类有能力理解他们所处的经济体，有能力为了人类的利益而控制经济体，他们还认为，这种理解是永无止境的人类发展过程的一部分。社会主义者们坚持追随启蒙运动的思想，认为人类有能力不断地越来越多地认识我们所生活于其中的物质世界和社会世界，而且正是这种能力使我们成为真正的人。在理论上为市场辩护意味着拒斥启蒙运动的核心思想。

（4）尽管人在本质上是集体动物，但资本主义意识形态遮蔽了我们的集体本性，而资本主义实践也在一定程度上起到了这种遮蔽作用。承诺和信任都是我们真正的集体本质的一部分。而且，承诺和信任对于我们识破资本主义的迷局和实现我们的类特性，是不可或缺的。

因此我们认识到，市场的参与者受到市场的制约。特别重要的是，市场的资本主义倡导者，把市场所强化的人的品质视为市场的力量而加以提倡，这恰恰是社会主义者强调的、作为当今人类真正发展的一部分的另一些人类品质的对立面。

三、社会主义与资本主义市场消亡的必然性

众所周知，早在《共产党宣言》中，马克思和恩格斯就主张，资本主义市场的终结是一个过程，因此商品的终结也是一个过程。这意味着，马克思和恩格斯认识到，当工人政府最初执掌政权时，它将面对一个仍然受资本主义市场和商品生产统治的经济体。随后他们设想了这样一个政府应该如何对待资本主义市场。第一步是"使无产阶级上升为统治阶级，争得民主"①，然后"无产阶级将利用自己的政治统治，一步一步地夺取资产阶级的全部资本，把一切生产工具集中在国家即组织成为统治阶级的无产阶级手里……"②

短语"一步一步地"（因此是"消亡"而不是突然的消灭）不是一个不重要的插入语，而是他们观点的核心。他们接着说，转型过程的第一步是"对所有权和资产阶级生产关系实行强制性的干涉"③（同样，是"干涉"而不是突然的消灭），接着更具体一点，转型的实现是因为"采取这样一些措施，这些措施在经济上似乎是不够充分的和没有力量的，但是在运动进程中它们会越出本身，使进一步向旧的社会制度进攻成为必要，而且作为变革全部生产方式的手段是必不可少的"④。

因此资本主义市场的消亡将是一个过程，这一过程的第一步显得软

---

① 《马克思恩格斯选集》第 2 版第 1 卷第 293 页。——译者注

② 《马克思恩格斯选集》第 2 版第 1 卷第 293 页。——译者注

③ 《马克思恩格斯选集》第 2 版第 1 卷第 293 页。——译者注

④ 原文使用了《共产党宣言》1988 年英文版的表达方式，这里的译文结合了中文版的正文和脚注，参见《马克思恩格斯选集》第 2 版第 1 卷第 293 页。——译者注

弱无力，以至于这一步似乎不能导致成功的转型，但是这一步开始了这样一个过程，这一过程的逻辑不断造成更多和更深刻的转型。最后，还要有一个"增加国家工厂和生产工具"① 的过程。问题不在于不去占有和夺取资产阶级的财产——实际上是可能要夺取和没收的。关键在于，这将会是一个长期过程，随着社会生产发展出了代替资本主义市场的能力，这一过程的结果将是资本主义市场和财产的消亡而不是突然被消灭。

因此，资本主义市场将在私人生产向国家生产转型的过程中消亡，而我们在本文开头看到，国家生产需要社会计划。1878 年，恩格斯阐述了这种转型对社会主义的意义。我引用的这段引文相当长是因为，这段引文非常明确地阐述了为何超越资本主义市场对社会主义极其必要——如上文所述，这同样不（仅仅）是因为物质产量，更重要的是因为它对于人的改造具有本质意义，而人的改造对于社会主义和共产主义具有本质意义。

"一旦社会占有了生产资料，商品生产就将被消除，而产品对生产者的统治也将随之消除。社会生产内部的无政府状态将为有计划的自觉的组织所代替。个体生存斗争停止了。于是，人在一定意义上才最终地脱离了动物界，从动物的生存条件进入真正人的生存条件。人们周围的、至今统治着人们的生活条件，现在受人们的支配和控制，人们第一次成为自然界的自觉的和真正的主人，因为他们已经成为自身的社会结合的主人了。人们自己的社会行动的规律，这些一直作为异己的、支配着人们的自然规律而同人们相对立的规律，那时就将被人们熟练地运用，因而将听从人们的支配。……只是从这时起，人们才完全自觉地自

---

① 《马克思恩格斯选集》第 2 版第 1 卷第 294 页。——译者注

己创造自己的历史；只是从这时起，由人们使之起作用的社会原因才大部分并且越来越多地达到他们所预期的结果。这是人类从必然王国进入自由王国的飞跃。"①

本文只会顺便论及所谓的"市场社会主义"问题，仅仅是从上文的论述中得出对概念的批评。本文的观点是，实现社会主义（不仅仅是共产主义）是与市场和商品生产不相容的，它要求在社会占有生产资料的过程中完成对市场和商品生产的取代，那时生产资料将由社会计划来管理，这说明，社会主义过渡的过程不能以市场应用的扩大为基础。

四、社会主义和社会主义市场的必要性

上文论述了资本主义市场和商品生产的消亡是建设社会主义的一个必要而根本的方面，除了这些论述之外，马克思还写下了下面这一段非常明确的论断，这一论断认为社会主义条件下必然存在一个单一的、不同类型的市场。

"每一个生产者，在作了各项扣除以后，从社会领回的，正好是他给予社会的。他给予社会的，就是他个人的劳动量。例如，社会劳动日是由全部个人劳动小时构成的；各个生产者的个人劳动时间就是社会劳动日中他所提供的部分，就是社会劳动日中他的一份。他从社会领得一张凭证，证明他提供了多少劳动（扣除他为公共基金而进行的劳动），他根据这张凭证从社会储存中领得一份耗费同等劳动量的消费资料。他

---

① 《马克思恩格斯选集》第 2 版第 3 卷第 757—758 页。——译者注

以一种形式给予社会的劳动量，又以另一种形式领回来。"①

在这里，马克思对市场作了清晰的描述，市场是一种交换等价物的制度。一个生产者花费的劳动时间交换成由其他生产者（在这里是用劳动凭证）用等量的社会劳动时间生产的物品。然而，这一市场运行的关键是，它植根于社会主义中，并且我们在上文已经看到，社会主义必然调节有计划的生产来满足人们的需要。更进一步，在社会主义条件下，参与者对其处于其中的社会过程是有意识的，并以集体的形式控制着这些社会过程。因此实际上是生产者在交换社会劳动时间，并且生产者把自身劳动理解为社会总体劳动时间的一部分。这两者恰是资本主义市场中情况的反面。按照上文的讨论，市场植根于既定的更为广泛的社会结构中，并从这种广泛的社会结构获得自身的一些特征，因此，为了和资本主义市场、封建社会市场等等相区分，把马克思描述的这一市场称为"社会主义市场"② 是恰当的。这样描述的市场在本质上尤其不同于资本主义劳动力市场，而且相对于资本主义劳动力市场，这是人类的一个伟大进步。

---

① 这段文字（《马克思恩格斯选集》第2版第3卷第304页。——译者注）是马克思关于未来社会主义市场观点的最有名的一段，但并非唯一一段，例如，十年前在名著《资本论》中，马克思提出了完全相同的分配体制，即依据所贡献的劳动时间进行分配，马克思把这种分配体制视为自由人联合体分配产品的方式之一。（参见《马克思恩格斯选集》第2版第2卷第141—142页。——译者注）

② 马克思从未给这种制度或实践命名，只是在一些地方对它进行了描述。

五、社会主义市场是通向共产主义的障碍

马克思同时阐述了，社会主义作为向共产主义过渡的一个阶段，必然要求一个单一的社会主义市场，他很清楚，在资本主义向共产主义生产方式过渡的同一过程中，这一社会主义市场将是一个障碍。他以下面这段文字开始了上文引证的关于这种社会主义市场的讨论。

"我们这里所说的是这样的共产主义社会，它不是在它自身基础上已经发展了的，恰好相反，是刚刚从资本主义社会中产生出来的，因此它在各方面，在经济、道德和精神方面都还带着它脱胎出来的那个旧社会的痕迹。"①

马克思主义者们几乎普遍认为，将会存在一个资本主义向社会主义过渡的时期，这一时期要克服多种资本主义的关系。然而，从马克思围绕这段引文所写文字的语境中可以清楚地看到，马克思在这里谈论的是，在共产主义的初级阶段即社会主义阶段仍将存在的畸形现象。马克思尤其阐述了，上文描述的社会主义市场是如何"带着它脱胎出来的那个旧社会的痕迹"，并因此成了向共产主义进一步过渡的障碍的。在这里我要指出，社会主义市场在三个（相互联系的）基本方面成为超越社会主义的过渡过程的延续的障碍。前两个方面的理由相当简单，和上文关于社会主义目的的讨论以及市场如何影响参与市场的人有关。第三个方面是在较为深刻的理论层面上的，在这一段关于社会主义性质以及超越社会主义的简要讨论中，马克思论述了这一方面。

---

① 《马克思恩格斯选集》第 2 版第 3 卷第 304 页。——译者注

（1）上文第二节讨论到，作为马克思社会主义市场的一部分，交换过程本身导致同情心、团结感、承诺、信任、社会交往和社会集体决策的衰退，而这些东西对于共产主义社会来说都是必需的。我们必须强调，社会主义市场本身就与其他社会主义制度存在冲突（这也反映出社会主义的过渡性质）。例如，计划和企业集体自我管理进一步发展的恰恰是人的这些品质。社会主义市场作为人类成为历史主体的障碍、作为向共产主义生产方式的过渡的障碍，这是最简单和最直接的一个方面。

（2）除了刚才列出的品质和能力的衰退之外，第二节还指出，市场往往使得参与者难以理解他们活动于其中的经济体运行的真相。社会主义市场的基础是用某个人的社会劳动来交换其他人用等量的社会劳动创造的物品，但社会主义市场产生了这样的错觉，即认为社会主义市场体系仅仅是人们交换其产品的体系（我们看到，马克思强调并非如此）。相反的认识是，人的生产完全是一个社会过程，由于人的劳动具有固有的社会性和合作性，社会产品是参与生产的人们相互作用的结果①，而不是个人贡献总合起来的结果。社会主义市场妨碍了这种必要理解。马克思和恩格斯把社会主义社会视为自由生产者的联合，这要求其社会成员理解这一点。"让我们换一个方面，设想有一个自由人联合体，他们用公共的生产资料进行劳动，并且自觉地把他们许多个人劳动力当作一个社会劳动力来使用。"②

不能充分理解生产的真正的社会本质，在两种意义上是进一步向共产主义过渡的障碍。首先，我们已经看到，处于社会结构之内的参与者对所有社会结构的理解，本身就被认为是社会主义的一个方面，是真正

---

① 还有个人的生产能力也在某种程度上是由社会决定的。

② 《马克思恩格斯选集》第 2 版第 2 卷第 141 页。——译者注

的人的发展的一部分。这种缺乏理解在第二种意义上构成的障碍，促使我们研究马克思提出的一个更为深刻的、超越社会主义向共产主义过渡的理论问题。

（3）我们在上文看到，这种社会主义市场以"等价的交换"① 为基础。这同样以"在这里平等的权利按照原则仍然是资产阶级权利"② 的概念为基础。在这种社会主义市场中，这种平等权利的概念包括同等"时间或强度"的劳动平等地获得收益的权利，"不然它（劳动。——译者注）就不成其为尺度了"③。但是，在社会主义承认这种平等权利的情况下，即使这相对于资本主义是一个进步——这是因为，这种平等权利"不承认任何阶级差别，因为每个人都像其他人一样只是劳动者"，这种平等权利仍然必然默认"劳动者的不同等的个人天赋，从而不同等的工作能力，是天然特权"④。换句话说，平等计量工人劳动这一过程本身包含着把他们"只当作劳动者，再不把他们看作别的什么，把其他一切都撇开了"⑤。而他们人性的所有其他方面都没有考虑到，这些人性，一方面对社会做出除了物质产出之外的种种贡献，另一方面

---

① 《马克思恩格斯选集》第 2 版第 3 卷第 304 页。——译者注

② 《马克思恩格斯选集》第 2 版第 3 卷第 304 页。——译者注

③ （《马克思恩格斯选集》第 2 版第 3 卷第 305 页。——译者注）在社会主义条件下，这种资产阶级的等价交换原则真的就像描述的那样，变成了同等劳动时间付出的实际交换。在资本主义条件下，虽然（通常）真正交换的是等价的物品，但"原则和实践……互相矛盾"（《马克思恩格斯选集》第 2 版第 3 卷第 304 页。——译者注），因为真正交换的是工资，某人得到工资不是因为他创造价值，而是因为他的劳动力具有价值，这是因为，物品的价值并不来自其所有者的劳动，而是来自其所有者通过财产法而拥有的对其他人劳动的合法权利。

④ 《马克思恩格斯选集》第 2 版第 3 卷第 305 页。——译者注

⑤ 《马克思恩格斯选集》第 2 版第 3 卷第 305 页。——译者注

使得工人成其为人。而当谈论到社会创造的总产品的分配时，这些人性尤其还要包括工人的需要。这些需要有些恰是工人天生就具有的（更多的卫生保健需要，更多的教育需要，等等）。由于工人参与那些丰富他们生活或者甚至有利于社会延续的活动，他们还有其他需要。"其次，一个劳动者已经结婚，另一个则没有；一个劳动者的子女较多，另一个的子女较少，如此等等。因此，在提供的劳动相同、从而由社会消费基金中分得的份额相同的条件下，某一个人事实上所得到的比另一个人多些，也就比另一个人富些，如此等等。"①

考虑一下这种假设的例子。一个家庭有两个孩子，一个长期患病，病重到甚至不能在家里干活的程度。难道一个人道的家庭会说，因为这个孩子干得少，所以就应该吃得少吗？相反，因为这个孩子有更多的（医疗）需要，任何体面的家庭当然都会向这个对家庭贡献得少的孩子投入更多的家庭资源，超过对家庭贡献更多的健康孩子。这无疑是一个根据需要，而不是根据孩子的任何形式的贡献进行分配的例子，这不是任何形式的等价交换。

对于马克思和恩格斯来说，这一作为社会基础的权利概念问题是社会主义和共产主义之间的本质区别。"在共产主义社会高级阶段……才能完全超出资产阶级权利的狭隘眼界，社会才能在自己的旗帜上写上：各尽所能，按需分配！"② 因此，以等价交换权利概念为基础并强化这一概念的社会主义市场，是实现以需要为基础的更高级权利概念的障碍，这种更高级权利概念是共产主义生产方式所必需的。

---

① 《马克思恩格斯选集》第 2 版第 3 卷第 305 页。——译者注
② 《马克思恩格斯选集》第 2 版第 3 卷第 305—306 页。——译者注

六、社会主义市场内在矛盾的解决

2006 年 5 月在哈瓦那举行的第三届"卡尔·马克思著作与 21 世纪挑战"的国际会议上，米歇尔·勒博维茨（Michael Lebowitz）提交了一篇短文，这篇短文探讨的问题与马克思讨论的问题是相同的，即这种社会主义市场构成了向社会主义过渡的障碍，那些不利于向社会主义过渡的障碍是什么，为了克服那些障碍需要做些什么。虽然他从未使用我在本文中使用的"社会主义市场"的术语，但在他文章的核心部分，他讨论了马克思在《哥达纲领批判》中关于私人所有的"生产的人身条件，即劳动力"[①] 将导致什么的论述。上文讨论过，这意味着作为平等权利的资产阶级权利，平等权利意味着每个工人用他自己的社会劳动来交换体现了等量社会劳动的社会产品，这一过程就是我所讨论的社会主义市场。勒博维茨和马克思都从共产主义社会的角度把这一切描述为弊病（defect），而我更愿意称之为障碍（barrier）。我认为这更好地表达了它桎梏社会活力的作用，而不仅仅表明它是一种缺陷，但尽管如此它指的是同一个问题。勒博维茨接着提出了两个互相联系的观点。首先，劳动力私人所有（或社会主义市场）的这种弊病（或障碍）与社会主义的另一特征——生产资料的公有——存在固有矛盾。这种矛盾意味着社会结构不稳定，随着时间的推移，或者是通过前进到内在一致的共产主义生产方式，或者通过倒退到内在一致的资本主义生产方式，任何这样的矛盾都会得到解决。第二点实际上是

---

① 《马克思恩格斯选集》第 2 版第 3 卷第 306 页。——译者注

他文章的政治动机，他认为，如果某个人接受这些弊病或障碍，甚至讨论在这些弊病或者障碍的基础上建设未来的共产主义，那么他实际上得到的结果反而是在为倒退到资本主义打下基础。我们不能依靠那些从未来社会的角度看来是弊病的关系来建设未来社会，我们不能通过接受某个障碍的不可克服性，来超越这个障碍并建设未来社会。更糟糕的是，我们不能通过宣布某个障碍不是障碍，而是一个和未来社会相一致的部分，来超越这个障碍。

这就使我们得到了本节要点，为了向共产主义过渡，我们应如何对待这种社会主义固有的障碍。

勒博维茨说："然而，如果你在《资本论》、《政治经济学大纲》以及黑格尔早期著作和辩证法的语境中思考这些简短评论（《哥达纲领批判》——阿尔·坎普贝尔注），你就会清楚地认识到，马克思懂得，关键是要同这些弊病作斗争，而不是寄希望于这些弊病。如果你寄希望于旧社会固有的弊病，而不是建设新社会，你就是在强化旧社会的因素。"

这种斗争具体包括什么？某个人可能给出一个笼统的答案，因为这种斗争涉及社会变革，而我们从历史中知道社会变化的一般性质。就马克思而言，社会变革包括两个辩证地联系着的部分——为变革人们生活于其中的制度和人们之间关系而进行的斗争，以及为改变参与这一过程的人们的意识（即改变人们自己在那一特定时刻存在的社会本质）——而进行的斗争。

许多为超越资本主义而奋斗的人们很早就认识到并撰文论述过，变革制度以及人的关系是一方面，改变人们的意识是另一方面，这两方面需要同时且辩证地进行。我想在这里需要说明的是，超越社会主义，使从资本主义到超出社会主义的共产主义的运动继续下去，需要同样的联合过程。有些国家已经推翻资本主义政权，并拥有了致力于建设社会主义的政府，实现社会主义目标需要一个漫长的变革过程，这些国家距离实现社会主义目标还有很长时间，现在，对于这些国家中的任何一个来说，这都是一个特别重要的需要思考的问题。这一联合过程的所有方面都必须考虑到的理由是，在建立代替资本主义制度的社会制度（以及改变人们之间的关系且改变他们的意识）的过程中，要避免建立一种加强而不是削弱资本主义的新制度结构。

因此，即使在实现社会主义之前，并像马克思那样认识到单一的社会主义市场将会是社会主义的一部分，我们也应当努力反对把这种社会主义市场作为从社会主义向共产主义运动的斗争的先驱。从社会主义到共产主义的运动将一如既往地包括为制度、人们之间关系和意识而进行的斗争。即使在资本主义条件下，相关机构或者说一些机构，基于其产物的本质或者基于社会民主国家福利概念的本质，已经部分地依据人的需要进行运作。公共的和免费的教育（马克思和恩格斯在《共产党宣言》中的要求之一）就是这种制度的一个例子。但是请注意，恰恰是因为今天的这种免费教育植根于资本主义制度当中，它只是部分地解决了人类对自我发展的需要。资本主义之所以建立了免费教育的制度，是因为在近几百年中，资本主义需要得到受过基本教育的工人。就资本主义而言，提供免费教育是部分地受到其利益驱使的。在资本主义条件下，教育是这样一种东西，它既确实有助于工人们为自我发展而奋斗，同时也在这种帮助的程度上存在局限，具体说来，这是因为免费教育的目的是让工人得到现代生产所需要的技能，而不是批判思维、真正的社会分析、集体决策等技能。20世纪60、70年代，发达工业国家中出现了争取人文主义进步教育的群众性运动，这种教育的目的是发展人，而不是为了资本主义社会的工作而培养人，资本主义社会的教育状况实际就是由这种群众性斗争压力推动的。随着新自由主义的崛起，这种群众性运动受到挫折（但是从未完全失败），一起受到挫折的还有发达工业世界中的大多数其他进步斗争。然而，我们在这里关注的是，教育制度是一种人们很容易将之发展为一种真正基于需要的制度，人们很容易把这种制度作为社会制度发展的主导标准。在社会主义条件下，在各种生产领域针对社会主义市场进行这样的斗争是必需的，但早在达到社会主义社会之前很久的时候，在某些生产领域进行这样的斗争也是现实的。

免费全民医疗保健也是一样，它既被资本主义视为有助于其利润宗旨①，也是工人们在社会斗争中赢得的东西。在发达工业国家，它同样受到部分人的攻击，攻击的思想根据是，要让它缩减成为一个有限制的、为那些从资本主义体系的裂缝中掉下的人们服务的福利计划，而不是让它成为一种基于需要的人权。因此在今天，需要进行政治斗争来保卫并扩展它。但在这里重要的是，即使在资本主义条件下，同样也需要进行意识形态的斗争，这种斗争是为未来共产主义社会而进行的漫长斗争过程的一部分，这是为了唤起这样一种社会意识，这种社会意识就是，人类需要在经济领域——这是在今天最容易理解这种社会意识的领域——基于需要进行分配和生产。就医疗保健而言，一种基于需要的体制要有一种由社会决定的最佳服务水准（在大多数情况下意味着更多的医生和更多的设施），并且所有人都能平等地享有所有的服务，这就要

---

① 一般说来，资本这样认为是正确的，证据是，在美国，由于没有这样的体制，总体来说资本付出了巨大代价，只有少数的资本部门从这种制度的缺失中获得巨大利润。

求废除所有的用多付钱来得到更好的治疗的特权。①

免费公交是一个存在争议的、基于需要的生产和分配向新领域扩展的事例。人们日益认识到即将发生的巨大环境灾难，使得人们有可能以免费公交有助于拯救地球为根据来为之辩护。现在这理所当然要由税收来提供资金。重要的是，改革论者并没有靠幻想来回避问题，不幻想通过向企业征税人们就能免费得到利益，因为企业当然只需把这些税收转嫁到他们产品的价格上去。相反，我们有必要利用所有这些问题来让人们产生这样的意识，这种意识就是，只有人们集体地且民主地决定（而不是资本家决定）人类总生产中的哪些部分用来满足人们的哪些需要，才能建设一个更美好的世界，这种思想是马克思和恩格斯共产主义社会设想的一部分。

因此，超越社会主义走向共产主义要求社会从社会主义的基于等价交换的权利概念走向基于需要的权利概念。这相当于这样的思想：超越生产的人身条件即劳动力的私人占有，走向另一种体制，在这另一种体制中，个人劳动既被理解为、也实现为社会计划消耗的社会总劳动的一部分。

还要探讨最后一个问题。长期以来，批判超越资本主义的人认为，人们会没有工作、生产的动力。当然，在社会主义条件下，由于存在社会主义市场，不会出现这样的问题。如果某个人想消费已经免费和集体提供的东西以外的任何东西的话，那他只能通过向社会劳动作出贡献才能得到。但是，共产主义超越了社会主义市场，超越了同等劳动时间的

---

① 我们已经看到，两种服务都让富人得到了目前最好的服务，随着时间的推移发生的变化，往往使得向穷人提供的服务恶化下去。

交换并走向基于需要进行分配，人们的确需要有一种不同的工作动力。这一问题有两种简单的解决方法。第一，人们通过分析可以得到这样一组认识，只有在物品和服务生产出来的条件下，社会才能依据人们的需要提供物品和服务，人们的信念是，作为一个享受了社会所有物质和非物质利益的社会成员，一个人有责任（同样也有得到社会尊重的要求）依据自己的能力为社会生产作出贡献。另一种解决方法是，一个人可以把社会主义的人的发展目标和工作是人发展自身的重要途径的认识结合起来。① 这两种解决方法都能够为共产主义生产方式中的劳动提供必要的动力，当然，这两种解决方式并不是互相排斥的。马克思在一句著名的、诗一样的短句中谈到，在共产主义生产方式中，后者是劳动的基础，劳动和人的本质都发生了变化：

"劳动已经不仅仅是谋生的手段，而且本身成了生活的第一需要……"②

七、结　论

马克思和恩格斯把资本主义市场和商品生产的消亡过程描述为超越资本主义过程中的一个必要部分。社会经济计划、集体经济以及政治自治替代这些市场的过程是这种消亡的关键，这种消亡是社会主义阶段的标志。然而，马克思和恩格斯在他们的著作中描述了一个在社会主义中仍将存在的、非资本主义的、非商品的市场。这意味着用某个人向社会

---

① 我们记得，马克思和恩格斯关于人的发展理论既包括个人发展，也包括类的发展，同样，劳动既发展了个人，又发展了类。

② 《马克思恩格斯选集》第 2 版第 3 卷第 305 页。——译者注

作出的社会劳动贡献，与社会生产的、体现等量社会劳动的物品进行交换。但是，虽然这一市场不是资本主义市场，而且植根于社会主义社会之中，与诸如社会计划和企业自治这样的、作为走向共产主义的重要进步的制度联系在一起，我们仍然必须把超越这一市场作为共产主义生产方式建设过程的一部分。为了超越社会主义，社会必须进行一场斗争，以便改变社会主义市场涉及的制度和关系，改变社会成员的意识。最重要的是，要超越社会主义，必须超越作为社会主义市场基础的、等价交换的资产阶级权利概念，并代之以作为共产主义生产方式重要组成部分的"按需分配"的权利概念。

（武锡申 译）

法国《当代马克思》杂志论"社会主义新模式"[*]

法国《当代马克思》杂志 1993 年第 14 期以"社会主义新模式"为总题目刊登了美、英、法等国学者论述社会主义问题的 5 篇文章：《"共产主义"之后能否出现社会主义?》（约·罗梅）、《没有阶级权力的资本主义》（弗－布洛克）、《经济民主——真正的和可以实现的社会主义》（戴·施韦卡特）、《市场的社会化》（迪·艾尔逊）、《从自治到联合社会主义》（托·安德列阿尼、马·费雷）。该杂志编辑部对这些学者提出的"社会主义新模式"作了简单介绍和评析，主要内容如下：

一、社会主义新模式产生的必然性和历史条件

文章认为，"如果因为苏联'共产主义'体系的失败而将社会主义弃之如敝屣，那就是只见树木，不见森林。目前社会主义还是一片小树林，但却充满生机"。在"共产主义"世界崩溃，马克思主义陷入困境的同时，我们看到，在主要发达国家，出现了一些新的、重要的思想，这些思想突破了正统理论，革新了马克思主义传统，并且把这种传统同

＊ 本文选自《国外理论动态》1994 年第 10 期。

当代文化的其他的重要构成要素结合起来。

历史向我们提出建立社会主义新模式的任务。目前建立这种模式的思想材料和经验材料已经具备。事实上，社会主义新模式的理论前提已经存在了近 20 年甚至更长的时间。但是，建立这种模式的历史时机尚未成熟。只是在现代资本主义的危机打破了向民主社会主义过渡的幻想以及在"现实社会主义"发生深刻危机以后，人们才开始寻求新的道路，因此可以说，社会主义新模式是对当今时代苏联"共产主义"体系崩溃、社会民主主义衰落、新自由资本主义危机反思的必然产物。

二、社会主义新模式的理论特征

社会主义新模式是在分析现存制度的各种矛盾，总结社会主义运动发展的历史教训，吸收资本主义经济成功经验的基础上形成的，它们首先具有认识论上的意义并表现出如下理论特征：

1. 社会主义新模式既远离现实又贴近现实。社会主义新模式具有抽象的理论形式，它们不是某种现存模式的摹写，也不具有示范的价值。它们寻求的是一个比以往任何社会主义模式都更加符合社会主义基本原则的制度的总体，从这个意义上说，社会主义新模式是远离现实的。但是社会主义新模式决不是空想，它们是从现有的社会形式出发，根据人们至今无法设想超越的各种强制来制定的。它们虽然体现了长远的奋斗目标，但是却为我们设想的过渡的具体方案指出了方向，并指导我们日常的行动和最直接的斗争，从这个意义上说，社会主义新模式又是贴近现实的。

社会主义新模式并不追求一个"理想的"社会主义、"历史的终结"和"一个没有矛盾的世界"，作为理论表现，它们将随着形势的运动和认识的更新而不断变化。这就是社会主义新模式的认识论特征。

2. 社会主义新模式体现了社会主义的基本原则。这个原则就是：实现经济关系领域和政治关系领域中的自由和平等并通过在这两个领域之间建立的关系实现社会生活的物质和文化条件的有效的、和谐的发展。正是在这个原则问题上，社会主义新模式既区别于苏联共产主义模式，也区别于社会民主主义的模式。苏联共产主义模式虽然建立在生产资料公有制和生产的民主计划概念的基础之上，但是由于它否定了市场在资源配置和消费品分配方面的作用以及劳动者的流动性，因此历史已经证明，这种模式从根本上说具有反民主的性质，并且必然遇到不可超越的经济界限。社会民主主义模式建立在"社会妥协"概念的基础之上，它在社会福利和民主方面作出了巨大努力并对欧洲社会产生了深刻影响。由于资本主义具有吸收这些妥协和再生的能力，许多社会主义者因此而认为只能在制度的人道主义化方面来思考变革。这样他们就使自己从属于自由主义的基本逻辑，这种逻辑以自由和效率的名义把经济领域和政治领域割裂开来。

社会主义新模式首先是经济的，因为这是主要困难的所在。在政治领域方面，大部分新模式主张在借用自由的民主制度的同时作出某些变革，它们认为，经济基础的改变将使这种政治制度获得新的生命。

3. 社会主义新模式强调社会主义优于资本主义。新模式是批判的。它们在科学的领域对资本主义、自由主义、新自由主义展开了批判。它们代表了整个受压迫和战斗的人类要求变革的愿望。它们向资本主义发出挑战，认为社会主义在商品生产方面至少同资本主义是同样有效率的。不仅如此，社会主义将彻底摆脱"唯生产论"，它将实现经济稳定的、持续的发展，并在劳动就业和生态环境保护方面超过资本主义。

4. 社会主义新模式以现代经济理论和新古典学派的经济理论为基础，并把这些理论同马克思主义作了综合。新模式包含马克思的某些重要思想，但是这种综合远未取得成功，因为，马克思的很大一部分理论遗产还没有被理解或遭到了忽视。

所有的新模式都主张在社会主义的经济制度中广泛地引入商品关系，但是在具体做法上又各不相同。有的模式主张实行市场社会主义，即在生产资料所有权方面实行某种形式公有制的基础上，保留资本主义的劳动市场和资本市场及其运行方式；有的模式则主张实行自治的社会主义，即赋予劳动者管理企业的权利，同时限制、调节或取消资本市场。所有的模式都主张保留市场，同时用计划来弥补市场的各种缺陷。它们从分析现代社会市场和计划的积极和消极作用出发，阐述了市场、计划、合作之间的关系，提出了保障效率与公平的新设想。

5. 社会主义新模式应用了社会主义经济改革和资本主义经济发展的经验材料。社会主义经济改革方面的材料有：苏联流产的经济改革；东欧国家特别是匈牙利和前南斯拉夫的经济改革；西方的具有长期的历史的合作社运动。应该指出的是，对正在进行并取得新发展的中国的经济改革研究得很不够。社会主义新模式充分肯定了资本主义经济特别是德国、日本等国经济取得成功的经验。所有的模式都肯定了资本主义的银行制度以及间接的、具有推进作用的计划体制。

6. 社会主义新模式重视过渡问题。这个问题包含两方面的内容：一是发达国家在什么样的条件下可以不通过暴力革命的形式，避免统治阶级的反抗，实现向社会主义的过渡；二是前苏联和东欧国家在过渡中如何避免剧烈的社会震荡。关于发达国家的过渡问题，有的模式提出了逐步削弱资本权力的措施。有的模式指出了资本主义银行制度使资本主义的所有权同生产的指挥权相分离，从而解开资本主义最重要的纽结，

27

即所有权同经济权力的关系的趋势。至于东方国家的过渡，这是一个极其复杂的问题，涉及政治、经济、历史和社会学等各个方面，而且必须等待一个时期才能作出比较切近实际的分析。

三、社会主义新模式的主要理论观点

这一期杂志刊登的 5 篇文章是从 20 多篇文章中挑选出来的。该刊编辑部对这些文章的作者及其主要理论观点作了简单介绍。

1. 约翰·罗梅，经济学家，任教于美国加利福尼亚大学，分析马克思主义学派的代表人物。他在文章中分析了"共产主义"经济制度失败的原因。他认为问题不在于公有制，而在于这种制度没有在计划制定者、企业家和劳动者之间建立起有效的监督和激励机制。他提出市场社会主义的概念，其特征是：（1）建立某种形式的公有制，即"证券"经济。具体做法是，将全国所有国有企业的资产以证券形式平等地分配给所有的成年居民。这种证券可以在证券市场上互相交换，但是不能与货币相交换。（2）企业利润平等地分配。劳动者凭证券可以获得自己企业和其他企业的红利。红利的多少取决于企业经营的效益。（3）计划体制通过差别利率对投资进行社会管理。罗梅反对对公有制和私有制作非此即彼的理解和选择。他主张在生产资料公有制的前提下保留资本主义商品经济的运行机制。这种结合既可以保持较高的生产效率，又可以防止社会分化和多种公害。当然任何形式的公有制都必须有政治民主作保证。

2. 弗莱德·布洛克，社会学家，任教于美国加利福尼亚大学，《政治与社会》杂志编委。他在文章中分析了资本主义的金融制度，他认为这是资本阻止经济向民主和集体方面转变的主要障碍，因此必须粉碎这种有组织的抵抗。他建议对资本主义金融制度进行结构性改革，通过各国制定的专门的法规和国际协定监督资本的运动，削弱金融资本的剥削权力。而企业则实行由政治权利来协调的股东、企业人员、用户三方的共同管理。银行实行国有化或准国有化，但保持彼此独立、互相竞争的关系。这样一个金融系统将保证企业有效益地、长期地发展。

3. 戴维·施韦卡特，哲学家，任教于美国芝加哥洛约拉大学。他在文章中提出建立"经济民主"的社会主义模式。其经济结构有 3 个基本特征：（1）企业自治。企业由劳动者自己管理，但是他们并不占有生产资料。企业的生产资料是社会的集体财产。（2）市场经济。这种模式把市场当作达到某种社会目的的工具。自治企业也追求"利润"，但是这种利润与资本主义利润有本质的不同，它所追求的是产品的价值和扣除工资成本后的生产费用即非劳动成本之间差额的最大化。在这里，劳动不是一般的生产要素，也不按其他生产要素同样的规则渗与利润的分配，因此，它不是商品，企业自治的目的就是为了扬弃劳动力的商品化和异化。（3）对新投资的民主的、社会的监督。新投资的资金来源为资本税，投资决策由一定的代表机构民主地作出。这种投资机制具有明显的社会主义性质，因为它可以决定社会生产发展的方向和克服资本主义生产的无政府状态。"经济民主"模式把计划和市场在民主领域结合起来。这种民主既有政治的涵义，也有经济的涵义。社会主义民主不仅在政治上，而且在经济效率方面也应该超过资本主义民主。企业自治和全社会的计划投资为发展社会主义经济民主开辟了前景，这种民主一定会产生更高的经济效率。

4. 迪安·艾尔逊，英国曼彻斯特大学政治经济学教授，《新左派评论》杂志编辑部成员。他在批判资本主义经济的基础上提出市场社会化的社会主义模式。他认为，经济学所追求的供给和需求的一般均衡目标在私人市场的条件下无法实现的。实现这一目标的前提在于市场的社会化，而市场的社会化又必须以一切经济信息的社会化和公开化为前提。他建议利用税收提供的资金建立公共信息渠道，使一切企业都能够自由地获得有关技术、价格、工资、产品等经济信息。信息社会化是对私人市场的否定，这将打破资本对信息的垄断，削弱资本的剥削能力，最终导致资本市场的取消，从而为发展社会主义经济创造条件。

5. 托尼·安德列阿尼，哲学家，任教于巴黎第十大学。在与马克·费雷合写的文章中提出企业自治的模式。在这种模式中，自治的企业通过本身也是自治的银行向公共投资基金借贷资本，而这种基金则来源于企业支付的利息。这种外在的、间接的投资方式以及企业和银行相互制约的机制既防止了无效益的投资也避免了投资不足。在这种模式中，产品市场得到保留，但局限于合作关系的范围。计划是间接的。这种模式兼顾民主、平等和效率。它的运行机制有利于充分就业以及商品生产和非商品生产的协调发展。

（李其庆 编译）

关于马克思主义和向社会主义
转型的十个命题（上）*

〔美〕大卫·施韦卡特

美国哲学教授大卫·施韦卡特在其 1993 年出版的代表作《反对资本主义》（该书中译本即将由中国人民大学出版社出版）一书中提出了"经济民主的市场社会主义"。2002 年 7 月他参加了在杭州召开的题为"现代化、全球化与中国经济发展之路"研讨会，并发表了"关于马克思主义和向社会主义转型的十个命题"的演讲。他强调马克思主义基本理论的正确性，反思了斯大林模式的不足并进一步讨论了他的经济民主的市场社会主义观点。同时对中国的市场社会主义发表了看法，现将文章主要内容介绍如下。

一、历史唯物主义的基本原则是正确的

人类社会的进步并不是一帆风顺的，而是在曲折中前进的。这就是否定之否定规律，它不是简单地回归原处，而是向更高级发展。社会的经济结构决定社会的政治制度、道德价值和文化生活。阶级斗争是阶级

---

* 本文选自《国外理论动态》2002 年第 9 期。

社会的普遍现象，常常是历史变革的决定力量。但是阶级矛盾不必总是敌对的，阶级联盟也有可能取得成效。

二、马克思关于资本主义特征和发展动力
的基本观点是正确的

马克思认为，资本主义是人类社会一个特殊阶段，其主要特征有三：生产资料私有制、市场和雇佣劳动。资本主义制度不像人类早期的经济制度，从根本上说，它充满活力，而不是死气沉沉。无论是从正面还是从反面来看，它极大地刺激了技术和组织的持续创新。资本主义以阶级剥削为基础。随着资本主义制度的成熟，其内部矛盾也在日益加剧。

当今资本主义有四个问题值得注意。（1）就业问题十分严峻。资本主义"看不见的手"创造不了足够的就业机会来吸收被技术替代而释放出来的工人。（2）社会经济缺乏稳定性。这种不稳定性最为特别，它不是由于战争和自然灾害等外部原因造成，而是生产过剩的内部原因所致。（3）富足之中有赤贫。资本主义尽管能创造巨大的生产力，但解决不了贫困问题。穷国和富国的差距越来越大，据推算1820年两者的差距是3倍，1913年为11倍，1990年为60倍，1997年为74倍。每天生活在1美元以下的贫国人口在1987年至1999年之间增加了25%，如果在此期间中国经济没有取得成功从而减少这个数目的话，那么贫困人口还会增加。（4）资本主义发展缺乏理性。资本主义的逻辑使资本主义消费不可能向更加合理的方向发展，资本家不可能让工人有更多的闲暇，让他们工作起来更有意义。这一逻辑只能破坏地球脆弱的生态。

三、社会主义制度是资本主义的替代制度

社会主义制度是资本主义的替代制度，是一种可行的社会制度。上个世纪已经见证了各种大规模经济实践。我们现在应该从我们先辈的实践中学习成功的经验和失败的教训。例如，我们现在能认识到，片面拒绝市场，其后果是非常严重的，这是因为：（1）在技术发达的经济中，需要制定大量经济决策，而市场是经济决策的必要条件。（2）至少在理论上存在可行的市场社会主义，它能克服资本主义的基本矛盾。

毫无疑问，这种观点目前争议很大。其实市场并不是资本主义最应遭到批评的特征，那么最应遭到批评的是什么呢？马克思在《资本论》第五章"劳动过程和价值增殖过程"中，仔细考察了一个典型工厂和一个典型工人的情况。

马克思并不主张把全部劳动报酬付给工人。如果在生产中所增加的价值全部付给工人的话，那么就没有剩余为市民提供"公共物品"，比如教育、医疗卫生和其他免费文化设施；也没有剩余来维持那些缺乏劳动能力的人的生活；也没有剩余来支持必要的科学研究，提高技术水平和生活质量。事实上，正是"剩余价值"的多少限制了一个社会的物质自由程度。那么马克思批评资本主义的目的在于什么呢？马克思的根本目的在于批评资本主义的民主赤字。虽然劳动是价值的源泉，但是创造价值的人却没有控制创造价值的工作条件，或者控制剩余价值的分配权。控制权属于拥有生产资料的资本家，决定工作条件和剩余价值分配是资本家的特权。

为了避免民主赤字，要建一个什么样的社会呢？最简单的解决办法当然就是实行计划经济，计划者负责分配工人阶级的利益，工人政党为工人服务，决定工人的劳动条件和剩余价值的分配。这个方法已尝试过，取得了一些成就，但实践表明，对于物质和文化已达到一定水平的社会来说，这个方法很不适应，苏联实验的失败就是一个极大的教训。正确的做法是：其一，让工人自己控制工作条件，企业管理民主化，工人选择企业的管理者；其二，让工人集体控制社会剩余价值的分配，社会控制投资，而不是由市场控制。

如果能做到上述这两点，那么市场经济仍然能起作用。为了满足消费者，企业之间可以开展竞争，工人在企业中所得的不是契约工资，而是企业的一部分利润，但是没有必要搞平均主义，所以工人的收入取决于企业在市场中的表现。

经济民主不仅在经济上是可行的，而且还能克服资本主义的基本矛盾。它主要包括两个方面。一是企业民主管理。企业民主是最直接的民主。企业的最终管理权属于企业的全体工人，他们拥有一人一票的表决权。毫无疑问，企业超过一定规模后，工人会建立起某种形式的代表会议，作用相当于资本家公司中的董事会，由它指派企业上层管理者，批准重要的决定，讨论收入不平等问题。如果管理者和工人觉得收入不合理，他们可以到别处找工作。每个人的收入与公司的绩效挂钩，鼓励工人代表轮换交替，这样，如果决议欠佳，工人会立即有所感觉，迫使管理者及时加以改正。二是投资的社会控制。这是一项基本要求，视情况而定，可以通过多种方式让它机制化。但是无论有多么特殊，从概念上讲它都包括两种不同的制度成分，回答两个不同的问题。第一个问题是：投资资金是怎样产生的？第二个问题是：投资资金是怎样分配的？

关于第一个问题，采用税收的形式募集投资资金。国家投资资金应来自于企业的税收，而不是私人储蓄。在经济民主的市场社会主义下，每一个企业都必须根据它所掌握的资本财产纳税，企业资产是公共财产，是国家对工人集体的一种借贷。向企业征收这种税可被认为是付给社会的用于增加社会集体财产的租金。中国农村联产承包责任制与此相似，土地是集体财产，但家庭对它有长期控制使用权。由于历史原因，资本主义社会靠私人储蓄进行金融投资，而私人储蓄都掌握在资本家手中。每个政府都知道，要控制私人资本非常困难，因为私人会随着市场的变化来决定储蓄与消费的比例。比如，在日本，政府就碰到难以控制私人资本的问题。在经济不景气时，人们往往会增加储蓄应付不测，储蓄的增加反过来又阻碍了经济的复苏。

来源于公共储蓄的投资资金可以直接分配。投资资金应该通过公共银行体系按照促进共同利益的标准分配。毫无疑问，要制定这样的标准非常困难。但有理由认为，这样的分配机制优于市场配置，但并不完全排除市场的作用。

此外，作为分配投资的股票市场对于社会主义来说并没有多少好处，更多的是潜在的危害。正如斯蒂格利茨所说，股票市场对于理性地分配投资资金来说毫无用处，银行分配虽然还有不少困难，却是较为行之有效的方法。

实行投资分配的社会控制的一个重要好处是使地区和谐发展，而市场配置资本会不可避免地造成投资比例失调。也就是说，越是投资充足的地方投资越会继续增加，越是投资缺乏的地方投资反而越少。新古典经济理论对此持相反的观点，但是各地的实践却证明如此。如果要维持地区平衡，避免大量的人口移动，那么资本必须流向资本缺乏的地方，而不是相反。这样，地区也不必为争夺资本而角逐，用看得见的手来分配资本。

四、存在推动改革朝着经济民主方向发展的客观力量，
但不存在彻底消灭市场的力量

这个观点包含三个方面的内容：（1）存在使企业民主化的力量；（2）存在投资的社会控制力量；（3）不存在彻底消灭市场的力量。最后一点最为重要。市场是为消费者服务的，由于人人都是消费者，因此在每个国家里，都有千千万万的顾客。现在，全世界不存在要求全面取消市场的政治运动。回顾过去，我们不难发现，早期的社会主义实践在取消市场时犯了错误，市场本来可以提供缺乏的消费品，但是社会主义国家却拒绝了市场，从而导致消费品匮乏，这无疑是苏联和东欧社会主义实验夭折的催化剂。现在，社会主义进行改革，引进了市场，这不是违背社会主义，也不是证明资本主义不可避免，而是证明取代资本主义的可行的社会制度是市场社会主义。

企业民主的要求在发达资本主义国家什么时候出现很难预见，但是很难想象企业民主会受到无限期阻碍。"既然我们有能力选举政治代表，那么为何不能选择自己的老板呢？"事实上，有两种重要因素已被重视，那就是利润共享和工人参与管理。这两个因素，特别是它们结合在一起的时候，能使劳动者更有积极性。在中国这样的社会主义国家，许多企业已有很大程度的工人参与和自我管理。社会主义国家占统治的意识形态较之"民主的"资本主义国家的意识形态更加支持工人参与企业管理。这种趋势不可逆转，除非社会主义倒退到资本主义。

再来分析一下投资的社会控制。尽管新自由主义在统治阶层很有市场，但其说服力正在下降。市场看不见的手不能解决一切经济问题，而政府控制这只看得见的手越来越必要。经济学家斯蒂格利茨和阿玛蒂亚·森没有附和主流观点，其他一些经济学家有可能加入他们的行列。现在，中国已清楚地认识到国家在资本配置过程中起着重要作用。当地区发展不平等时，政府会通过配置资本来促进经济平衡发展。中国大规模投资于贫困地区的基础设施表明，中国认识到市场力量不能增进公共利益，来自于税收的公共投资资金正在采用非市场标准进行分配。经济民主理论认为，公共积累的投资资金不应只局限于基础设施，私人投资应尽可能减到最低限度。

五、超越资本主义：迈向经济民主将要面临的挑战

挑战之一是如何提供充分就业。失业是资本主义社会的普遍现象，也是这个制度固有的矛盾。资本主义需要大批失业工人，而且工人的失业境况越差越对资本家有利，这样工人就不得不从属于这个制度。经济民主能克服这个矛盾。如果把职工工资与企业利润挂钩，用正面的办法来激励工人，那么工人就会努力工作，同时还会监督他人。

有许多"专家"认为，中国要继续发展，就要尽快减少农民数量，理由是中国农业与西方农业比较，或者与中国其他行业的人均创造价值比较，农业显然缺乏效率，从而成为阻碍经济发展的基本制约因素。新古典理论假定只要有增长，就会出现帕累托改进，即在其他人境况不会变坏的情况下，一些人的境况会变好。然而，他们却忽视了两个问题。首先，农业生产率提高会引起大量的失业和大规模的劳动力转移，这决不意味着经济增长的净值是正的，因为新古典理论假定人人都能自己找

到工作。斯蒂格利茨指出："新的工作机会不会自动创造出来，从低效率部门释放出的失业工人不会增加产量。"对于有些资本来说，效率是提高了，但对于经济整体来说，收益却下降了。其次，即使经济增长是正值，但决不表明社会总福利增加。实际分配的结果常常富者愈富，贫者愈穷。中国最好的选择可能是制定政策以提高农村的生活质量，而不是照搬西方经验促进农村人口向城市转移。

挑战之二是如何刺激企业创新活动。以计划为主的社会主义社会由于企业缺乏创新而付出了惨重的代价，但是不可否认，以计划为主的社会主义国家尤其是苏联为基础科学和一些特殊领域如宇宙开发等作出了突出的贡献。比如，古巴的生物技术举世瞩目，在拉美是最先进的，它生产的药品和疫苗畅销全球。值得注意的是，在资本主义制度下那些最复杂的技术革新在古巴大部分都是由国家资助下进行的。然而，在发展消费品问题上，社会主义与资本主义的差距很大。很显然，早期的社会主义没能找到适当的方法来取代马克思所肯定的资本主义的创新精神。这并不是说找不到替代方法，实际上是能够找到的。

资本主义企业家活动主要包括创造发明、生产和营销，后资本主义社会的创造力在于提供更好的公共物品、有意义的工作，更适当的工作与更多的闲暇，更好的生活方式。两者相比，后者更为重要，因为在资本主义占主导地位的世界里后者决不会产生。（未完待续）

（刘卿 摘译）

关于马克思主义和向社会主义
转型的十个命题（下）*

〔美〕大卫·施韦卡特

第六，企业资本家在解决失业和企业困境方面发挥
一定的作用，在社会主义里让他们发挥这种
作用并不会改变社会主义性质

考察资本家在社会主义国家中的作用时，首先要弄清楚他在资本
主义社会中的作用。资本家有三个职能：一是企业家职能。资本家发
明新的生产工艺、新的产品和新的营销方式，建立新企业。二是管理
职能；资本家为企业作出重要决策，监督措施的执行。三是融资职
能。资本家为创业者和那些要引进技术和扩大生产的企业提供资金。
最初资本家集三个职能于一身，随着资本主义的成熟，三个职能渐渐
发生分离。就企业家职能来说，大企业常常采用研发部门的思想，企
业所有者即持股人在这个过程中不再发挥作用。就管理职能来说，持
股人作为企业所有者不参与企业管理，企业各级管理者都是雇员。此
外，融资职能也发生了很大变化，用来扩大生产的资金绝大部分来自

---

* 本文选自《国外理论动态》2002 年第 10 期。

于企业留利，美国公司回购股票远远多于他们发行的新股，它们通过发行股票获取净融资是负值。

资产阶级是与资本主义"统治阶级"画等号的。如果资本家在社会主义社会发挥作用，那么要警惕这个阶级可能会成为统治阶级，如果那样，社会主义社会就不再是社会主义，而会成为资本主义。

然而，我们不应只看到资本家的危险性，而忽视社会主义制度下资本家所带来的正面作用。在社会主义制度下，资本家所带来的好处在于其企业家职能。我们不需资本家提供资金，也不需他们管理企业。在资本主义社会没有哪个资本家长期管理企业，在社会主义国家同样如此。公共储蓄可以随时取代私人储蓄作为投资的主要来源。因此，在社会主义社会里，能够体现资本家作用的是其企业家职能。为了更加深入地分析这个职能，我们首先来分析在资本主义经济生活中起着重要作用的两类企业家。第一类是"小企业家"。他们从小生意做起，人数较多，也很活跃，但缺乏创新精神。他们主要从事零售业、修理业、餐饮业、服务业以及小规模生产等，设立这样的企业只需精力和技能，但缺少创新。第二类是"大企业家"。他们大胆创新、开拓新的行业，是经济"革命家"。他们获得大量资金，承担巨大风险。有的失败，也有的取得巨大成功。成功给他们带来巨大财富，如约翰·D.洛克菲勒、安德鲁·卡耐基、亨利·福特、雷·克洛夫（麦克唐纳公司创始人）、山姆·沃尔玛（沃尔玛公司创始人）、比尔·盖茨（微软公司创始人）等人就是这一类。尽管这类人物不多，但在公众眼中，他们是典型的"资本家"。实际上，这些人并不代表资产阶级，至少在发达资本主义社会如此。他们是大企业家，大多数资本家却不是。如果我们采用更可取的资本家定义的话，即资本家就是指能靠自己的投资收入过舒适生活的人，那么这里的资本家不仅包括这些"大企业家"，而且还包括那些从严格意义上讲不算企业家的人。因为在资本主义国家里，存在一大批食利阶层，他们以钱赚钱。比如在银行存款两百万美元，按5%的利息计算，一年就能获得十万美元的利息，这是美国中等家庭收入的2.5倍，靠这些利息，他们足够过上舒服的日子。在美国，大约有一千万个资产超过两百万美元的家庭，他们组成一个资产阶级，虽然仅占总人口的10%，但比大企业要多得多。

企业家职能对社会主义来说意义重大，为此要注意两个问题。一方面，大多数"小企业家"不是真正的资本家，因为他们在雇佣工人的同时，自己也长时间工作，并没有富裕到可以靠储蓄养活自己的地步；另一方面，大多数资本家不是企业家（至少在资本主义国家情况如此）。如果经济民主社会是资本主义社会的替代，那么在社会主义社会应有小企业家的一席之地。他们发挥积极作用，对社会主义经济性质并不构成威胁，他们拥有和管理的小企业能为许多人提供就业机会。小企业主的利益与工人利益并不一致，而且小企业主将会形成一个较大的阶级，但他们容易被控制。政府可以给他们颁发执照，要求他们纳税；工人也能组织起来，集体同他们讨价还价；这样，两个阶级的利益就能进一步调和了。

现在来看一看大企业家即真正的资本家的情形。允许小企业家存在的主要原因在于他们能够创造就业机会、提供一些服务，而允许大企业家存在的主要原因则是需要他们在技术和组织上的创新精神。为了刺激资本家的技术创新，以财富为诱饵是非常必要的，因此允许一部分私营大企业存在就是合理的选择。为了降低成本他们进行技术和组织创新，这本来无所谓对与错，从长远观点来看，还能为劳动者带来更多的闲暇。但从短期来看，技术革新会引起失业问题，在社会主义国家里，吸纳由于技术进步而释放出来的劳动力不应是大资本家企业的责任，而应是经济民主企业的责任，小私营企业的责任，最终还是政府的责任。

我们需要大私营企业进行有效的生产和技术革新，但是，对这些资产阶级也要进行有效的控制，限制他们把获取的财富变成自己及其子孙受益无穷的财产。这也就是说，在实践中我们要把资本家限制在企业家职能范围之内。只要工人能组成工会保护自己的权利，那么控制就能有保障。

此外，资本家的融资职能也是一个重要问题。经济民主社会公共银行向所有企业提供投资资金，不管它是资本主义性质的还是民主性质的。一旦大企业家不再管理企业，就不再允许他们凭借股权或其他方式获取企业的利润。上述规定可以防止大企业家变成永久的、地位巩固的资本家，即防止他们靠财产所有权而不是靠继续管理而获取财富和地位。这套制度允许个人获得财富，但不允许通过拥有财富而永远索取社会剩余价值。经济民主社会的投资资金是通过税收形式来筹集的，大企业家的储蓄没有必要用于投资，因此，对他们的收入要征收累进税。税率不要太高，太高会阻碍人们努力工作获取财富的激情，但也要起到控制收入差距、筹集一部分投资资金的效果。

经济民主理论与股票市场上的历史经验表明，股票市场对社会主义社会益处不大。十年前，"转型经济学家"把股票市场看作是解决转型经济的核心问题即明晰产权的一种方式。有证据表明，至少在资本主义社会，股票市场对于整个经济的提高并没起什么作用。如斯蒂格利茨所说："股票市场上的大多数行为都不是理性的，股票市场是'富人的跑马场'，或是中产阶级的赌博场，因为股票市场上的交易实际上是零和博弈，平均收益不会随着风险的扩大而增大。"

虽然在理论上说，股市可以揭示企业的信息，促进资本的合理配置，但实际上股东没有获得应该得到的信息，也没有动力去搜集这些信息。况且，股东对利润报告的依赖，也会促使管理者过分注重短期绩效，有可能弄虚作假。这些行为不可能使公共利益提高。

第七，对于一个正在跨越资本主义而迈向经济民主的社会来说，要面对两个最为突出的问题：一、提高人民文化和教育水平，使工人自我管理和投资的民主控制能得以实现。二、发展生产力，使每个人的医疗卫生、教育和养老保险都能得到满足

一个社会在达到经济民主社会之前，必须实现一些先决条件。第一是企业民主管理。企业民主是经济民主的核心，经理人员既不是由政府委派，也不是由股东任命，而是由工人直接选举或工人代表委员会选出。问题是，工人能否选出好的经理？回答是肯定的。至少在西方已出现工人经营管理企业的实践，研究结果表明工人参与管理成效显著。但是，对于一个穷国来说，首先应逐步提高教育水平，培养工人自我管理集体所需的技能和价值观。

第二，人人应有免费医疗、免费教育和公平的退休金。在资本主义社会，由于人们对经济存在不安全感，迫使私人储蓄增加，这严重影响了需求，进而影响了经济的发展。正如凯恩斯所言，资本主义经济总是处于储蓄超出投资的危险之中，大量的私人储蓄是十分有害的。人们认为未来的经济有许多不确定性，就会大量存钱，为了降低私人储蓄，应该尽可能减少不确定性。

因此，对于一个向社会主义转型的国家来说，维护并提高合理的医疗保健、教育和退休待遇水平是一个基本目标，可以把它看作是社

会主义价值的自我实现，也可以把它看作是减少私人储蓄的一种基本手段。基本的医疗保障、教育和养老的资金都取之于税收，它们不应由企业负担，如果由企业负担，那么会使负担过重的企业处于不利的竞争地位，而且还可能导致一些企业破产，成为一个更为严重的社会问题。

第八，在向经济民主社会转型过程中外资可以起积极作用

利用外资可以引进技术，合资是利用外资的最佳选择。如果外国公司能提供本国没有或很难获得的技术，并能为本地培训使用这些技术的人才，那么让利给他们是值得的。

但是，要注意外资的流向，尤其是注意那些投资于房地产和当地股票市场的金融资本。国际金融市场存在的非理性"群体心理"导致金融市场极为不稳。随着外资的抢购，资产价格飘升，生意似乎一派繁荣，于是，企业和个人过度借钱，过度花钱和过度投资，形成了泡沫经济。一旦泡沫破灭，无论经营好坏企业都难逃厄运。

第九，贸易能够而且也应该在经济民主社会中发挥作用，但决不是"自由"贸易

纯粹的经济民主社会与资本主义有一些根本区别：在经济民主社会的企业中，工人自我管理取代雇佣劳动制度，投资的社会控制取代资本主义资本市场。资本主义社会有三个市场，即商品市场、劳动力市场和资本市场，而经济民主社会只有一个市场即商品市场，没有劳动力市场和资本市场，这暗示着并非一切市场竞争形式都是有益的。

然而，在资本主义占主导地位的世界中，社会主义社会应该怎样同其他社会进行交往呢？我这里所讨论的国家假定是一个相对于资本主义国家的穷国，第一，这个国家应当与资本主义国家进行贸易，而不是奉行闭关自守的发展战略；第二，尽管经济民主社会不排除外资，但也不必想方设法吸引外资，正确的做法是一定程度上允许外资存在；第三，一个社会主义穷国的比较优势是工人的劳动力成本低，但这种优势只能作为一个临时的措施，因为社会主义的着眼点在于提高劳动者尤其是那些贫困者的收入。由于现实中廉价的劳动力几乎是无限的，因此作为长期的战略，社会主义应避免廉价劳动力的竞争。长期的低工资政策会伤害所有穷国，并且使本国出口部门工人的工资得不到提高。

尽管社会主义不排除同资本主义进行贸易，但应警惕完全的自由贸易。西方经济学家十分推崇李嘉图的比较优势学说，但是，萨米尔·阿明和其他人却证明了这一理论并不正确，因为该理论的实现有一个前提，那就是相对劣势产业部门的工人能顺利地向相对优势产业部门转移。对于穷国而言，自由贸易是十分危险的，中国加入世贸组织尤其应该注意这一点。穷国在向富国开放国内市场时应特别小心，尤其是那些最容易受到伤害的容纳了大量的劳动大军的部门。自由市场"看不见的手"不能保证为这些受损部门的所有失业人员找到工作。

第十，由资本主义或目前形式的社会主义向经济民主社会转型应是一个和平转变过程。"社会主义革命"时代已成为过去，但社会主义时代才真正开始

仍有许多理由认为，社会主义的未来比多数西方人甚至左派目前所想象的更好。武力成了20世纪向社会主义转变的惟一方式，但这一方

式已不符合时代要求了，如果左派把社会主义革命和社会主义的到来绑在一起，那么前途注定是悲观的。

技术的发展已使社会主义革命不合时宜。如果出现社会主义革命的话，也应发生在一个饱经战争蹂躏的处于世界经济外围的穷国，而且这种革命没有什么意义。如果世界大部分地区不发生改变，这种革命不可能实现目标，甚至不可能存在。20世纪的社会主义革命都归咎于大战的蹂躏，主要资本主义国家之间的战争波及全世界的每一个角落。今天的技术威力太大，大国之间的战争将是毁灭性的，因此不再会爆发这样的战争。大国的统治者都知道，这样的战争不再带来任何经济收益，发达资本主义国家的上层建筑不再支持这样的战争。如果战争是短期的，统治阶级可能会获得支持。但当战争可能造成大规模伤亡时，统治阶级不太可能煽动公众的情绪来支持大规模战争。

毫无疑问，许多穷国存在滋生暴动和武装反抗的土壤，但再也没有超级大国愿意帮助那些从事暴力活动的人夺取政权。即便暴力活动取得成功，也没有哪个国家会为他们提供物质和技术援助，保护他们免遭颠覆。社会主义将不再通过武力夺取政权，在当代，可行的社会主义必须要有教育和制度基础，而这些需要时间去精心构建，因此需要和平而不是战争。

社会主义革命不再提上历史日程，但这并不意味资本主义就是十分完善的，相反，资本主义创造力已经耗尽。20世纪已经经历了法西斯资本主义、半法西斯军事统治的资本主义、社会民主资本主义以及日本独裁集权资本主义，但没有哪一种模式有前途。前两种臭名昭著，后两种岌岌可危。今天新自由主义作为救星被传播到所有国家，但并没有多大作用，常常使各国形势变得更糟。不难注意到，近年来发达资本主缺乏大胆的社会经济改革的观念，但垂死的资本主义并没引起理论家的注意。最好的社会民主主义经济学家和政治理论家都擅长驳斥新自由主义理论，但他们却很少提出有活力的可供选择的方案。经济在不断发展，但没有给我们带来更多的幸福和保障。财富在不断增加，但贫困并没有消除。冷战胜利后，美国取得了绝对军事优势，却深受恐怖主义之扰。

如果人类像历史唯物主义认为的那样具有创造性，那么这些情况就不会长久。在第四个命题中阐述的客观力量将会变得越来越强大，对企业民主和投资的社会控制的要求也会越来越强烈。自由民主的进步力量将会提出工人自我管理、投资的社会控制和政治改革的要求。如果发达资本主义向经济民主社会转型的话，那么将以推进这一进程的改革为标志。向经济民主转型即向真正的社会主义转型也许需要一场大的经济危机作为导火线，但可以想象，这种危机与大国之间的战争不同。目前全球金融体制脆弱，这个危机可能发生。如果所谈的国家是一个社会主义国家，那么不必同占统治地位的资产阶级作斗争，这样，它向经济民主社会转变就会更容易些。

结 论

如果说 20 世纪是美国的世纪，那么 21 世纪可能是中国的世纪，不过二者理由并不一样。即使中国经济超过美国经济，中国的人均收入也永远达不到美国人现在的水平。我们的生存环境不能支撑那种消费水平，中国的军事实力也不可能超过美国。二者的差距悬殊。此外，中国也没有必要与美国进行军备竞赛。苏联的教训是军备竞赛只能拖垮一个国家。美国人正在认识到军备竞赛的胜利并没给国家带来多少好处（尽管美国比以前更狂妄，但美国人的生活水平并没有比 1989—1991 年事件发生以前更好，也没因此感到更幸福）。如果中国值得称道的"有中国特色的市场经济"获得胜利，那么 21 世纪将属于中国。如果中国能完善机制，建设一个真正民主、工人自我管理的社会主义社会，那么中国将会比苏联更令人鼓舞。

相反，社会主义国家变成一个资本主义国家将意味着什么呢？可以用什么标准来评判呢？这可以用前苏东国家的历史为证。马克思暗示有两种合理的评判标准。第一个标准是统治阶级与生产资料的关系。如果在一个国家中占统治地位的政治阶层成功地重组了经济，从而凭借自己私人所有的生产资料确保自己地位稳固，那么该国就会变成资本主义社会。向这种情形转变的最有效率的方式可能是把国营和集体企业股权转给经理和工人，然后允许股份自由买卖。一旦工人的经济状况陷入困境，他们就会卖掉自己的股份。这样一来，股份很容易集中在一小部分有资金的人手中，而在政治上占统治地位的精英阶层有机会成为这一小部分人。第二个标准集中在统治阶级的利益上，根据这一标准，如果一国占统治地位的政治阶层与工人和农民的利益不一致并且维持低工资，为了使工人服从而容忍大量的失业存在，并且允许企业家有充分的投资自由权，那么无论统治阶级与生产资料的关系如何，该国都将会踏上转向资本主义社会的道路。如果这些决策都制度化了，就会完全地向资本主义转变。

转变为资本主义的后果会怎样呢？根据前苏东国家的历史经验的实证分析，会出现以下情况：地区差异会扩大，同时地区之间紧张关系会升级；出现大规模的人口流动，并伴随着社会混乱；很大一部分人会生活在永久的贫困与绝望之中；不断增加消费成为社会发展的主要目标；生态环境会不断遭到破坏；人们被排除在政治之外，会玩世不恭、冷漠无情、容易受到种族主义煽动。这种发展对于这些国家、对于整个人类都将是一场悲剧。

（刘卿 编译）

英国学者埃·赖特评约翰·罗默
的"证券社会主义"模式*

〔英〕埃里克·赖特

证券社会主义（Coupon socialism）是美国分析马克思主义学派代表人物约翰·罗默〔本刊 1994 年第 26 期（总第 144 期）译为约翰·罗梅〕1994 年在《社会主义的未来》一书中提出的一种社会主义模式，它的提出引起了不少争论。罗默本人又在今年发表的《社会主义再思考》一书中做了一些修改。英国学者埃里克·赖特在《新左派评论》1995 年第 3—4 月号上发表了一篇题为《证券社会主义与社会主义价值》的评论文章，认为罗默的模式存在着许多不足之处，但是它在一定程度上体现了私会主义价值，而且对左派重建替代资本主义的可行性方案的信心方面作出了贡献。现将该文介绍如下：

一、罗默的设计是一定思想和政治条件下的产物

社会主义者之所以批判资本主义，是因为它破坏了平等、民主、自治和共有（community）这四个重要价值。社会主义就是为了纠正资本

---

* 本文选自《国外理论动态》1995 年第 36 期。

主义在这方面的弊病而提出来的。过去，社会主义者以为，只要建立民主的中央计划经济体制就能实现社会主义的上述价值。但"现实社会主义"没有做到这一点。社会主义的四个价值在一定时间、一定地点，在某个方面已有所实现，但是还没有一个地方取得持续不断的进展。因此，当苏东发生剧变以后，人们不仅对中央计划经济体制失去了信心，而且对取代的方案的可行性也产生了怀疑，由此又使得只能对资本主义修修补补的思想普遍流行开来。

苏联的崩溃给社会主义思想本身造成了沉重的打击。西方民主社会主义者几十年来一直在批评苏联不民主的实践，认为社会主义应当被理解为民主向经济领域的极大扩展，而不是官僚对社会的集中控制。他们还认为，苏联模式的死亡将使社会主义摆脱官僚控制的桎梏，获得新生。可是，这种情况没有出现，相反，随着国家社会主义的死亡，社会主义也失丢了可信性。现在，一些左派人士开始认识到，苏联的实践尽管有许多严重的悲剧性的缺点，但它毕竟展示了资本主义可以被取代的某种可能性；统制经济的弊端可以通过认真的民主重建来消除；但是，如果没有一个即使看上去有毛病的，但仍然是彻底的取代资本主义的方案，资本主义就会更加强烈地表现为一种"合乎自然规律"的、不能被彻底改变的制度。

因此，"左翼"在关于如何取代资本主义的制度条件的问题上，迫切需要有大胆的创造性的新思维。新的取代方案是否可以严格地被称之为社会主义方案，这并不重要。重要的是铸造一个基础牢固的体现社会主义价值的可行的模式。罗默的设计就是在这种思想和政治条件下产生的。

二、罗默的模式有助于社会主义价值在一定程度上得到实现

罗默认为，要设计一种体现社会主义价值要求的经济制度，离开有效运转的市场不行。关键是怎样使"市场社会主义"成为一种组织经济的可行的合乎需要的办法。有的人认为，"市场社会主义"是一个矛盾的说法；或者是市场不得不为社会主义原则而大加剪裁，使市场成了个"四不像"，或是社会主义不得不受市场的腐蚀，使社会主义成为个"四不像"。罗默认为，他的设计能克服上述矛盾，使经济既拥有有效运转的市场，又能忠于社会主义的平等理想。

罗默的设计的主要特点是：在经济中创造两种货币，即**商品货币和证券货币**。前者就是通常的钱币，可以用于购买消费品，后者又称股票货币，因为它只用于购买企业股票。商品货币和证券货币不能相互兑换。国家将整个生产性资产的价值按人平均，用证券货币的形式发给每个达到法定年龄的居民。居民可以用它购买企业股票，并因此而获得一定的所有权，包括企业利润分红权和对董事会某些成员的选举权。但是，股票只能用证券货币购买，不能用商品货币购买；股票和证券货币不能转让，也不能送人；股票只能以市场上的证券价出售；股票和证券货币在持有者死后上交国家，重新分配。

证券货币持有人可以将证券货币通过互助基金投资于股票，以减少风险，也可以直接投资于股票，即在股市上买卖，因此，将不可避免地出现盈亏，带来股票所有权方面的不平等。但是，由于禁止两代人之间的代际转让，这种不平等的程度将会受到很大限制。

企业可以把它们出售股票后所得到的证券货币拿到国家银行去兑成现金。兑换率由国家计划机关通过民主协商确定的投资重点来决定。为

了鼓励对特殊的社会项目的投资，不同部内有不同的兑换率。国家的参与将使证券社会主义模式不仅有相对自由运行的市场机制，而且有可靠公平的产权分配，以及国家对广泛的投资重点拥有有效的计划能力。罗默认为，这就是市场社会主义。

此外，证券社会主义模式允许小私有企业（如小饭店、小商店和小制造业）继续存在。这就提出了一个问题：这些企业在达到一定规模后以什么样的标准转变为公有企业，所以，这个模式还不是为建立市场社会主义经济所设计的一幅完整的蓝图，而只是对其基本组织机制的一个说明。

罗默的设计对社会阶级结构将产生重大的影响。最重要的是，资本家被消灭了；生产资料被平均分配了。由于禁止股票和证券货币在两代人间转让，积累生产资料财富的机会非常有限。因此，证券社会主义可以被看成是一种"人民资本主义"，或者是"没有资本家的资本主义"。那么，这个模式对社会主义的价值有什么影响呢？

第一，它有助于实现平等。按照这一模式，企业利润是相对平均地在居民中分配。但是，由于劳动力市场收入和储蓄利息等不会被均分，人与人之间还存在着收入差别，所以不平等还存在。要实现彻底平等，证券社会主义模式必须辅之以其他措施，如向每个公民无例外地提供一般基本收入补贴。这笔稳定的收入足以使穷人也能过上社会可以接受的最低标准的生活。

第二，它有助于提高各级政府的民主能力。因为现在企业归全民所有，抗拒政策性的抽回资金和资金外逃的威胁将大大减少，国家提高税收的能力将大大提高。作者认为，一个国家可以提高的可承受的征税水平，是这个国家民主地控制社会盈余额能力的一个指标。通过提高民主政治能力，证券社会主义能够促进经济平等。另外，这一模式有助于减少经济公害（如污染）。

第三，它对自治没有多大的直接影响。因为罗默认为，企业采取什么样的内部组织形式，要看实际效果。哪种形式最有效，就采用哪种形式，包括现代资本主义所采用的形式。但是，证券社会主义可以间接地促进企业工人的民主和自治，因为在证券社会主义经济中，企业的内部组织形式问题可能变成一个社会评议和民主选择的问题。

第四，它对共有所起的作用最小。证券社会主义和资本主义一样，都强调竞争在经济活动中处于中心地位，个人在劳动市场上和企业在商品市场上的竞争同在资本主义下是一样的。这意味着以个人主义和贪欲为中心的资本主义文化在证券社会主义下还要继续存在。如果证券社会主义可以提高国家掌握社会盈余额的能力的话，那么由国家民主地控制的那部分盈余额就能够用来达到加强共有的目的。

因此，尽管在证券社会主义模式下仍然有市场竞争，但是培养一种团结宽容的文化还是可能的。

三、罗默的模式对左翼在确立取代资本主义的切实可行的方案的信心方面作出了贡献

有人认为，罗默的模式是企图通过在股票市场上玩弄产权和制度设计的把戏，来尽可能地模拟资本主义，直到或多或少公平地分配红利的社会主义。从结果上看，它更像是"人民资本主义"。由于它要求大规模重新分配财富，因此，它和民主的中央计划经济体制一样是行不通的。他们主张用一种更激进的方案来代替。这种看法是错误的，它忽视了建立一种可能被称之为可靠的平等的经济制度的模式所具有的重要价值。证券社会主义试图通过改变资本主义的某些特征来推进社会主义的

实现。它想通过基本收入补助，使工人掌握生活资料，使劳动部分地非无产阶级化。它想要创造一种生产资料产权平等分配机制，使工人掌握生产资料。这样就可以改造资本主义的重要特性即工人与生产资料和生活资料相分离的现象。当然，证券社会主义不能被看成是争取人类解放的最终蓝图。相反，它只是一种模式，一种旨在反驳那种认为资本主义私有制是组织财产关系的唯一有效的可靠方式的主张。

（文成 编译）

市场社会主义与新古典经济学[*]

〔美〕约瑟夫·斯蒂格利茨

[摘　要] 阿罗－德布鲁（新古典）模型和市场社会主义模型在根本上是有缺陷的。首先，它们对价格作用的看法是错误的，价格和市场在资源配置中只起有限的作用，而非价格机制的作用更为重要。其次，在资本配置方面，市场社会主义认为新古典模型存在问题，但它并没有正确地认清这些问题的来龙去脉，从而低估了资本配置的难度。最后，市场社会主义对激励问题不够重视，错误地看待分权化和竞争的作用，忽视了创新在经济中的作用。这些都是市场社会主义大起大落、在本世纪经济成就中未能起到重大作用的缘由。

市场社会主义的观念对经济学家们影响颇深：它似乎展示了这样一种可能性：既可以获得市场体系的好处——经济效益（帕累托最优）——又可以避免被认为是产生于私有财产的显而易见的缺陷。在社会主义经济纷纷崩溃、而诸如匈牙利和波兰这些国家所推行的市场社会主义被否定之后，对此的反应有两种：市场社会主义的捍卫者坚持认为，由于共产党政府控制了这些国家，市场社会主义的观念并未真正被

---

* 本文选自《马克思主义与现实》2001 年第 3 期。

公正地对待过；市场社会主义的批判者则说，打开天窗说亮话，"我告诉你：社会主义不管采取什么形式，显然都是不行的。"

在此我认为，市场社会主义的观念在根本上是有缺陷的，同理，构成市场社会主义基础的阿罗－德布鲁模型在描述市场经济方面也是有缺陷的。我认为，如果这一模型（或其前身）对经济本身的描述是正确的，那么市场社会主义确实有机会获得成功。因而，市场社会主义的失败，既是对市场经济的阿罗－德布鲁模型的证伪，也是对市场社会主义理想的打击。

这两种模型都存在一个根本问题，即它们都没有考虑在缺乏完全信息——以及获得信息所需成本——和缺乏某些重要的风险市场的情况下所带来的一系列问题。这些风险市场的缺乏，反过来能够——在很大程度上——加剧信息不足的问题。我把那些与选择有关的问题、那些与激励有关的问题，以及那些与学习有关的问题，都包括在信息问题的范围内。

这些理论信息方法不仅改变了经济学所提的问题，而且改变了给出的答案。在经济学中有三个古典问题——生产什么？如何生产？为谁生产？现在我们加上第四个：如何决策和谁来决策？

在琼·罗宾逊或阿罗和德布鲁的经济学中，决策者和决策机构被认为是不起任何作用的。罗宾逊把公司中的经理工作描写成只是看一看计划书，翻到与当前（和未来）的要素价格相应的那几页。多么简单的工作！当然，如果真的这么简单，那经理工作的确无聊，也难怪被传统的英式学术所鄙弃了。甚至兰格、勒纳和泰勒对管理激励不太重视——经理工作本质上可被自动控制所代替——也是多此一举的。

可归于阿罗－德布鲁门下的那种经济观点（它在当代写就的教科书中也有回声，例如萨缪尔森的《经济学》），我称之为"工程经济学"，这并没有瞧不起工程师职业之意。经济学的任务就是解决最大化问题。因此，在阿罗和德布鲁看来，分权化至多等于一种方便的运算法则，一种解题法，再明确点说，一个复杂的程式问题。可是还有另外一些获得同样精确的答案的方法，某些应用数学家甚至主张，还有一些比价格运算法更好的方法。

关键在于，在这种模型中，并没有新信息在经济中流转，以致新信息得以流转的效率问题——或者个体获取信息的激励问题——从来就没有被考虑到。实际上，人们只是最近才注意到下述两个目标之间存在着冲突：如果，比方说，股票市场价格信息完全而即时地发送，那么所有的投资者都没有兴趣获取信息了。股票市场的特征在于，它的信息必须是不完全的，而且是昂贵的。正如格罗斯曼和我所指出的，存在一种"非均衡状态下的均衡量"。

但福利经济学的基本定理丝毫没有论及这种非均衡状态下的均衡量——也就是信息获取和发送的费用——是否绝对有效率的问题。（事实上，下面我将简要论述的格林沃德－斯蒂格利茨定理，就弥补了这一不足。）

从阿罗－德布鲁模型所暗含的前提可以看出，标准经济学理论很少注意到资源配置的过程，确是不足为奇。在标准公式中，有一个资源（捐赠）和偏好的固定数列，也有一个铁定的资源配置问题。阿罗和德布鲁曾认识到，在这种公式中，资源配置问题是静态的、某一时期的，还是长时期的，其间并没有什么分别。这一结论本身本应该警醒我们，瓦尔拉斯的观点犯有严重的错误。

因此标准模型涉及的是资源配置的法则，而不是资源得以配置的过程：资源配置的决策是如何作出的，谁来作这些决策，以及这些决策者是如何选择出来的。出于同样的原因，被人过分吹捧的阿罗－德布鲁模型之关心经济的分权化，与其说是关心决策过程的分权化（因为在阿罗－德布鲁框架中，确实无决策立足之地），不如说是对一种运算法则的描述。

当然，我们都相信决策机构和决策人不是一回事。我们担心的是谁有资格就某事投票，因为我们知道，在某些关键的时候，结果如何，很大程度上取决于该问题的答案。

实际上，我们现在已经有了多种一般定理，以便在阿罗－德布鲁市场的完整系列并不存在的情况下，证实持股者对于公司可能采取的恰当的行为方式并不存在一致的认识。虽然早期关于非一致性的文献强调了利益和偏好的差异，但最近的文献强调的却是信息的差异，即导致不同的参与者即使对公司的目标一致认同，但在有关某些方案的愿望上产生分歧的差异。

提出以上或者其他对传统模型的批评，并非说阿罗－德布鲁模型就全无用处。它反倒在帮助我们鉴别标准竞争模型的错误方面，在为政府干预提供市场失灵理论方面，比在帮助我们理解现代资本主义经济中资源实际上如何配置方面，更为有用。

现代理论是否认为市场社会主义更具可取性？

至少有两个现代经济学理论的中心结论强化了对市场社会主义的信念。

A）期货市场的缺乏和政府在投资配置中的作用

今日标准的（竞争性）市场经济模型——不管你对市场经济所持的观点如何，该模型都为你提供了一套知识基础——中的一个基本假设，就是存在一套完备的期货市场体系。这些期货市场对于正确的投资配置来说是至关重要的。实际上，当不具备一种完备的、无限延伸到将来的期货市场的时候，经济可以以一种局部暂时有效的方式开始运作，看起来走的恰似一条一般的理性预期之路；只有在更远的将来，这种经济的无效性才会显露出来。看来，个人没有动因去纠正这种潜在的长期无效性。对市场以社会生产的方式配置和协调投资的功能感兴趣，当然就会经常引发对社会主义的寻求，现在如此，上个世纪也是如此。

B）委托—代理问题和所有权与控制权的分离

耐特（Knight）、伯利（Berle）、米恩斯（Means）等人的早期著作在论述所有权和控制权分离的问题时，已经在委托—代理问题上取得了一定的成果：在存在信息成本的情况下，股东对经理的控制是有限的。同时期及其以后有关接管和其他控制手段的理论文献，进一步强化了（至少在一定程度上）经营自主权的结论。这些理论发现，如果还算发现的话，已被70年代后期和80年代兼并收购狂潮中的随后发展所证实。对于大公司来说，不存在追求所期望的利润贴现值，甚至长期市值最大化的"单个所有者"。那么所有者真的很重要吗？英国石油公司的效益比美国德克萨斯石油公司低吗？加拿大国营铁路公司比加拿大太平洋公司的效益低吗？罗斯·约翰逊和他在雷诺公司的股东伙伴们掠夺了公众的利益，那是否还存在比这更严重的类似事件呢？

过去的理论是否比市场社会主义更具必然性？

现代理论在权衡有关市场社会主义的讨论时，比过去的理论所认为的多多少少更为公正。现代理论得出的两个进一步的结论，为此提供了更为模糊的暗示。

A）竞争

至少有一些市场社会主义的倡导者相信，恰当的做法是在垄断资本主义和市场社会主义之间作比较，而不是比较竞争性市场和市场社会主义。他们认为，在经济运行的大部分时候，竞争是不能成立的。在建构市场有效性的分析中，其重要的前提之一就是每一个公司都是价格接受者，他们对出售商品的价格和购入生产要素的价格，只是接受而无力予以改动。

20世纪早期大企业的迅猛崛起，促使经济学家去推测其趋势，并展望如此一种市场经济：在其中，所有的重要部门——钢铁、石油、汽车、铝制品等等——都被一个或者至多是几个大企业所控制。经济学家们还为这些预测提供了理论依据：技术需要大量的固定成本。缺乏组织协调将导致成本攀升，而新的组织机制则意味着这种成本攀升是可以被限制的。国内市场的建立、在这些国内市场中从事广告业的国内媒体的建立，均为"回到规模去"提供了进一步的根据。在不给公司增加或减少主要收益渠道的情况下，人们希望一个行业由一个、最多是几个大公司来支配。

因此，经济学面临着这样的选择：a）虽然资源配置难免被扭曲

（并且政治权力的集中无可逃避），但仍然允许存在垄断资本主义；b)在某些重要部门实行国家直接调控；c)或者通过打破垄断组织（由于不能实现规模经济，效益有可能因此降低），或者通过控制垄断行为，来调整和控制垄断能力的发挥。很少有民主政府觉得第一种方式可行。美国也许在追求第三种策略方面最为积极。但到20世纪中叶，即在反托拉斯法案生效50多年之后，美国的许多核心产业仍然是高度集中的；即使取得了像解散标准石油公司这样的成就，但效果并不十分明显。反托拉斯法案只是让非竞争性行为更加讳莫如深！这些事件直接强化了人们对第二种策略的信心——政府所有和政府调控。

人们也许会认为上述学术观点可以为市场社会主义提供有力的支持，但世界经济一体化进程显然与此相抵触。竞争是受市场规模限制的，当市场规模发生变动，竞争的效果也就相应不同。因此，60年代曾经控制美国汽车市场的通用汽车公司、福特公司、克莱斯勒公司，如今对市场的控制能力减弱了，因为它们必须面对日本和欧洲生产商涉及市场方方面面的有力竞争。当美国市场只能容纳三大厂商的时候，世界经济则足以容纳更多的厂商。

B) 凯恩斯经济学

在所有的市场失灵中，对人们有关市场进程的信心影响最大的当数大萧条了；它是几个世纪以来资本主义市场经济所遭受的周期性不景气中最糟糕的一次。凯恩斯提供的解释远不止一种：他表明市场失灵可以在不放弃市场进程的情况下得以纠正。只需要有限的政府干预——运用增加政府开支或者降低税收等财政激励措施。实际上，比起那些认为问题出在太高的实际收入的人来，凯恩斯所说的这种政府干预更为有限：

政府没必要干预公司和工会的价格—工资协商行为。

具有讽刺意味的是，最近 20 年来人们对凯恩斯学说的信心日益不足。在美国大学里有一种趋势，即不将经济史当作经济学的学习内容，这种趋势强化了人们的近视，并使得许多美国理论经济学家认为，如果衰退可以被称为问题的话，那也是过去才有的问题。正如我们发现凯恩斯错了一样，我们还有幸发现他居然文不对题！然而，80 年代初的大衰退和1990—1991 年的衰退，以及欧洲持续的高失业率，使得那些认为周期性失业是陈年旧事的人清醒了许多。

饶有趣味的是，关于市场社会主义的论战，对别种替代性体制在宏观经济上所具有的相对优势并没能注意，而历史上的证据也缺乏说服力。其实问题的关键在于：尽管社会主义经济"解决"了失业问题，但它们的解决方法与其说是暴露倒不如说是掩盖了失业问题。社会主义经济确实表现出增长速度的起伏不定，而这正是经济活动起伏不定的证据。在社会主义经济试图分权化、朝着市场社会主义目标迈进时，它们纷纷表现出难以实现宏观经济调控的问题（看一看南斯拉夫和中国的例子）。这些问题同样很重要，但更全面地讨论这些问题将超出本文的范围。

这些凯恩斯式的例子也给人们发出了信号：阿罗－德布鲁模型在根本上是有缺陷的，因为，如果该模型正确无误，就不会出现失业问题；如果价格机制可以缓解冲击，如果存货、储蓄和保险市场可以缓解私人企业和家庭所受的冲击，那么采用阿罗－德布鲁模型就无法解释经济的起伏不定。

但凯恩斯更清晰的信号是另一个：资本主义宏观经济的弊病是可以治愈的，人们无需对经济制度加以根本变革，需要的仅仅是选择性的政府干预。从这个意义上讲，凯恩斯经济学极大地冲淡了市场社会主义的前景。

对兰格—勒纳—泰勒定理是否恰当的质疑：一些初步思考

总之，我怀疑现代经济理论所取得的成就——认识到了市场经济中缺少一个完备的期货和风险市场的重要性，所有权和控制权分离，竞争的不完全性——是否会引起人们对市场进程的有效性产生进一步的怀疑。

今天，大多数经济学家所表现出来的对市场进程的信心，要比50年前大得多。他们对兰格—勒纳—泰勒定理是否恰当疑心重重，因为这一定理宣称竞争性市场和市场社会主义本质上是相等的。该定理的基石——市场社会主义模型——存在着严重的缺陷，就连市场经济——它不仅是该定理的基础，还是福利经济学的基本原理——也是有严重缺陷的。一个是市场经济的坏模型，一个是社会主义经济的坏模型，因此，任何关于两者相等的假象出现都是一点也不奇怪的。

我在维克塞尔的讲座中曾提出了市场社会主义之所以失败的五点主要的经济原因。我认为，市场社会主义模型：低估了激励问题的重要性；低估了制定"完全的价格"体系的工作难度，并因此低估了非价格配置机制在经济中的作用；低估了资本配置的难度；错误地判断了分权化和竞争的作用与功能；简单地忽视了创新在经济中的作用。

正如我在上面所指出的，并不是只有市场社会主义才犯这些错误：所有上述指责均可用于标准的新古典经济模型这个市场社会主义模型的孪生兄弟。在本文中，我将把我的讨论仅限于第二和第三个错误。

市场配给和市场经济中的非价格配置机制

正如市场社会主义低估了激励问题的重要性一样，它同时高估了价格的作用而低估了制定价格体系工作的难度。当然这也不足为奇，因为兰格、勒纳和泰勒同样强调了价格在资源配置中的作用。他们是以传统模型为基础展开分析的，这些传统模型均把价格在资源配置中的作用置于首位，并且认为价格是决定供需平衡的重要因素。他们的模型与传统模型的惟一区别，仅仅在于对制定价格的过程看法不同。他们希望通过政府的干预，即看得见的手，求得供需平衡，而不是依靠市场力量或者神秘的瓦尔拉斯拍卖者。但在这两种理论中，价格执行的功能是一模一样的。

所以我极力表明说，价格在资源配置中起着一种完全不同的作用，并没有按照标准竞争模型所说的那样发挥作用。在我看来更重要的是，非价格信号在资源配置中起着更重要的作用。

A) 为什么价格不能按标准模型设想的方式发挥作用

在一定的意义上，"价格"模型背后所存在的问题，是由商品领域的复杂性引起的。在我们给学生上课时，我们经常拿苹果、桔子、小麦作例子。价格取决于苹果的种类、新鲜度（以及其他质地特征）、产地和出产时间，等等诸如此类。工业产品则更加复杂了，它具有更多的相关属性。

最近，美国国防部给我们提供过一个有关商品领域复杂性的实例。他们想购买一种标准的白色 T 恤衫，虽然这种商品在任何一家服装店花

65

上几个美元就可以买到，但他们要求厂家提供的样品达到 30 种。即使这样，我想该产品的花色样式还是没有穷尽。当然，大多数消费者在购买 T 恤时，没必要完全了解该产品的所有细节。这个例子表明，市场的实际运行与市场社会主义模型所预期的运行方式之间是根本不同的。

商品领域的复杂性具有两个根本的意义。第一，它说明，中央计划制定者实际上不可能通过一条能够充分反映商品性能差异的途径来制定价格，而这条途径却是生产具有特殊性能的商品所必需的。例如，对于每种质量水平（这是一个数列）都要有一定的价格相对应，而且该价格能够精确反映该质量水平。由于每一种商品都有许多性能，甚至在每个性能里又有许多门类，因此该商品领域的全部性能维度数量巨大。（假如某个商品有十种性能，像颜色、耐久性、长度、宽度等等，而且每种性能上都有十个值，那么该商品的价格变化数就是一百！）

市场社会主义经济（以及市场经济条件下的政府采购部门）发现，要是一种产品的价格没有规定得面面俱到，事情就难办得很。规定了钉子的价格，厂商会设法用廉价的材料来生产尽量短的钉子。规定了长度而没有规定毫径，厂商就会生产小毫径的钉子。要是两者都规定了，厂商还是会用廉价的材料生产，且硬度不堪一击。对于更复杂的商品来说，情况就更是这样了：不管你对其性能如何规定，总有可选择的余地，特别是在削减成本的情况下，对商品达到其原定功效的影响就更不利了。

另一方面，对每一种复杂的商品都规定详细的价格，其代价又太高，例如前面提到的 T 恤的例子。要是对所有的投入（材料等等）都详细规定——例如钉子该用什么材料制做等等，当然可以杜绝寻找能够差强人意地满足客户需要的、且价格低廉的替代性材料的行为。因为一旦规定了钉子的所有属性，这些属性是否属实就只是一个判断的问题了。但即使这样，"公平交易"的问题还是存在：某些材料也许在某些方面超过了原定的标准，但在其他方面却有不足。对于此类商品，生产者该接受什么样的价格？市场社会主义对此没有给出答案，却让计划制定者给出一套完整的价格体系。

市场社会主义模型和新古典模型都没有意识到生产者和产品使用者之间相互作用的重要性。这些模型将生产者和消费者之间的交流仅限于价格信号，这显然是错误的。

生产过程往往更类似于"协商"过程，而不仅仅是"价格接受"过程。厂商与客户协商送货时间、产品质地，也协商价格问题。信息（买方的要求、卖方的技术能力）在此过程中传来传去。在这种相互作用中，价格确实起到了重要作用。但诸如"生产您所要求的这类钉子，难哪"这样的定性表述，往往变成了"要做到也不难，但成本至少要1.23 美元才成"这样的定量表述。

商品领域复杂性的第二个重要方面，则是市场往往是不完全竞争的。某个厂商的产品性能往往与其他厂商的同类产品存在着细微的差别，有时是在一个方面，有时也许是多个方面。当然，也存在这样的竞争：买方会看一看其他厂商的产品，看一看是否它们价格更低、性能更好。但这仍然是一种不完全竞争，尤其不是阿罗－德布鲁模型所描述的那种类型的竞争。

B) 不完全信息与价格作用的有限性

商品领域的复杂性足以解释价格模型为什么不合理的原因，却不足以解释它失败的原因。进一步的解释必须涉及为商品定性的成本问题，也就是说，虽然我们可以不花费任何成本来规定所有的相关性能，但是要确定一种商品是否具有这些性能，则是要花费成本的。

在这种情况下，价格会影响到市场交易中的产品的平均质量。在其他的著作中，我曾经详细解释了造成质量取决于价格的原因及其结果。也许最重要的结果就是供需法则的"失效"。我们现在已知道，当劳动力质量取决于工资率时，当"借贷质量"（偿还贷款的可能性）取决于利息率时，或者当产品质量取决于价格时，（竞争性）市场均衡会呈现出配给的特点——需求和供给不相等。这也许为劳动力市场广泛存在的失业现象，以及资本市场中存在的信贷配给现象，提供了部分解释。虽然劳动力市场的供给有余，但厂商未必消减工资，因为这样做会降低劳动力质量，从而导致利润率下降。信贷配给也是出于同样的理由：虽然存在着旺盛的信贷需求，但放贷人不会因此提高贷款利率，因为这样做会对拖欠贷款的发生概率不利。

关于这些非市场出清的后果（它们强调，价格的作用比传统模型所描述的既"大"也小），有三个方面是特别重要的：

一系列经济职能，例如保护和提供激励，是极为重要的，而这在传统模型中几乎完全被忽略了。

在市场还没有出清，或者更一般地说，在市场中还存在选择问题、激励问题和不完全信息问题时，非价格机制通常被用来帮助配置资源。

在市场没有出清时，价格未必传递有关稀缺性的信号，而这些信号被认为是阿罗－德布鲁模型（还包括以同样的概念为基础的市场社会主义）的重大发现。倘若工资是按效率工资的考虑（如保证工人不会消极怠工）而设定的，那么该工资将明显高于劳动力的机会成本。有关稀缺性的信息可以通过其他非价格的方式传递，例如，厂商可以对诸如"订单"和"库存变化"之类的信号作出反应。

C) 资源配置中的非价格机制

资源配置中的非价格机制的重要性可由两方面看出。首先，大部分的产品生产是在公司内部进行的，在那里对价格的依赖很有限。通用汽车公司比许多国家都要大。虽然人们对凭什么来划分公司的问题、公司内部从事的是什么样的生产的问题有过充分的讨论，但这些问题显然已超出了本文的范围，在此我想重点强调的是，除了间接控制外，许多经济行为是不受价格关系控制的。

其次可作为重要例证的，是资本的配置。资本不是在拍卖市场中配置的，即并不是谁出价最高，谁就获得资本。道理很简单：出价只是对将来偿还某个数量的承诺，而这种承诺并不一定兑现得了。在资本配置中，重要的是不仅要知道使用者"承诺"了什么，而且还要了解实际上使用者有可能偿还什么。许许多多的金融机构就是执行这种职能的。银行"配置"资本，但它们并不会简单地依赖价格机制。

价格体系的有限性这一事实告诉我们，经济关系往往既受契约限制，也受信誉限制。但这些因素完全被阿罗－德布鲁模型和市场社会主义模型所忽略了，它们一味地专注于价格因素。我们可以在任何一个市场中看到契约和信誉的重要性。例如，消费者选择商品时，很大程度上依赖于厂商的信誉。在前面提到的消费者购买 T 恤的例子中，我们注意到大多数消费者在购买商品时，并不要求对商品的整个性能了如指掌。如果某种产品不尽如人意——例如不像售卖者所说的那样耐用，那么就不会再有人买它了。消费者（和生产者）要的是信誉。同理，放贷者也极大地依赖于对借贷者的信誉。

契约几乎总是包含一些非价格的条款。例如信贷契约，经常会涉及一些附加条款。最早的有关委托—代理理论的文献强调了非价格条款的重要性，例如地主愿意给佃户的土地数量条款、对其他投入的限制条款等。在保险和劳动雇佣契约中，经常出现如下"排他性"条款：投保者必须同意报告他在其他保险公司所投同类险种的情况；雇工必须同意不同时为其他雇主工作。保险契约通常还包含"量化"条款，例如，投保方同意安装灭火装置。

因而，契约总是需要的，因为世界上的"市场"并不只是为了一切可能的商品（在市场上，我们可以把不同地点、时间、自然状态和质量的商品视为不同的商品）而存在。进一步说，人们之所以需要信誉，只是因为我们即使把商品的所有性能全记下来，也不可能仅靠某个法律体系就对一切可能的争议作出仲裁。

总之，不管是阿罗－德布鲁模型，还是市场社会主义模型，都未能考虑到这些经济作用的形式。

D) 租赁与信誉机制

不仅阿罗－德布鲁模型和市场社会主义模型忽视了上述各种经济因素（在其中，信誉机制发挥了如此重要、如此经常的作用）是千真万确的，而且信誉机制还要求我们重新审视价格体系的运行问题。

需要特别指出的是，假如维持信誉会产生激励，那么丧失信誉就必然要付出代价。反过来说，这就意味着在边际状态，卖方对是否出售商品不能抱无所谓的态度（工人对自己是否去工作也不能抱无所谓的态度）。经济关系必须保有超过最低要求的租金或报酬，以便诱使人们自愿参加交易活动。在惯常的情况下，利润不能为零，价格也不能等于边际成本。作为"价值理论"基础的基本价格关系在这种意义上是错误的，因此以标准价值理论为基础的市场社会主义模型也是错误的。

对资本配置难度的低估

在市场社会主义的传统视野中，市场是用来配置商品的（而资本股票已定），但市场体系并不配置资本。市场无力配置资本，包括无力协调投资决策，为回到市场社会主义提供了部分理由。

市场社会主义者对市场失灵的这种判断是正确的。虽然他们并没有能抓住由于并不存在完全价格体系而引起的问题，但他们认为自己理解了由于并不存在完善的期货市场和风险市场而导致的结果。可是，在阿罗－德布鲁模型简单地忽略了这一问题的同时，市场社会主义者则天真地相信了政府能够轻易地医治这种市场失灵。他们对其背后的原因从不深究。

但恰恰是这些使得市场在配置资本时问题重重的原因（我们随后就将讨论这一问题），也给选择其他配置机制带来了严重的问题。期货市场的缺乏，意味着各厂商必须对它们所售卖的产品、所购买的投资的未来价格作出估计，从而政府也必须对商品和服务的影子价格作出估计。但推动这些估计走向精确、全面考虑所有的相关因素的激励是什么？在市场中犯错误的人（在理论上）必受惩罚，他们要承担失误所造成的大部分代价。但在公有制企业中，情况并非如此，特别是在他们面临软预算约束的情况下。

阿罗 – 德布鲁模型的错误因而并不仅仅是它假设了一个完善的期货和风险市场。它的错误根源要深得多：它未能认识到与资本配置有关的固有的信息问题。而且很自然的，市场社会主义也犯了同样的错误。因而资本市场并不能被描述为拍卖市场。资本不是简单地就到了出价最高的买者手中。在此可以看到所谓的直接配置机制在发挥作用。银行对贷款申请人会进行筛选，就像中央计划制定者原则上也会对项目申请人进行筛选一样。

市场和市场社会主义都运用直接配置机制，但这当然不意味着它们就是一样的。在激励问题上银行与计划制定者并不相同。市场社会主义的批评者强调，该模型未能提供有效的激励，以保证投资得以有效配置，在软预算约束条件下更是如此。但正如美国最近的信贷失衡所表明的，在市场经济条件下私人激励机制与社会回报之间也存在着明显的矛盾。信贷失衡在一年内把美国人全部存款的相当大一部分全浪费了！当然，这首先得怪政府计划。但普遍看来，说市场对资本配置具有潜在的无效性，仍然不无根据。

还有另一个我在前面提到的问题：放贷者在贷款合同中采用了大量的非价格条款，这样既可以更好地筛选申请人，也可以提供更好的激励。贷款合同不仅规定了贷款利率，而且还包含了大量的条款，其中包括抵押、拖欠问题的相关条款，这些内容会对合同双方产生重要影响。

然而，虽然市场的运行并不完美，但它提供了保证资金配置到有利可图的投资中去并按照所配置的方式加以使用的激励，它还提供了可被看作是一种自动的、对那些运行不好的机构（例如银行）加以惩罚的机制。市场社会主义的关键失误，就在于既没有激励结构，也没有惩罚机制。

而且，把非价格考虑引入到选择投资的社会目标中，也使得保证好的决策得以顺利实施的任务更为艰巨。一旦计划导致失败，是由于决策制定者的无能，还是由于其他社会目标（就业、环境等等）在其中起了作用？虽然在原则上我们能够把这二者分开，但实际上是不可能的。

市场、市场社会主义和市场经济模型

本文讨论了标准阿罗－德布鲁（新古典）模型如何看待经济问题的两个中心议题。阿罗－德布鲁模型在提出完全市场体系假设的同时，强调了价格在资源配置中的作用。市场社会主义借用了这一观点，且认识到不存在足以保证价格能够处在市场出清水平上的瓦尔拉斯竞拍者，也不存在协调投资决策的期货/风险市场。市场社会主义采用了价格这一机制，把它当作是在资本股票既定情况下配置资源的关键机制，但对投资则采用直接配置机制。我曾强调指出，这两种观点对价格作用的看法都是错误的：价格（和市场）在资源配置中只起有限的作用，而非价格机制的作用更为重要。

市场社会主义认为标准模型（和实际市场）在投资配置中存在问题，这是正确的，但它并没有正确地认清这些问题的来龙去脉。

信息不对称，意味着资本市场具有信贷配给和股权配给的特征。股权市场——相对于信贷市场来说，它拥有巨大的风险扩散优势——在几乎所有的国家中都只占新集资本的一小部分。最近的经验证据显示了个中的缘由：一旦公司发行新的证券，其股票价格就会锐减。信息理论的研究依据激励和选择的影响，为这些价格锐减的趋势提供了解释。

如果说新古典模型对资本配置问题重视不够，那么市场社会主义就对激励问题不够重视。但实际上，它们都对激励问题熟视无睹：我已指出，价格体系只能解决实际经济所面临的少部分激励问题。

竞争性市场模型对于我们如何理解经济职能问题有着非常重大的影响。该模型在竞争的重要性、价格的作用、市场的相互依赖和分权化的可能性等方面也提出了有益的观点。但这些观点很多是不全面的：虽然竞争是重要的，但阿罗－德布鲁模型所说的那类价格竞争却无法充分地描述竞争的重要性。价格只是市场资源配置机制中的一部分；市场的相互依赖不仅通过价格，也通过信贷发挥作用。分权化也是有限的，正如即使在资本主义下，大型企业的生产运行在内部资源配置方面对价格体系的运用也是有限的。

结　语

凯恩斯有一段关于观念的力量的话，经常被人引用："经济学家的观念，不管是对还是错，比通常所认为的要有力得多。事实上，统领世界潮流并不是什么难事。现实中那些老认为自己根本不受任何知识影响的人，往往是一些已故经济学家的传声筒。"

市场社会主义的观念和理想，在半个多世纪里经历了大起大落。反过来说，这些观念在很大程度上也受到了市场经济观念——斯密、瓦尔拉斯、德布鲁等人的观念——的影响。过去25年的研究表明了这二者的相互影响有多糟糕。

我们没必要谈论由于狂热地追求基于这两种模型的政策而导致的经济惨状。你只要注意一下那一系列信息问题，那传递信息的特殊机制

（价格体系），就能明白它们是多么近视，居然忽略了更大范围的信息问题，更大范围的信息传递机制。这两种模型既分散了经济学家也分散了政府的注意力，使他们得不出一种关于政府作用的更为公允的看法。从过去四分之一世纪经济增长的主要成就——所谓"亚洲奇迹"——中，既找不到新古典经济学，也找不到市场社会主义观念的重要作用，也许并非偶然。

（原载 P. K. 巴德汉与 J. E. 罗默合编《市场社会主义——当前的争论》

牛津大学出版社 1993 年版）

（曹荣湘 编译）

市场社会主义的新模式*

〔英〕克里斯托夫·皮尔森

[摘　要] 本文对新近出现的西方市场社会主义模式作了系统评论，既从理论上探讨了市场与社会主义结合的可能性，也探讨了市场社会主义与民主政治结合的可能性。文章还论述了该模式的基本结构。

即使迹象显示，社会主义并没有完全衰竭，但要推进它的目标和价值，与二三十年前相比，至少环境是不同，甚至是更困难了。同时，任何关于未来的有成就的政治学，似乎都必须建立在某种完全改变了的制度基础之上。认可这种变化了的环境，在许多西欧社会主义者和社会民主党之中，有助于倡导一种连续不断的"纲领更新"之进程；而在一些社会理论家和政治理论家之中，则有助于"社会主义的反思"。在对计划经济和国家干预的记录普遍产生深刻的幻灭的条件下，面对急剧变化的国际经济环境，无论是政党还是理论家，只好被迫去热情地接受市场。它与这一信条是一致的，即在市场的成规下，广大社会主义者和社

---

* 本文选自《马克思主义与现实》2001 年第 3 期。

会民主党人的各种传统的愿望都应该重铸。这表现了一种试图摆脱各种困难的方式。

社会主义条件下的市场

无论政治左派还是右派，在传统上都有一个常识，即认为社会主义和市场是截然对立的原则。市场通常被等同于资本主义、私有财产和个人的经济霸权；而社会主义则被视为是以财产的社会所有制和经济资源的有计划的共同使用为前提的。对一些传统分子而言，市场开始之处，便是社会主义终止之地。而这点无疑曾是对社会主义和市场之间关系的占支配地位的理解。撇开少数短命的乌托邦实验不论，几乎所有社会主义的实际经验都曾需要利用市场。在劳动和消费品方面，甚至最集中的命令经济也曾求助于市场。如果社会民主体制可被认作社会主义的一种形式，它显然是一种市场占有核心地位的形式。此外，还存在生产者和消费者合作社的长期延续的经验，这类合作社曾试图在市场辖域之内建立经济财产的社会所有制。当合作社运动经常被劳工运动的主流以极大的怀疑来看待时，它也被描述为"经济民主的最古老和最纯粹的形式"。

也存在一种弱小的、有时很含糊的理论传统，试图明确地为以市场为基础的社会主义形式构建一种更普遍的描述。在英国，例如，汤普森就曾鉴别出一条"19世纪社会主义思想中的稀疏线索，可以称之为市场社会主义的政治经济学"。但是，对"市场社会主义"的独特关注的演化，很大程度上是20世纪时代的产物。在该时代，有了与它相对照的现实世界的计划（及其问题）。努蒂（Nuti）将市场社会主义的首次使用归于海曼（Eduard Heimann）。但是，人们广泛地认为，它的起源与波兰经济学家兰格以及两次大战时期一些有类似思想的理论家的工作是一致的。

兰格的市场社会主义

兰格的市场社会主义模式本身是对苏联形成岁月中奥地利经济学家米塞斯发表的一篇早期文章的回应。该文1935年重新发表时，哈耶克作了详细的说明。米塞斯的文章否定了在社会主义条件下合理的经济决策的可能性。他认为，在社会主义条件下，合理的经济核算是不可能的，因为"那里没有自由市场，也没有价格机制；如果没有价格机制，就不可能有经济核算"。在他看来，"社会主义就是合理经济的废除"。兰格答复的本质是要坚持，在社会主义条件下，合理的核算的确是可能的，因为国家中央计划局通过确定价格（以及社会主义企业的制度性辖域），就能作为市场的代理而行动。因此，通过重复的"试错"程序调整这些价格，就能反映供求方面的波动。诚然，兰格认为，对社会主义条件下价格问题的一种类似的理论解决（由帕累托和巴龙作出），早在米塞斯的批评之前就已发生。

对于后来所谓的"社会主义核算之争"，尽管不存在普遍赞同的评判，许多分析家还是遵循了伯格森的著名评论所概括的立场。伯格森的观点是，当从技术上看兰格的论证代表了对米塞斯批评社会主义的经济不合理性的成功回应时，还存在市场的另外一些方面，诸如激励动机和革新，这是只有真正的市场才能保证的。在20世纪80年代，对"社会主义核算之争"的兴趣的复苏，所看到的仍是对兰格观点的一种较具批判性的评判。拉沃伊（Don Lavoie）认为，当兰格的模式几乎"无法回答"新古典经济学所描述的价格形成过程的模型时，奥地利经济学派，米塞斯和哈耶克都属于它，也将这种新古典学者的平衡理论当作静态的和不现实的而加以拒绝。实际上，市场并不仅仅揭示平衡的价格。诚然，正是由于市场中非平衡的存在，以及从它获取利润的可能性，才唤起企业家的革新和创办人的经济动力。更为重要的是，市场是"一个发现和传播无声知识的过程"。这是社会主义市场，甚至是以管理和企业家的激励建立的市场，都不能实现的功能。

我们将不得不返回到某些对这种市场社会主义模式的重要批评。然而，在这一方面，也许更重要的是要看到，兰格在提出市场社会主义的模式时，他关注的焦点与（由集中化的国家进行的）资源配置的合理性是一致的，但是与经济决策的非民主化或非集中化是不相符的。他的确曾经假定，"消费选择的自由和职业选择的自由都要保留，消费者的偏好，正如他们的需求价格所表示的那样，是生产和资源配置的指导标准。"然而，他并不试图限制（一党制）国家的（极其庞大的）权力，而是要保证市场模拟的（Market-mimicking）手段，后者允许对资本和生产商品的价格进行合理核算。在这个意义上说，兰格的模式更确切地说属于"中央计划的非集中化程序"这一门类，而不属于提供了一种真正的以市场为基础的社会主义形式。

诚然，兰格模式所处的一党制共产主义统治的政治辖域，对理解市场社会主义理论随后据以发展起来的方式是至关重要的。许多大名鼎鼎的市场社会主义的提倡者，都是东欧的经济学家（包括波兰的布鲁斯、匈牙利的科尔勒、捷克斯洛伐克的锡克等），他们之所以极力提倡，主要是针对现存共产主义王国的内部改革。总之，市场社会主义的理论家都是既关注通过促进市场增进经济效率，也关注扩大经济和政治的自由。然而，苏联和东欧的共产党的领导，一般只对被严格限制的改革感兴趣，因为它不用放弃共产党及其意识形态的领导作用，即不用倡导相应的政治改革过程，就可以提高整个经济效率。缺乏相应的政治改革，在实际上甚至比理论上更有助于削弱有效经济改革的可能性。即使是在匈牙利和南斯拉夫这样经济改革非常成功的国家，效率和增长也不断地被一种基本上不改革的政治体制所损害。

因而，西方很多现存的市场社会主义文献，虽然在技术上和理论上具有较高的层次，但也只是严格地限制在这样的意义上，即恢复对市场的重视，把它作为西方社会主义政治的制度基础。在缺乏私人资本所有制的情况下，许多善于通过市场获得效率的条件之争，或是有关管理的激励结构的讨论，在东、西方可能同等地适用。但是，在这类讨论发生的制度辖域内，却存在着各种差异。可以肯定，西方的市场社会主义正在寻求的是这样一种体制，即在某些方面比当代福利资本主义更有经济效益，但是，他们像东欧的市场社会主义者一样，并未推进改革现存高度集中化的命令经济的基础。此外，西方的市场社会主义的提倡者寻求增强民主；诚然，与期望提高经济效率相比，他们可能更关注增强经济民主的可能性。但是，这一般不能在扩大现存的和已经建立的自由民主制度的基础上实现，当东方的讨论几乎毫无例外地或者是与马克思主义传统之争，或者甚至是其内部之争时，许多西方市场社会主义者所面临的反对市场的最重要的论据，所依据的并不是马克思的超越价值规律的期望，而是依据因依赖市场而造成的不良的道德后果。

最后，改革受挫所引发的1989年的革命，说服一些东方从前的市场社会主义者放弃了市场社会主义的"半吊子工程"，转而接受自由的市场资本主义。

市场社会主义：西方模式

下面我将提供一种市场社会主义的个案，因为近 10 年来，它主要在西方经济学和政治理论家之间得到发展。我主要是依照埃尔斯特（John Elster）、埃斯特林（Saul Estrin）、格朗（Julian Le Grand）、哈林顿（Michael Harrington）、米勒（David Miller）、诺夫（Alec Nove）、罗默尔（John Roemer）、塞卢茨基（Radoslav Selucky）和扬克（James Yunker）等人的研究来描述的。我的意图并非要对每一种观点提供详尽无遗的报道，而是要为西方的市场社会主义模式建构一种合成物，它将突出一些该模式最显著和广为认同的要素。有些人认为国家的直接作用极其有限（格朗），而另一些人则赋予国家一种经济性支配地位（诺夫）。有些人把市场社会主义视为一种工人合作社制度（米勒），而另一些人则把它看成一种较传统的经济管理方法（扬克、施陶贝尔、罗默尔）。在评判资本主义所有制有多少经济成分要保留以及按什么标准来确定时，存在着许多不同的观点（例如，诺夫和扬克就坚持相反的观点）。

社会主义和市场

市场社会主义观点的核心原则极易表述。简言之，市场社会主义描述了一种经济和政治的体制，该体制将经济的社会所有制的原则与通过市场机制对商品（包括劳动）进行不断的调配结合在一起。对市场社会主义者而言，应该反对的不是市场，而是资本主义的市场，也即打上了私人资本的社会和经济权力之烙印的市场。他们提供了一种市场可以与资本的社会所有制的不同形式相结合的选择模式。在其支持者中，市场不仅被推崇为一种在社会主义条件下获得更大经济效率的方式，而且被推崇为一种保证更大的个人自由或更多的平等的自由价值的方式，以及增强民主和提高社会正义的方式。

为何是社会主义？

谈到市场社会主义，似乎要予以回答的首要的或最基本的问题是："为何是社会主义？"当某些市场社会主义者试图努力清楚地回答这个问题时，适应社会主义的一般情形或多或少都受到赞同。这是可以理解的。构成市场社会主义者的观点的独特和原创的内容的东西，不是他们对社会主义的价值的辩护——而是他们主张这些价值只有通过市场的作用才能获得最后的兑现——这是一种不同凡响的主张。实际上，按照历史和制度的辖域，对市场社会主义的当代辩护能够得到很好的理解。当其本身不是"失败主义者"时，它是这样一种社会主义形式，该形式显然接受了（一种经常是痛苦的）经验的教训，代表了一种为固守某种社会主义理想而屈从于国家社会主义和社会民主的各种缺陷的尝试。有些尝试之所以进行，是要把市场社会主义描述为各种社会主义愿望的一种理想实现，但它却被更具特征地辩护为"可行的"、"实用的"，是"一种妥协"。诚然，它可能最容易被理解为"第二层次的"概念，表明一定的已确立和拥有的社会主义价值——平等、自由、自治、"社会公正"、"充分就业"等——在一种也提供令人满意的经济效率和高度民主的制度中，如何能够得到捍卫。塞卢茨基在概括市场社会主义的政治理想的序言中很赞同地引述了凯恩斯的主张："人类的政治问题是要联合三件事情：经济效率、社会公正和个人自由。"市场社会主义者努力要实现的正是这种调和。

就大多数为社会主义所进行的辩护而言，许多赞同市场社会主义的理由是以拒绝现存的资本主义形式为依据的，另一些则依赖了一项十分细致的工作，即将对资本主义构成本质的东西与对市场构成本质的东西区分开来。最典型的是有人认为，"就市场而言，根本不存在特殊的资本主义的东西"。虽然如此，市场社会主义者的批评仍然是异常的和变化莫测的谨慎。当市场社会主义者兴高采烈地宣告资本主义的市场符咒有罪时，他们对所谓资本主义制度下市场的效率低下则闪烁其词，尤其是当把这些低效率与计划经济允诺的效率进行比较时。

对市场的这种矛盾心理，与社会主义中某些比较传统和激进的辩护中的（十分核心的）因素显然是不相容的。人们设想的市场所具有的这种作用，甚至与某种条件的近似平等、按需分配、抑或与公有社会的王国都是完全不相容的。要理解市场社会主义者为何自愿放弃如此多的传统社会主义的精神包袱，我们要理解他们为何要推崇这种对市场的接受。

为何是市场？

社会主义和市场常被其各自的拥护者描述为相反的原则。例如在马克思主义传统中，市场与异化、私人资本的专权、追求利润的挥霍性和不合理的生产，以及对工人的剥削等都是同义的。正如塞卢茨基所提出的："传统马克思主义对资本主义的批判同时就是对市场的批判。"有趣的是，在新自由主义者那里，我们发现了一种近似的主张，即认为，自由度高的市场组织与社会主义制度是根本不可调和的。如果这种传统观点具有权威性，我们需要思考把市场与社会主义联系起来的论证。

别无选择

市场社会主义观点的首要的、最基本的和十分消极的前提是，在尊重社会异质性和经济效率的发达社会，对市场别无选择。一定的市场形式是令人不快的，所有市场都需要干预，以警惕它们的不可避免的弱点。然而，一般认为，传统社会主义者在可能超越市场的条件上完全错了。就这种传统信仰而言，最权威和最系统的来源在马克思的著作中可以找到。撇开哈林顿的天才尝试——把马克思论市场的观点描述为"自相矛盾的"——不论，显然，这一理论蕴含了"市场与……合理的社会主义经济的不相容性"。在一些描述中，涉及马克思的观点的核心问题是，他把社会主义设想为一个接近富饶的社会，价值规律在那里不再适用。在苏联，注意力经常被引向那些追求马克思的愿望的困难。在那里，超越价值规律的意识形态渴望一再受挫于这一需要，即为了避免灾难性的经济崩溃，必须重新引进市场机制。

塞卢茨基之所以显得特别严厉，在于他认为，马克思及其追随者错误地设想，伴随着资本主义的废除会带来市场的废除。塞卢茨基辩解说，要废除市场，"必须废除它的某些先决条件：社会分工、匮乏和生产者的人身自由"。然而，他认为，在复杂和发达的社会中，分工不可能被废除。塞卢茨基承认，由于不受控制的市场可能导致财富稳固地集中于少数人手中，因此提议废除市场是十分符合逻辑的，就像社会主义的治疗法那样。然而，对马克思主义而言，这里存在的主要问题是：废除市场同时也就是废除平等和自由的经济基础，一切非市场的社会计划的经济（以分工为基础）和匮乏，将创造出一种垂直的个人从属关系的结构，创造出优越感和屈从。非市场的社会主义制度概念，不能把资

本主义市场的形式的和普遍的平等和自由转化为现实的和普遍的平等和
自由。废除市场而不摧毁它的根基，尤其是分工和匮乏，平等和自由的
社会基础就会消失。

正如塞卢茨基认为的，马克思曾经认识到这个问题，但是，资本主
义市场的罪恶比这个市场的德行更令他生厌。因此，他没有试图建立一
个社会主义市场，而是决定赞成一种非市场的社会主义制度，因而造成
致命的后果。

因此，市场社会主义观点的核心前提是一种非常消极的前提。市场
是必需的，但不是作为安排社会的政治和经济义务的满意方式，毋宁说
是作为在占支配地位的条件下这类组织的最无害的形式。

效　率

然而，市场社会主义者并没有将市场作为不幸的必然性来推崇，他
们在其中发现了许多肯定性的特征，尤其是当与现存的非市场的社会主
义形态所提供的可能性相比较时。或许这些优点中最突出之点是市场使
经济效率最大化的能力。在埃斯特林、格朗和温特所提供的描述中，市
场为共同确定非集中化的经济决策提供了最有效的形式。它们鼓励生产
技术和商品自身的创新，并使经济权力分散。无需更多的中心指向，市
场就能为人以符合社会需要的方式行动提供刺激。因此，假定存在竞
争，并且价格是匮乏的真实反映，追求个人利益就是……与追求社会利
益相一致的。罗默尔不怎么乐观，但是绝不含糊：在正常条件之下，利
润最大化将导致资源的有效分配。我们找不出一个大型企业不是将利润
最大化作为目标而成功运作的例子。在市场社会主义条件下，级差工资
是一种不幸的必然性：他们都是将劳动市场用来分配劳动力的副产品。

在一种大型的复杂经济中，没有一种已知方式比使用劳动市场更有效地分配劳动力。这是一个要坚持的有争论的观点。承诺对种种可利用的资源进行有效的运用，以取代市场的不合理性和无政府状态，传统上曾被看作社会主义拥有的巨大优势之一。市场社会主义者一般接受这点，即用价格来追求效率，结果可能引起工资和财富上根本不合需要的分配。然而，他们也认为，假定手段和资金都匮乏，对引导经济取得成效而言，市场仍然是最有效的机制。

自　由

如果认为社会主义者因为市场有能力提高效率而认可它是不正常的话，那么当人们发现他们认为它能够增强自由时，就会更感到怪异了。毕竟，在马克思的《资本论》中，核心的愿望之一就是要表明，在资本主义市场中，表面上的自由和平等的关系如何掩盖了一种根本的不自由和不平等的现实。的确，如何定义自由实际上是一个问题。但是，许多讨论仍然是从"消极的自由"与"积极的自由"之间的区别进行的。据说自由主义者把自己的兴趣限制在"消极的"自由上，而社会主义者更关心"积极的"自由。但是，市场社会主义者对自由的论证时常是以一种挑战这种两分法的诡辩方式来进行的，从他们特别关心发挥自由的能力来看，可以将市场社会主义的观点与经典的新自由主义者为资本主义制度下的市场所作的辩护区分开来。因此，当米勒否认在消极的自由和积极的自由之间存在直接的对立时，他认为，新自由主义者对自由的条件所作的规定是太狭窄了。他主张，"新社会主义的核心理想［是］有效选择的平等"。在他看来，约束自由会造成这样一些妨碍，即可能要求一个甚至更多的行动者负起道义上的责任。这就为这种论证开辟了道路，即，诸如失业这样的经济障碍的确会限制人的自由，因此，一种追求最大自由的秩序必须排除这类障碍。因此，自由的价值依赖于从事有效行动的环境，这些靠无约束的资本主义市场的运作是保证不了的。诚然，在社会主义条件下，必然存在一种资源的再分配，以便在市场交易中将从事行动的能力作为有效的和自由的媒介赋予个人。

然而有很多理由让人相信，市场可能是单个行动者的自由的最好的制度保障。首先，无论对消费者还是对劳动力的出卖者来说，市场被认为会使选择完善。不满意的消费者会不再惠顾，不满意的雇员可能（尽管会遇到更多困难）改择主雇。无论如何不完美，这两种自由与计划经济中的情形相比都要有利得多。在计划经济中，工人和消费者被认为多少都要面对国家的垄断权威。在米勒看来，在市场条件下，这种自由选择的特别重要的方面，是它作为自由表达的基本前提所具有的地位。

最后，塞卢茨基认为，在社会主义条件下，无论消极的自由还是积极的自由，都只能通过市场的行为来保证。同时，他还确定了市场、"自治的"社会主义和积极的自由之间的必然联系。

民　主

新自由主义过分强调市场资本主义和自由民主之间的联系。例如，塞卢茨基就接受弗里德曼的这一断言："我们不知道，除了资本主义社会之外，世界上还存在过什么别的普遍的政治自由的实例。"但是，像先前一样，市场社会主义认为，民主所不可缺乏的是市场，而不是资本主义。他们提出了一系列论证来表明，只要资本主义条件下的市场被社会主义条件下的市场代替，这种民主的范围和强度都会获得增强。

　　首先，持有各式各样主张的社会主义者都认为，在资本主义社会中，民主程序已被集中化的私人资本所有制扭曲了。当这种扭曲达到极限时，市场社会主义会通过废除私人资本的大量控股，来消除这种妨碍有效民主的障碍。然而，由集中化的强制性经济力量所引发的不适当的影响，会被资本所有制的普遍社会化消除。在罗默尔看来，在市场社会主义条件下，政治"将比在资本主义民主中更加民主，因为资本家阶级作为一个有经济力量能够影响（在很大程度上是操纵）国家政策的阶级将不再存在"。

　　其次，有一种信念认为，民主控制的国家能够使生活有效地服从详细的计划，当市场社会主义拒绝这一点时，他们认为，在市场社会主义条件下，代议制的民主能够创造出一些对经济管理实行普遍的民主控制的形式。控制政府能够发挥多大影响，依赖于市场社会主义中计划执行的范围如何。对某些市场社会主义者而言，国家仍然具有领导作用，执行着权威部门制订的自觉的计划，该权威部门对掌管具有结构性意义的重要投资的民选议会负责。另一些人建议，国家在很大程度上应将自己限制在指令性的计划之内，为独立的企业提供一般指导，包括经济发展的总体意向。罗默尔提供了一种制度，政府可以通过按不同经济部门引进不同的利润率的方式来构筑经济投资的总体模式。这种利润率政策可以成为政党竞选纲领的一部分。这样，它就能够使人民通过民主政治、使用社会储蓄来实行某些集体控制。尽管这些制度安排各不相同，市场社会主义者认为，如果政府在哪里不服从失衡的资本家利益的影响，作为公共利益的监管者和一般经济管理的监护人，其行为在表达具有制度联系的民主情感时，就更具有权威性。

　　第三，（至少某些）市场社会主义者认可这一批评，即在市场社会主义中，"民主将在工厂门口却步"。现有经济企业内部的经济决策被认为明显地具有等级性和权威性，在那里，这些情况甚至也存在于公有制中。然而，达尔（Dahl）就认为，只要民主在管理国家中被证明合理，那么它在管理经济企业中也能被证明合理。在科亨（Joshua Cohen）看来，自治扩展到传统上非民主的劳动领域，无论对积极人格的塑造，还是对共同利益观的发展，都是有作用的，因而对实现更完备的民主国家也是有作用的。实际上，所有市场社会主义者都认为，没有哪个大规模的、发达的社会承担得起废除代议民主制度所造成的损失。至少，他们中的某些人也认为，无需废除代议制形式的必要的制度框架，市场社会主义为保障较为直接的民主的有限领域提供了一条途径。在相互影响的合作社企业的经济中，这点是通过工人自治达到的。实际上，许多合作社都在内部选择实行代议制民主和直接民主的混合制，在管理上可能便于雇佣外部人员。然而，工人合作社被认为提供了一种制度形式，在这种形式中，许多直接民主所需要的准则（全体民众在小范围内永久参与，司法与行政职能不分开），在民族（以及不断增强的超民族）的水平上，可以与代议制民主的"必要性"相符合。

并非所有市场社会主义者都赞同这种创新。有些人担心，效率会因放弃更传统的管理结构而受到损害。另一些人则认为，工厂民主会繁殖一种工团主义的恶习，繁殖一种图谋反对更普遍的公共利益的工人的"集体资本主义"。甚至支持者也担心将政党政治引入工厂民主所产生的后果。对合作社原则抱有热情的人都认为，这是一条把现实的经济控制转移到工人手里的途径，而不是把它交给私人资本家的控制者或者命令经济的计划机构。

社会公正

最后，我们可以探讨市场的公正问题。无论市场社会主义的支持者，还是它的反对者，都把实现社会公正当作社会设计的有限意愿之一来思考。市场资本主义的反对者则经常把不公正当作它的最典型的罪恶之一来描述。当然，公正的本质和所谓公正的分配都受到了有力的驳斥。哈耶克就认为，"社会公正"的观念既无意义，也有害。实际上，有些市场社会主义者所提出的市场机制要"公正"的要求是非常有限度的。例如，罗默尔就认为，如果一味坚持，无论有无资本家，任何市场体制都能公正地配置资源和收入，这是不对的。在那些试图维护过分要求市场配置的公正性的市场社会主义者中，将资本主义市场和社会主义条件下的市场进行比较，再次显得极为关键。

同样的论证也适用于消除剥削。社会主义者曾经以不同的形式认为（最著名的是马克思的劳动价值论），市场中平等交易的表象实际上掩盖了资本所有者对工人的剩余价值的强制性剥夺。资本所有者之所以处于一种剥削工人的地位，是由于他们在市场中处于有制度保障的特权地位。人们认为，解除了资本的私人所有制，也就解除了这种对工资工人进行系统剥削的条件。因此，在米勒看来，如果不存在资本的私人所有制，市场交易就不具有剥削性，只要他们以平均价格进行的话。每个个人拥有的财产只能依赖于：（a）有关世界的自然事实——资源的可利用性，他们的身体特性、人的兴趣和灵敏等；（b）有关他的个人事实——他所作出的选择、所拥有的技能、所耗费的努力等。

在市场社会主义条件下，剥削也会产生，例如在一个特别市场中，如果一个成功的合作社企业能够获得垄断权，这些标准在那里就不会令人满意。但是，决不会存在那种在资本主义条件下盛行的惯常的、系统的环境。这种平等的环境一旦被突破，国家还会有什么公正可言。诚然，在保障"社会公正"的环境方面，市场社会主义条件下的国家要发挥实质性的作用。因此，米勒建议，在市场社会主义条件下，我们必须选择这种分配政策，它可以保证，在其资源被用来适用于满足非基本的欲望之前，每个人都有充足的资源以满足自己的需要。

最后，当这种无私人资本的市场混合体连同国家干预都不能保证完全公正和公平的结果时，它被推崇为接近于实质性平等的完善的"现实世界"。这种实质性平等是计划经济根本不能提供的。

市场社会主义：基本结构

正如我们所看到的，市场社会主义模式的本质是：市场机制被作为一种提供大量商品和服务的手段而保留，而资本的所有制则被社会化了。下面我将概要地勾勒一下制度安排，这个简单的方案借助于它就能实现。

社会所有制

废除大规模的资本私人所有制，并代之以某种形式的"社会所有制"，是市场社会主义模式的核心内容。甚至对市场社会主义最保守的论述（即扬克和施陶贝尔的论述）也认为，废除大规模的私人资本的占有物是根本的。这项要求与市场社会主义的总主张是一致的，即认为市场资本主义的罪恶不在于市场的机制，而在于资本私人所有制。正是这点，如果稍有区别的话，给其作者的主张提供了补救，即他们的模式是"社会主义的"。我们将看到，这可能也为向一种即使是很节制的市场社会主义形式转变的政治可行性造成了严重的后果。然而，必将取代资本的私人占有的新所有制形式（它可能是"公共的"、"合作社的"、"集体的"或"社会的"），还很不清楚。将"社会所有制"（social ownership）与"社会支配的所有制"（ownership by society）等同的批评家认为，对与个人或公司相对的"社会"来说，要行使许多日常的所有制的权利是不可能的。他们最终怀疑，社会所有制终归意味着集中化的国家支配的所有制，拥有一切与它无关联的罪恶。实际上，对社会所有制意味着什么，市场社会主义者作出了完全不同的叙述。例如，诺夫就鉴别了三种社会所有制形式：1. 国有企业，集中控制和管理的集中化的国有公司。2. 公共拥有的（或社会拥有的）企业，享有完全的自治和对劳动者负责的管理的社会化企业。3. 为劳动者拥有或管理的企业，包括合作社。

市场社会主义者在很大程度上都极不愿意推动任何将重要的经济活动领域从市场的版图消除的策略。在这个程度上，对以国有化或推进公共企业的策略为代表的传统的国家所有制形式，他们都不同情。总之，他们倾向于赞同某些更集中的社会所有制形式。我们将看到，许多市场社会主义者对作为一种预想的企业形式的合作社有着强烈的偏好。然而，人们尚不明白，工人所拥有的企业部门能提供怎样一种有吸引力的、社会主义者选择的所有制形式。就像埃斯特林观察到的，当现存的合作社在广阔的资本主义海洋中能够代表着"社会主义的岛屿"之时，一种工人拥有的合作社经济必然是"工人资本主义"，而不是社会主义。

对这一问题，塞卢茨基从已被承认有缺陷的南斯拉夫模式的经验中找到一种不完整的答复，揭示了在讨论法人资本主义之兴起中通常可以发现的对所有制和控制的矛盾心理。不论它是资本家还是国家，控制劳动的是资本所有者。在埃斯特林的描述中，南斯拉夫模式的理论提供了一种有点不同的解决社会所有制问题的方式。从根本上看，所有制成了工人和国家之间的裂隙。

其他市场社会主义者似乎不为所有制问题烦恼。他们探寻个体企业的制度形式（一般是按合作社路线组成的），探寻国家（作为最终的贷方）和企业之间中介金融机构的构成，以检查中央国家过分的经济权力。然而，撇开这些解释不谈，假定对市场社会主义模式来说，消除大规模的资本私人占有具有无可怀疑的中心地位，那么用来代替这种资本私人占有的适当的社会所有制形式仍然很不清楚。

社会主义条件下的资本家

当提倡多少有点激进的大范围私人资本占有的消除时，几乎所有市场社会主义者都面临着市场在社会主义条件下保留一小部分资本主义的现实。在这个程度上推崇的，是赞同一种"混合经济"的形式。因为这不只是便利处理农业小占有或个人服务门类的让步，这个结论可能是以公民自由的问题为依据的。假定市场社会主义者试图剥夺的主要是法人资本，鼓励已认可的成年人之间小范围的资本家行为，比赞同要求防止的国家一级的监督和处理权，应该会好些。然而，更重要的是所设想的真正的企业家式资本家在市场社会主义条件下的积极作用。经常被用来反对社会主义（特别是现存的社会主义）的经济效率的证据之一，是它没有能力促进发明。诚然，奥地利学派对兰格的市场社会主义模式的反映，在承认兰格的国家社会主义能够模仿市场的国家配置功能方面，至少是有某种帮助。然而，这并不能为市场中的动态干预或者为发明提供刺激（或信息）。社会主义的批评家认为，说服私人资本家投资者承担经济发明中要承担的风险，就是允诺获得财产。在社会主义条件下，谁也没有发明的刺激，结果必然是发生经济熵现象。

市场社会主义者在接受这一批评方面，提供了某些帮助。当认为，在法人资本主义中，现行投资的巨大容量既不是"英雄式的"，也不是企业家式的，他们就真是承认了，马克思和熊彼特都预期过的"企业家之死"，是言过其实。他们强调，社会主义反对资本主义，从来是针对不劳而获的收入这一资本主义中靠先辈利息度日者的因素，但却承认，资本家所做的某些工作（在管理和共同支配生产过程方面），代表了履行在一切所有制条件下都必须进行的基本的经济功能。令人多少感到遗憾的是，真正的企业家（她或他引进了一种新产品或服务，或是开创了一种新的生产方法），应该受到鼓励。在一种劳动被认为是收入的唯一来源的经济中，企业家履行了应该给予相应的激励和奖赏的特别有价值的工作。在扬克的"实用市场社会主义"模式中，对个人的企业家式的努力，应该提供与当前在资本主义条件下存在的一样强的物质激励。然而，在容忍、甚或鼓励这种私人企业和企业家式的资本家方面，大多数市场社会主义者也为将这类公司引入社会所有制提供了准备。意图似乎是，要将一种对真正企业家的珍稀技能的奖励与一种向私人资本所有制的不劳而获的复归分割开来。

企业结构和治理

从米勒和埃斯特林那里，我们可以引出如下四种市场社会主义条件下对企业治理的态度：1. 自由主义的观点：社会主义只不过意味着对生产资料的同等权利，至于人们如何选择使用自己的才能，那是人们自己的事。2. 社会民主的观点：如果国家能用税收和调控的权力去纠正收入不足等等，资本主义的形式可以成为社会主义能够接受的成分。3. 工人参加企业经营的观点：企业中资本和劳动的各自权利应该以劳资伙伴关系的形式重新限定，每一方都应拥有作决定前的利润。4. 工人合作社的观点：市场社会主义中的企业通常应该采用工人合作社的形式，拥有外部提供的资本，只有授权才能赢利。

米勒和埃斯特林认为，从社会主义的观点看，合作社的观点是"最适宜的"。米勒后来在对市场社会主义的"纯粹"模式的概括中还说："所有生产性企业都必须建成工人的合作社"。许多市场社会主义者将工人自治作为市场社会主义经济的最理想的、有时往往是必需的组成部分来提倡。

回到塞卢茨基，我们发现，他对这种类似观点的提倡，是以他在"马克思对人的经济解放和政治解放的看法"之间的对比为依据的。"当马克思的社会主义的经济概念由一座惟一建立在垂直的（等级制的）优越与从属关系之上的社会工厂构成时，政治概念则由一种建立在平面的平等关系之上的自治劳动和社会共同体的自由联合构成。"

塞卢茨基因马克思废除市场而拒绝他的经济论证。为支持他的社会主义的政治形象，塞卢茨基赞同一种"劳动自治"的模式，在这种模式中，"劳动是收入的惟一来源，生产资料为那些使用它们的人所拥有和进行社会管理。"他和达尔赞同市场社会主义，企业的内部民主化至少与消除法人资本的分配结果一样，是一条重要理由。然而，在这些拥护劳动自治的人中，在资本的所有制、工人与所有者的地位、企业治理的内部结构以及与企业的利润相应的权利等方面，仍然存在很多分歧。

当许多推崇者遵循埃尔斯特，认为"市场社会主义［不过是］一种劳动合作社体制"时，也有一些人坚持这样一种观念，即市场社会主义在理想上是由工人自治条件下的企业组成的。更保守的市场社会主义者，诸如施陶贝尔和扬克，则偏好一种"没有资本家的资本主义"模式，在这种模式中，企业内部劳动与自治之间现有等级制关系的实质将保留。施陶贝尔更是表达了对他所谓的"完全市场模式"的偏好，该模式"除了只以公有制代替私有制、用税收手段消除巨额的个人与家庭财富和其他严重的经济不平等之外，完全重复了竞争性私人资本主义的特征"。当他沿着西德的路线或瑞士的经验赞同工人参加企业经营时，他怀疑要求工人控制有"多大"的效率。他对南斯拉夫经验的评论强调的是工人自治的弱点。

与此同时，在扬克的"实用的市场社会主义"之下，公共所有的、大规模的、已建立的企业公司的总经理将享有他们在资本主义条件下拥有的同样处置权，包括控制生产水平、价格、市场和广告支用、劳动力的聘用与解雇，以及税后利润的分配。除这种工人具有有效自治能力的极其保守的怀疑论之外，还有另一种论点，认为市场社会主义条件下的经济产品不属于一切特殊企业的工人，而属于作为整体的共同体。这些观点在罗默尔的模式中得到融合。罗默尔"有点提防"工人控制，担心"这会阻碍利润最大化以及随之而来的效率"（尽管他也认为，这与半自治的阶级的言过其实的权威相比，是一种"更小的恶"）。他进一步认为，在市场社会主义条件下，工人不拥有他在其中工作的企业，因此，当他从这些企业继续领取（不同的）工资时，任何企业都可以以一种社会红利的形式在资本拥有者（即每一个人）之中进行分配。

收入的分配

罗默尔的评论引起我们对市场社会主义模式作进一步的集中思考——收入的分配问题。社会主义者对资本主义条件下的收入分配至少提出过三种典型的反对呼声。首先，资本家从其利润中获得的收入是不劳而获的，或者说是从它的享有权利的拥有者——创造它的工人那里剥夺来的。其次，资本主义条件下收入的最终分配（部分是由于利润的不良分配引起）的悬殊程度是令人难以接受的，它违背了分配公正的社会主义原则，侵蚀了真正的和普遍的社会利益共同体得以发展的环境。第三，收入只与（所付的）劳动而不与需求相关。市场社会主义对这三条反对意见的反映是一种局部的反映。总之，它从塞卢茨基所描述的民主社会主义的第一原则推论出，工资劳动是收入的惟一来源。在很大程度上，市场社会主义者很愿意接受因劳动的不同市场价值所引起的某种收入悬殊的不可避免性。在诺夫看来，"收入差异（劳动市场的一种特性）对难以接受的劳动导向，是惟一一种已知的选择"。总之，要求收入绝对平等（塞卢茨基称之为"粗俗的平均主义"）被作为乌托邦而被拒绝，因为在还不富裕的条件下，它必然产生对劳动资源的非经济的使用，从而给工作的威权式分配造成难以接受的强制代价。然而，在市场社会主义条件下，现有的收入差异可以被大大缩小。首先，通过私人资本占有的大规模财富的主要来源将被废除。其次，至少在合作社内部，工资将（多少民主地）由整个工厂决定。第三，由于消除私人资本占有，这类还保留着的差异只是反映了有差别的购买力，并不反映支配经济决策的不同力量。第四，在社会的水平上，收入差异可以由国家对工资政策的强制来检查，在市场之外，可以由提供一定的基本需求和公共商品（如卫生保健和教育）加以补偿（诺夫）。市场社会主义的这种调和观点由塞卢茨基作了巧妙的概括：任何现实主义的社会主义纲领都信赖按劳分配原则。尽管与理想的按需分配相比，这条原则没有多少感染力，它仍然比资本主义的按资分配的原则更有感染力。

假定不考虑这些广泛拥有的变数，在市场社会主义的收入分配的制度模式中，仍然存在相当多的变化。显然，大多数推崇者仍然允许为市场社会主义条件下回到私人资本保持一定的空间。这点既明显地被应用于那些依然为私人掌握的小型的或中间商式的企业，也被应用于那些劳动资本已大量地被合作者自身装备的合作社企业。但是，很自然地，市场社会主义条件下的资本更一般地说就是社会所有制条件下的资本，人们普遍认为，在社会主义市场条件下，合作社（或者其他社会拥有的企业）通常应该从外部融资，以一种固定的利息从社会资本的监护者（国家、公共投资机构、公共拥有的公司或任何类似机构）那里借贷资本。企业将负责维护这种资本的价值和偿还它的利息债务。由于资本为社会所拥有，它并不构成任何人的收入的一部分。

最后，可能还有一种出自家庭储蓄的收入。有些市场社会主义者，最著名的是扬克，对市场社会主义条件下向私人储蓄支付利息的必要性曾表示过怀疑。另一些市场社会主义者则对因延期消费而需要"奖赏"储蓄者持一种比较通常的观点。在罗默尔的描述中，市场社会主义条件下将出现一种典型公民，他们拥有三种收入来源：工资收入，它根据工人的技能和工作时间的量来计算；即刻就有的来自储蓄的利息，它也会有所不同；以及红利，它在各个家庭中从原则上讲是近似地同等的。

市场社会主义条件下的国家

最后，我们需要扼要思考一下市场社会主义条件下国家的本质。当然，市场社会主义者的根本愿望之一是清除社会主义与专横的国家和集中化国家计划的罪恶联系，表明市场所允诺的经济效率与社会主义的所有制形式是完全符合的。有一些市场社会主义者，譬如扬克，真诚地将他们的（自然十分激进的）改革限制在集中化的资本所有制的社会化。他坚持认为，资本主义与社会主义的问题几乎与市场与计划的问题是完全不相关的。他的衷心愿望是建立一种社会拥有的"类似物"，这种"类似物"能够模拟市场资本主义的市场特征。扬克的"实用的市场社会主义"无论对计划还是调控都不抱明显的事先偏好。

因此，对大多数它的支持者来说，要实现市场社会主义，社会所有制是必要条件，但却不是充分条件。他们的敌意不是指向市场，而是资本主义的市场。他们的许多批评不是针对一切计划的形式，而是针对集中化的、命令的和无所不包的计划的王国。在塞卢茨基的描述中，社会主义经济应该以"社会财富的最大化"为指向。

同样的，当埃斯特林和温特发现"同非集中化和效率有关的强有力的论据时（这种非集中化和效益导致我们把市场作为资源配置的重要机制来赞同）"，他们仍然坚持指导性计划形式的必要性。对埃斯特林和温特来说，指导性计划的非约束的、商议性的特性使之根本不同于强制性的集中化计划。在罗默尔的市场社会主义模式中，"政府将有权干预经济，以对投资的模式和水平进行指导"。但是，这点"不是通过一种命令体制，而是通过操纵不同产业部门向国家银行借贷资金所付的利息来执行"。

诺夫的计划设想也许比较有节制，但却很宽泛。在他的可行性社会主义之下，"中央"将履行"很多关键的功能"："首先，主要投资是它的责任。其次，计划者更努力监控非集中化的投资……第三，中央在管理诸如电力、石油、铁路这类'自然的'主要生产活动中应该发挥直接和主要的作用。第四，为自治的和自由的部门确定基本的规则是一项重要的任务，以便当事情失衡时保留干预的权力。显然还有与外贸相关的各种职能，还要起草长期计划。"

此外，诺夫预见到一种"集中化的国家公司"的部门，它既为国家拥有，也为国家管理。这些似乎包括"大规模产业和公共事业的"指挥中心。至少包括某些"银行和金融机构"。正如诺夫本人所认为的，"国家的作用将非常大，既是社会和经济优先权的拥有者，也是它的计划者和实施者。"最后，许多这类被认为与现有福利国家相符合的商品和服务（在卫生、教育、生活收入、个人社会服务和住房等方面），在市场社会主义条件下将继续对国家负责。塞卢茨基提供了很大的篇幅证实，在提供卫生和教育的情况下，"按劳分配"的原则将为"按需分配"的原则取代。同样，诺夫认为，在他的可行的社会主义之下，"某些部门（教育、卫生等）很自然地要免受市场类型的标准限制"。

格朗认为，国家撤出某些福利供应的领域，重新分配购置福利的能力，以便支持那些几乎没有财物和机会的人，是恰当的。在他的"左翼担保人"的制度下，国家将为购置福利服务分配指定的担保人，以不相称的价值提供给那些几乎没有现存资源的人。消费者因而能够在福利市场上从竞争性的提供商那里购置福利商品或服务（但要服从一定的国家标准和监督）。这重复了格朗本人极力要证明的一个观点，即在占优势的福利国家里，正是那些拥有较大资源的人能够从所提供的"免费"

服务中获得广大的利益。重新分配财富和机会的最有效的方式也许不一定是提供免费服务，而是直接重新分配基本的收入。

结　论

显然，我们至少可以把当代所提倡的市场社会主义局部地理解为对社会主义设计所遇到的各种困难的一种回应。因此，市场社会主义者本身都关注现存社会主义模式的无效率，关注高度集中化计划的不可能性，关注国家干预的非普遍性和有限的效果，关注加强经济民主的机遇。尤其是，他们试图重新调整我们对市场的思考，以便它们在一种复苏的社会主义的政治创新中可以作为一种核心的有机成分获得更新。

（原载克里斯托夫·皮尔森《共产主义之后的社会主义——新市场社会主义》英国政体出版社 1995 年版）

（易鸣 编译）

古巴社会主义参与民主制[*]

参与民主制是古巴能够坚持走社会主义道路的重要基础。古巴哈瓦那大学客座教授和首席讲师乔治·兰比（George Lambie）在《21 世纪的古巴革命》（*The Cuban Revolution in the 21st Century*）一书中介绍了上世纪 60 年代古巴各级、各领域群众组织和参与民主制的发展，指出广泛和高效的基层参与不但是民众和管理者之间的沟通渠道，也在古巴实现了一定程度的自治，后又经过对产糖大跃进失败的反思与改革，最终形成了 70 年代更为体制化的人民政权制。本文为该书的节选编译。

实现人民高效的政治参与是古巴民主政治的核心。经过上世纪 60 年代各种直接参与民主的试验到 70 年代人民政权制的建立，古巴走出了一条既不同于资本主义西方的民主理念又不同于前苏联式的民主体制的道路。

一、60 年代的群众组织与参与民主试验

在上个世纪 60 年代，古巴人民经常响应义务劳动的号召，但其动

---

[*] 本文选自《国外理论动态》2012 年第 2 期。

机可能更多地来自革命带来的利益、革命的历史合法性以及领导人的声望，而不是来自任何要创造社会主义变革的信念。人民和革命领导者之间相辅相成的关系是靠群众组织来加强的，如古巴工人联合会（CTC）、全国小农协会（ANAP）、古巴妇女联合会（FMC）、共青团（UJC）、大学生联合会（FEU）、保卫革命委员会（CDRs）以及后来的共产党。

除这些大型组织外，还有若干小型的职业性的和特定利益的协会，代表了社会的其他领域：经济学家、律师、新闻工作者、艺术家、作家以及一些其他群体。"这些协会和组织涉及古巴人民的几乎所有活动、兴趣和问题……与这些机构相关的事项的决策必须征得他们的同意。"（Alarcón，1999：8）在桑尼看来，这些群众组织是传达古巴参与文化的机制，是"全国性的、范围广泛的组织，提供了组织性和制度性的手段，扩大了代议制政府的架构，通过它们，公民社会可以表达自己的意愿并干预决策"（Saney，2004：66）。桑尼将这些组织看作是向上传达的手段，普通群众可以借此表达想法、问题、关注和利益诉求并向上传达给决策者。而另一些学者则认为它们是垂直向下的"传送带"（Aguirre，1998；Amaro，1996）。两种观点的差异可能是因为它们是从不同的知识语境出发的。两种观点都是对的，但都只是在各自分析问题的思想框架内才是正确的。

保卫革命委员会是卡斯特罗于 1960 年 9 月建立的地方性群众组织（从早先创建的民兵组织的经历中获得启发），负责在街道一级抵抗反革命势力和"内部敌对势力"（Fagen，1969：71）。这一组织的创立符合古巴革命不断向左、走向社会主义的趋势。在当时的氛围下，保卫革命委员会很快就超出了对抗反革命活动的作用，开始成为组织义务劳动的主要机构。并在促进群众参与、提高群众政治觉悟以及推进地方政权成为一股有效力量方面发挥了特别重要的作用。保卫革命委员会对所有

14 岁以上的人开放，是包容的而不是封闭的，在一年之内就发展了 80 万成员。这种水平的民众参与形式制衡了垂直的集中控制，不仅为独立的基层活动提供了一个舞台，而且与更广泛的国家目标紧密联系在一起。在这种情况下，阿吉雷认为（ Aguirre，1998），目前保卫革命委员会的主要作用是，确保地方一级与领导设置的革命目标保持一致，并且鼓励"监视"和告发那些不服从的人。桑尼（Saney，2004）则从更积极的角度看到，保卫革命委员会涵盖了广泛的社会和社区功能，而且在街道一级的动员和组织特别有效。

从革命胜利到人民政权的建立，保卫革命委员会在城市取代了地方政府，起到了最重要的协调作用，而且提供了群众参与的最好机会。在分配基本物资和实施城市改革等方面，它也起到了类似自治的地方政府的作用，而且在某种程度上是群众认为该怎么做就怎么做。

群众参与（即便是有限的）和基于平等原则的物质改善，是革命吸引群众的基础。在提高大众的参与感方面，对革命领导人的信任也是很重要的。特别重要的是卡斯特罗的演讲，他经常面对上万的群众就革命发展发表长篇的、有教育意义的讲话，包括承认错误和自我批评。当然，听众太多会给双向交流造成困难，但听众们通常都很满意，因为他会详尽地讨论普通人关心的问题。卡斯特罗和其他领导人也经常走访全国，视察项目和工地，同普通群众面对面开诚布公地交流。古巴群众与领导的关系可以被认为是一种"直接民主"，如果从质疑的角度来看，也可以说是某种形式的家长制。

另一个民众参与的重要范例是 1961 年的"扫盲运动"，这一运动不仅在教育层面上很成功，而且成功地为授课者和学生创造了一个政治发展的氛围。从本质上说，60 年代的大众参与采取了集体运动的形式，实现了领袖提出的目标。有观察家称之为"命令式大众参与"（Petras，

1973：289），即积极的民众参与达到了"实现目标"而不是"设置目标"的水平。另一位观察家提出了一种"地方民主亚文化"的概念，即与大规模运动相反，古巴的民主实践主要是"小规模的运动，和一些涉及在邻里和工作场所发生的需要群众参与决策的问题的机构与实践（如保卫革命委员会、人民法院等）"。这些被古巴领导人视为对培养"革命意识"不可或缺的运动和政策，令贝特兰和杜蒙特这样坚持"科学社会主义"观念的分析家特别恼火，因为他们认为社会主义应该是一套通过有效的经济计划就可以实现的系统。

二、产糖大跃进的失败和反思

在整个 60 年代，甚至在 1967 年格瓦拉被害后，集中计划，结合义务劳动与意识培养，主导了古巴的经济政策。1970 年，主要是由于缺少进口重要的中间产品所需的硬通货，古巴人试图创造 1000 万吨的产糖纪录。这一目标是对依靠群众参与和义务劳动建立起来的生产系统的终极测试。如果成功，其创造出口收入的能力就有可能使古巴规划出一条独立发展的路线。然而，在当时，一些人厌倦了无休止的关于义务承担和自我牺牲的说教，结果导致越来越多的缺勤。在这场运动中，虽然古巴糖产量达到历史最高纪录 850 万吨，但仍未能达到官方设定的目标。然而，比物资短缺破坏更大的是大规模的经济混乱和怨声载道，因为劳动力和资源都被挪用到运动中去了，而且通常被浪费掉了。卡斯特罗很快认识到了这场运动的失败和它所造成的问题，他在群众面前承担了计划失误的责任："输掉这场战斗的只是我们——行政机构和革命领袖。"

1970 年的产糖大跃进及其带来的后果，被许多分析家视作"古巴异端"招致的惩罚。罗卡（Roca，1976：65）分析称："产糖大跃进的失败给出了明确的信号：必须放弃意识形态上的激进主义，采取较为温和、正统的经济政策和社会目标。"杜蒙特（Dumont，1974）、哥亥（Ghai，1988）、梅萨－拉戈（Mesa-Lago，1981：11）和其他一些人同意罗卡的看法，认为 60 年代的失败是因为古巴"忽视了很多基本的经济原理"。对这些分析者而言，社会主义，或者更准确地说是第三世界国家的发展道路，应选择正确的经济政策，特别是"正确的定价"；一旦做到了这一点，其他因素，包括人的行为等，都将走上正轨。这种观点否认和无视参与和合作在建立社会主义和培养社会主义觉悟过程中首当其冲的地位。正如格瓦拉（Guevara，1960：113）曾经说过的："劳动将成为人最大的尊严，成为一种社会责任、一种乐趣，对这种最有创造性的活动不再有资本主义世界中的那种老旧的心态：工作是件不得不干的苦差事。"

古巴 60 年代的一些举措确实是幼稚和错误的，但错误与成功一样，被大众分享和经历，他们中的绝大多数人仍坚信革命和自己在其中的角色。这 10 年的政策导致了短缺和矛盾，这些问题通常被归咎于领导。但是，通过广泛的群众组织和参与，普通群众觉得革命有自己的一份，他们并没有感到这是一个从上至下强加的系统，而将其看作每个人都深度参与的转型过程，不管是好还是坏。有分析者认为 60 年代是浪漫的理想主义时期，是违背经济规律的运行。但古巴经济学家罗德里格斯（Rodriguez，1988：101）提出了质疑："由于对革命的政治、经济和社会各方面之间的相互关系没有研究清楚，古巴问题专家们认为古巴的社会主义发展缺乏适当的经济基础的论断是站不住脚的。"

在考察民众参与和认同以及古巴 60 年代的革命时，另一个通常被忽视的因素是古巴的国际地位。古巴经历了美洲的第一次社会主义革命浪潮，在美洲拥有空前的声望。在那个年代，几乎每个拉丁美洲国家都有游击队尝试将古巴起义模式付诸实践。格瓦拉前往非洲和南美，推动遵循古巴路线的革命。正如我们所见，60 年代曾经发生了 1961 年美国傀儡部队在猪湾的溃败，也发生过戏剧性的 1962 年古巴导弹危机。1966 年，来自亚非拉的发展中国家的代表齐聚哈瓦那召开亚非拉会议，谋求联合以推动第三世界国家的革命和变革。这挑战了苏联力图成为不发达国家的"天然领袖"的愿望，同时也直接违反了苏联对古巴领导人提出的告诫：放弃暴力，依靠政治斗争来实现社会主义。古巴的目标是把世界革命的轴线从毫无生气的冷战超级大国及其东西方阵营之间的斗争，转移到穷国与富国之间的南北斗争格局中来。从后一个视角来看，古巴从冷战的马前卒上升到了第三世界的领军者，这无疑是一个更有尊严的角色。

全世界许多左翼学者都把革命的古巴视为不同于苏联共产主义的新道路。这个曾经悲惨的小岛（为美国"娱乐行业"提供服务甚至比其自身的历史更为有名），成为了 60 年代社会主义的超级明星。第三世界的激进分子从哈瓦那而不是莫斯科寻找着启示，发达国家参加 1968 年反政府游行的学生举起的是格瓦拉而不是列宁的旗帜。古巴在世界上获得的无与伦比的尊严和重要性，给古巴人民留下了深刻的印象。看起来，即使是最卑微的砍甘蔗工，也不仅仅为建立一个更平等的古巴社会，而且也为建立一个更美好的新世界做出了贡献。1967 年 10 月，格瓦拉在玻利维亚被害对古巴的国际革命战略是一个沉重打击，卡斯特罗曾谴责玻利维亚共产党对格瓦拉的死要负部分责任，并且暗示苏联也有责任。

三、70 年代新型参与民主制的构建——人民政权

在上世纪 60 年代，民众参与的发动是无序的，也是国家统制式的。指导性的大规模经济参与并没有给个人提供表达自身主观想法的机会，由此导致了 60 年代民众指责中央计划者对地方情况反应迟钝，甚至无所察觉。到 1970 年的产糖跃进运动失败，民众和领导人都更清楚地认识到，需要重建民众参与的渠道。这些问题也促使卡斯特罗在 1970 年提出要寻找新的解决方式，这种新的方式就是扩大民众参与，引导民众力量。同年，全国的群众组织和工厂工人们召开了数千次会议，讨论如何改进民众参与和决策过程。成果之一就是在 1976 年成立了一种新型的地方政府——人民权力机关（OPP），更广为人知的叫法是人民政权（PP）。紧接着是一系列的制度改革，包括工作流程的重构、法律机构的改革以及工会的复兴等等。这些变革改进了社会关系，扩大了工人代表制的范围，对古巴 70 年代经济增长的作用不可忽视。

第一个人民政权首创于 1974 年，到 1976 年扩大到古巴全岛。由一个选举代表组成的地方机构和一个行政部门组成。结构上，按照古巴的地理划分，分为 15 个省级人民政权，再细分为 169 个直辖市级政权，再往下就是城区级。国民大会是人民政权的最高级别，拥有立宪和立法权。

市级选举每隔两年半举行一次，由选举委员会组织。委员会通常包括来自保卫革命委员会和古巴妇女联合会等群众组织的代表，负责保障有序、公正的选举。候选人一般是选民们熟悉的人。各党派组织可以提名，但禁止竞选活动。候选人一般有四到七名，不会少于两名。经过无

记名投票，获得超过半数选票的人成为市议会代表。代表的工作是没有报酬的，是本人日常工作之外的附加劳动，并且可以随时被撤换。这种非对立的选举方，与社会主义思潮中公民和政治社会不应分离的观点是一致的。古巴的选举率很高，一些城市的选举率即使在困难的 90 年代也高达 80%，并且从未降到 50% 以下。

在市级选举两周后，市议会成立，并选举出执行委员会和参加省议会的市代表。市议会和省议会每年至少举行两次会议。代表和选民之间的联系则更为频繁，一般是，代表每周召开协商会，收集有关市民问题的意见，每半年召开城区会议反馈处理结果。参与这类会议的市民超过活跃人口的一半，意味着古巴的参与民主制运行得很好。因为在这样的参与比率下，群众不仅能表达意见和接受反馈，在很多情况下，还能通过集体决定，用义务劳动去自行解决一些问题。

在古巴，国家管理了大约 90% 的经济活动，因此各级政府比资本主义制度下的地方政府的责任范围大得多，包括经济生产和分配、公共服务、文化和教育等方方面面。越是接近广大群众的政府级别，责任范围越是宽泛。

古巴共产党对人民政权的影响是复杂的。按照法律，党不能直接参与代表选举，也不能直接干涉民主过程。但是它在古巴社会和政治的各层级都扮演了重要的统筹角色，因此它与人民政权的运行密切相关。越是社会政治结构的上层，党的影响力越大，特别是在国民大会。古巴党和国家政权机关之间的重叠也非常明显，约 75% 的市级代表是党员，而省级和国家代表的党员比例接近 100%。但并不能因此假设，党的立场会经常与群众的要求相抵触。相对于其他社会主义国家，古巴更加致力于社会公平和高水平的社会服务，在医疗保障和教育方面的成绩是十分显著的。党员也起到了很好的带头作用，特别是在苏联阵营解体后的危机时期显得特别重要。尽管古巴共产党也有前社会主义国家共产党的各种缺点，但是明显要少很多，而且在控制腐败和特权方面做得不错。另外，党在地方级别的人民政权中的影响要小得多。

古巴人民政权的研究者也指出了不足。例如，地方事务的民众参与是充分和有效的，但是民主对全国性事务的参与度十分有限；除此之外，尽管人民政权使得民主能够表达诉求和获得答复，但在执行和实施阶段并不是十分有效，这可能是因为官僚主义或者代表缺乏权威，但更可能是苏联阵营解体带来的资源短缺。当然，这是在古巴人民可以理解和接受范围内。更关键的问题并不在于人民政权的运行状况，而在于在建设社会主义的语境下，它作为一套民众参与机制的有效性如何。

从最广泛的意义上来说，人民政权是一次试图平衡经济计划与管理系统（SPDE）和革命的社会参与精神的尝试。在它建立后不久，卡斯特罗就宣告："人民政权有这么多的属性，这么多的控制权，这在拉丁美洲甚至全世界都是少见的。"（Bengelsdorf，1994：105）70年代以来，社会主义越来越多地偏向物质目标，而不是意识培养。在这种情况下，人民政权提供了一套功能机制，使得持续的主观行动和参与得以实现。

人民政权的参与制并不是代议制民主的核心部分，仅仅是投票选举并不足以构成参与制。80年代以来，资本主义列强越来越把民主和参与同消费主义和市场导向联系起来。同样的，存在于前苏联阵营的"结构主义"民主，其典型代表"民主集中制"，也很少鼓励参与制，分权化的政府机构也仅仅是传达和实现中央政策的"传送带"。早在革命之初，古巴就宣告要致力于建设一条不同的民主道路，参与制不仅是实现民主意愿的手段，更应为培养社会主义意识提供社会环境。这个目标，以及将其付诸实践的种种努力，将古巴与其他社会主义盟友区别开来，同时指出了一个与当代西方参与制观念截然不同的方向。

（尹昕 编写）

若干社会主义国家的最新探索[*]

潘金娥　贺　钦　荀寿潇　刘　玥

2010—2012 年，越南、古巴、老挝和朝鲜四个社会主义国家的执政党先后召开了新一届党代会，总结和反思了本国社会主义建设的历史经验与教训，制定了符合各国国情的中长期发展战略与规划，并推出了一些新的举措。为了应对当前的国际金融危机，同时也是立足于长远目标，上述四国执政党主要从党的思想理论建设、执政党队伍建设以及本国经济和政治改革等方面进行了新的探索。对上述四国的研究和比较，将有助于开拓中国特色社会主义建设和改革的思路，避免一些曲折。

随着现实社会主义国家新一轮改革实践的不断深化，"什么是社会主义"、"如何建设社会主义"的历史命题成为社会主义国家亟待解答与创新的时代工程。2010 年至 2012 年，越南、古巴、老挝和朝鲜四国执政党先后召开了党的代表大会，总结和反思本国社会主义建设的历史经验与教训，制定了符合本国国情的中长期发展战略与规划。从总体上看，上述四国执政党主要从思想理论建设、执政党队伍建设、国家经济和政治改革等方面进行了总结和新的探索。

---

　　* 本文选自《国外理论动态》2013 年第 1 期。本文作者单位：中国社会科学院马克思主义研究院当代世界社会主义研究室。

一、坚持理论创新，努力建构具有本国特色
的理论和话语体系

把马克思主义普遍原理同本国社会主义建设的具体实践相结合，是社会主义各国的共识。中国共产党努力把马克思主义中国化，提出了中国特色的社会主义理论体系，越南和朝鲜两国执政党在这方面也做了一些探索。

1. 越南致力于构建以胡志明思想为主体的思想理论体系

经过十多年的探索，越共九大正式提出了建立"社会主义定向的市场经济体制"和建设"属于人民、来自人民和为了人民的社会主义法权国家"的经济和政治体制改革目标，并逐步丰富其具体内涵。这是越南共产党理论创新的成果，也是其努力构建本国话语体系的体现。在越共十一大召开前夕，由越共中央政治局委员、越共中央理论委员会主席苏辉若主持的、旨在形成越共理论体系的一项国家级重大课题就已经展开，并准备命名为"胡志明时代的发展主说"。但由于理论界对"发展主说"的名称有不同意见，因而其最终未能写进十一大通过的修订后的党的纲领和政治报告。但是，新纲领对胡志明思想的根源、地位和作用做了补充，提出："胡志明思想是关于越南革命基本问题的一系列全面而深刻的观点，是创造性地运用和发展马克思列宁主义于我国的具体条件的成果，它继承和发展了我国民族的美好传统价值，吸收了人类文明的精华，它是我们党和人民无比巨大而宝贵的精神财富，永远照亮我国

113

人民争取胜利的革命事业的道路。"① 据悉，越南共产党今后还将继续以胡志明思想为基础，形成越南本国的理论体系。

越南还从理论上不断对本国社会主义的特征进行重新概括。越共十一大通过的《越南社会主义过渡时期国家建设纲领》（2011 年增补）将越南社会主义的特征定义为："我们正在建设的社会主义社会是一个：民富、国强、民主、公平、文明的社会；由人民当家做主；有以现代生产力和与之相适应的进步的生产关系为基础的高度发达的经济；有具有浓郁的民族特色的先进文化；人们生活温饱、自由、幸福，并具备了全面发展的条件；全体越南各民族平等、团结、互相尊重、互相帮助、共同发展；建立了在共产党领导下的属于人民、来自人民和为了人民的社会主义法权国家；与世界各国建立了友好与合作关系。"② 其中，值得注意的是，修订后的纲领把"主要生产资料以公有制为主体"从越南社会主义的特征中去掉，代之以"现代生产力和与之相适应的进步的生产关系"。由于所有制问题是社会主义的核心问题之一，关于越南社会主义的新特征的规定在越共党内存在不同意见，也引起了我国理论界的关注。越南社会主义的这些变化，值得进一步研究和观察。

---

① 潘金娥：《越共十一大一些主要理论观点的变化》，见李慎明主编：《世界社会主义跟踪研究报告》，社会科学文献出版社 2012 年版，第 222—228 页。

② 潘金娥：《越南政治经济与中越关系前沿》，社会科学文献出版社 2011 年版，第 213 页。

2. 朝鲜劳动党以"金日成—金正日主义"为指导思想

朝鲜劳动党致力于突破对马克思主义的教条式理解,建立本国的社会主义理论体系。一方面,朝鲜认为"马列主义无法为现实的革命提供现成的答案",不能教条式地服从马列主义。另一方面,在反思传统马列主义的同时,朝鲜当局强烈批判了与马列主义竞争的伪社会主义派别。①

2010 年 9 月 28 日,朝鲜劳动党第三次代表会议决定修改党章。其中,劳动党的定义由"伟大领袖金日成同志创建的主体型的马克思列宁主义革命政党"改为"伟大领袖金日成同志的政党",党的最终目标由"实现全社会的主体思想化和建设共产主义社会"改为"实现全社会的主体思想化和人民大众的绝对自主",删除了"共产主义"字眼。2012 年 4 月 11 日,朝鲜劳动党第四次代表会议再次修改党章,新党章规定,朝鲜劳动党以"金日成—金正日主义"为唯一指导思想,"朝鲜劳动党是伟大的金日成同志和金正日同志的党",并补充了有关金日成和金正日革命业绩的内容。"金日成—金正日主义"包括主体思想和先军思想。4 月 13 日,朝鲜第十二届最高人民会议第五次会议通过了修改宪法的决定,修改后的宪法仍以主体思想和先军思想作为指导思想。

朝鲜国内学者对主体思想和先军思想的合理性进行了论证。金亨国指出,主体思想是以民为天的思想,这是因为:(1)主体思想有史以

---

① Youngsoo Yook, "Historiography and the Remaking of North Korea's Ideology in the Age of Globalization: Interpreting the Revised Edition of Ryeoksa Sajeon", *Korea Journal*, spring 2010.

来第一次阐明了一个真理，即革命和建设的主人是人民大众，推动革命和建设的力量也属于人民大众，从而科学地论证了世间最珍贵、最有力量的是人民大众；（2）主体思想把人民大众看作是革命的主人，坚持一切为人民大众服务，相信人民大众无穷无尽的力量，确定了依靠人民大众的力量推进革命的观点和立场。① 李政哲论述了先军思想阐明的革命和建设的根本原则，首先强调的是军事先行的原则，其次是先军后劳的原则。② 沈胜建论述了体现了思想论的朝鲜劳动党先军政治的独创性，认为其独创性在于以两个理论为基础：一是对思想和枪杆子的相互关系的新看法和观点，二是关于革命主体的伟大力量本质上是其伟大的思想精神力量的新看法和观点。③

朝鲜国内学者还站在主体思想、先军思想的立场上分析了马克思主义等先行革命理论的局限性。如金德贤就"革命的主力军"问题进行了论述，强调先军的观点认为革命的主力军是人民的军队，而不是马克思主义理论所说的无产阶级。④ 金尔焕分析了先行革命理论在社会主义和民族主义关系方面的局限性，认为先行社会主义理论将二者视为两种不可共存的思想潮流，只是正确阐明了社会主义与资产阶级民族主义之间的对立，而未能阐明社会主义与民族主义的关系。⑤

----

① 金亨国：《主体思想是以民为天的思想》，载《哲学研究》2010 年第 3 期。

② 李政哲：《先军思想阐明的革命和建设的基本原则》，载《社会科学院学报》2010 年第 3 期。

③ 沈胜建：《体现思想论的我们党先军政治的独创性》，载《政治法律研究》2010 年第 1 期。

④ 金德贤：《马克思主义关于革命的主力军的理论的局限性》，载《哲学研究》2010 年第 1 期。

⑤ 金尔焕：《资产阶级民族主义的反动性》，载《哲学研究》2010 年第 4 期。

我国学者李明杰等分析了主体思想在朝鲜国家发展中的作用，认为主体思想是在马克思主义哲学与朝鲜实践相结合的过程中形成的重要成果之一，既与马克思主义哲学一脉相承，又有其独特的创造与发展，应辩证地看待朝鲜主体思想对"以人为本"的继承与发展，以及它对中国特色社会主义建设理论与实践的借鉴。[①] 郭沅鑫指出，长期以来，朝鲜劳动党在以金日成理论为基础构建的"主体思想"指导下，坚持走与众不同的道路，强化朝鲜劳动党的治国之本。[②]

可见，朝鲜劳动党在反思传统马列主义的同时，更加强调建设本国社会主义的指导思想体系和独特的话语体系，这实际上也反映了朝鲜劳动党基于当前朝鲜所面临的国内外环境而做出的应对。

3. 古巴共产党以马克思列宁主义、马蒂主义和卡斯特罗思想为指导

马克思列宁主义、马蒂主义和卡斯特罗思想是指导古巴共产党和古巴人民进行社会主义革命和建设的一脉相承的思想体系。马克思主义是古巴官方意识形态重要的精神内核，而马蒂主义和卡斯特罗思想既是古巴马克思主义本土化的逻辑延续与创新，也体现了古巴民族精神的传承与升华。

何塞·马蒂（1853—1895）是古巴伟大的民族英雄、诗人和思想家，他深刻的时代洞察力源自其丰富的革命实践与思考。马蒂一方面积

---

① 李明杰、何涛：《主体思想在朝鲜发展中的作用》，载《管理观察》2009年第8期。

② 郭沅鑫：《朝鲜劳动党的治国之本》，载《党员生活（武汉）》2009年第5期。

极投身于解放祖国的革命洪流，奔走于西班牙、美国等地宣传革命思想，组织革命队伍，另一方面高举爱国主义旗帜，笔耕不辍，抨击殖民政府的罪恶。马蒂有关建立"自由的、有尊严的共和国"、世界平衡、追求社会公正平等及"我们的美洲"的思想代表了马克思主义古巴化的历史性丰碑，是卡斯特罗治国思想的重要来源。

菲德尔·卡斯特罗是领导古巴半个多世纪社会主义革命与建设的杰出领袖，也是 20 世纪国际舞台上最具影响力的第三世界领导人之一。卡斯特罗思想主要涉及民族独立、社会公正、国际主义、反帝国主义、全球化、塑造新人、党的建设和军队建设等领域。自 2006 年逐渐淡出政坛后，卡斯特罗仍坚持思考与写作，指导和鼓励古巴人民科学清醒地认识世界形势，创新社会主义制度。我国国内出版的《总司令的思考》（2008）、《卡斯特罗语录》（2010）等集中代表了卡斯特罗思想的最新成果。

4. 老挝人民革命党越来越注重对凯山·丰威汉思想的研究

老挝人民革命党尽管还没有明确提出本国的思想体系，仍然继续强调以马克思列宁主义为指导，但老挝学者越来越注重对凯山·丰威汉思想的研究。老挝人民革命党党刊《党建》杂志的开篇文章多数是阐发凯山·丰威汉思想的精髓，其中以凯山·丰威汉关于党建的思想和关于过渡时期经济建设的理论得到的关注最多。由于老挝更多地学习和效仿越南，老党八大前的报告几乎都是请越南理论家帮助其完成的，因此可以预见，一旦越南推出以胡志明思想为主体的理论体系，老挝很可能将形成以凯山·丰威汉思想为框架的老挝人民民主社会主义理论体系。

二、加强执政党建设，保持党的先进性

加强执政党的建设是现实社会主义国家增进党和国家民族的团结、有序推进社会主义建设的共同经验和根本保证。过去几年来，越南、古巴、朝鲜和老挝四国的执政党都在理论与实践方面做了积极的探索。

1. 越南共产党召开十一届四中全会，加强整顿党员队伍和党风建设

越共一向重视党风建设，以提高党的战斗力。2007 年以来，越南在全国范围内掀起了"学习和践行胡志明道德榜样运动"，越共十一大决定把这项运动长期进行下去。2012 年 2 月，越共召开了专门讨论党风建设问题的十一届四中全会，再次掀起了全面、大规模、大力度的整党运动，提出今后要大力转变党的建设工作，继续落实好党的十一大提出的党的建设的"八项任务"；与此同时，还要解决好以下三个问题：第一，要杜绝和抵制部分党员干部政治思想、道德和生活作风退化的现象，以提高党的领导能力和战斗力，巩固党员的信心和人民对党的信心。第二，加强各级领导和管理干部的队伍建设，以满足工业化、现代化事业和融入国际的要求。第三，明确区分各级党委最高领导人和各级政府机关首长个人与党委、机关和单位之间的权力和责任，继续革新党的领导方式。决议还明确提出了解决上述问题的具体办法。其中最值得注意的是，要求从中央到地方的各级党员干部，尤其是管理和领导岗位的领导干部，要做好批评和自我批评工作，特别强调中央领导要发挥模范带头作用。从 2012 年 7 月份开始，越共已从政治局开始自上而下地

逐步开展该决议的实施工作。这份决议具有很强的针对性，力度也空前强大，受到群众的普遍欢迎和社会舆论的广泛关注，如果能够真正落到实处，无疑将提高党员干部队伍的素质。然而，在推行的过程中，必定会遇到不少的障碍和阻力，其实际效果目前还难以下定论。

2. 古巴共产党召开第一次全国代表会议，讨论党建和思想观念转变问题

2012 年 1 月 28—29 日，古巴共产党首次召开全国代表会议，重点讨论了古巴共产党的建设及思想观念转变等议题。会议通过的《古巴共产党工作目标》指出，古巴共产党是古巴社会和国家的最高领导力量，是革命的合法成果，是有组织的先锋队；古共是马克思主义、列宁主义的党，是马蒂思想的党，是古巴唯一的政党，其主要使命是团结所有的爱国者建设社会主义，保卫革命成果，并为在古巴和全人类实现公正的理想而继续斗争；古共第一次代表会议的任务是以客观和批评的视角来评估党的工作，锐意革新，积极进取，使党的工作与时俱进。会议还明确了古巴共产党未来的工作方向和目标，强调党建工作的重要性，即从党的领导、组织和思想上确保经济模式"更新"的路线、方针和政策的贯彻与执行。会议决定，党和政府主要领导人实行任期制，任期最多不超过两届，每届五年，这意味着古巴将结束事实上的领导干部终身制。[①]

---

① 徐世澄：《从古共六大到古共第一次全国代表会议》，载《当代世界》2012年第 2 期。

3. 老挝人民革命党积极开展党建研究与思想政治工作

老挝学者万赛分析了老挝人民革命党的组织机构，指出老挝目前中央、地方和基层的金字塔式组织机构在特定时期有利于国家发展，但随着革新开放的深入，出现了由机构臃肿、党政职能不分派生的诸多问题。因此，他认为应该按照以下思路改善老挝人民革命党的组织机构：（1）实现执政党领导程序法制化；（2）根据本国国情循序渐进地走老挝特色的改革之路；（3）明确党政的职能设置和分工，让党既能发挥领导作用，又避免与国家其他机关作用重合。①

4. 朝鲜劳动党召开会议修改党章，加强党的组织建设

朝鲜宪法规定：朝鲜民主主义人民共和国建立在以工人阶级领导的工农联盟为基础的全国人民思想政治的统一之上，朝鲜民主主义人民共和国在朝鲜劳动党的领导下进行一切活动。朝鲜劳动党自 1980 年六届一中全会以来，一直没有对领导机构进行大规模调整，30 年来，劳动党中央不少成员相继辞世。2010 年 9 月 28 日，朝鲜劳动党召开第三次代表会议，选举产生了最高领导层，健全了朝鲜劳动党的中央组织。会议通过的《关于修改朝鲜劳动党党章的决定》补充了党章中关于党员义务、各级党组织工作、强化党对人民政权和青年同盟的领导、提高朝鲜人民军内部党组织的作用等内容。2012 年 4 月 11 日，在朝鲜劳动党

---

① 万赛：《老挝人民革命党组织机构存在的问题及其完善》，载《传承》2010年第 8 期。

第四次代表会议上，根据修改后的新党章，朝鲜劳动党新设劳动党第一书记一职，规定第一书记作为党的首脑，代表和领导朝鲜劳动党，贯彻落实金日成和金正日的思想和路线。

三、深化改革，谋求发展，维护稳定

处理好改革、发展和稳定之间的关系，是社会主义国家谋求健康、持续、快速发展的前提和共同要求。过去几年来，越南、古巴、老挝和朝鲜在推进社会主义建设和改革方面各有特色。

1. 越南经济和政治革新进入深水领域

在经济方面，越南在过去26年的改革过程中经济革新成就显著，但也积累了一些问题，而且日益显现。越共十一大报告把这些问题概括为："经济发展还不稳定，质量、效果和竞争力低下，按照工业化、现代化方向调整经济结构进展缓慢，宏观指标不够平衡，分配制度还有很多不合理之处。"为此，越共十一大通过的《2011—2020年经济社会发展战略》提出了进一步深化经济改革的设想，其中比较具有创新意义的是提出了"五个发展"的观点，即：第一，快速发展要与可持续发展相结合，可持续发展是贯穿发展战略的一个要求；第二，要同步、协调地进行经济革新与政治革新，目标是在越南建设一个民富、国强、民主、公平、文明的社会主义国家；第三，扩大民主，最大限度地发挥人的作用，把人看成发展的主体、主要力量和发展的目标；第四，伴随着日益提高的科技水平，大力发展生产力，同时完善社会主义取向的市场经济的生产关系；第五，在日益广泛而深入地融入国际的条件下，坚持建设更加独立自主的经济体制。与此同时，该战略还确定了今后需要突破的三个重点环节，即完善社会主义取向的市场经济体制、发展人力资源、加强基础设施建设等。越共十一大提出的这"五个发展"的观点体现了越南的社会主义目标和时代发展要求，"三个突破"则抓住了越南经济存在问题的关键之处，只有在这三个方面真正实现突破，越南经济发展的空间才能打开。然而，在全球化背景下，国际经济危机对越南经济造成了冲击，当前，越南政府正设法应对来自国有企业和金融领域出现的亏损等棘手问题。由于上述两个领域属于经济发展的方向性问题和核心问题，因此越南能否按社会主义方向完善经济体制并推进下一步的经济革新，关系重大。但在这一点上，越南理论界和政府主管部门的意见不尽一致。

在政治领域，越共十大以来，越南的政治体制改革明显加快，引起了学者的广泛关注。有学者对越南当前加大民主进程持肯定态度，认为越南实行的民主是"可控的民主"。[①] 清华大学的陈明凡认为，民主化是越南政治革新的一条主线，越南共产党总结国内外的历史经验和教训，选择了适合本国国情的社会主义民主化道路，越南的许多做法和经验对我国具有借鉴意义和参考价值。[②] 2011 年 1 月越共召开十一大，我国不少学者认为此次会议标志着越南革新取得突破性进展。如广西大学学者黄骏提出，越共十一大的召开对于越南今后的发展具有重要的意义，越南今后改革的走向将是坚持革新开放路线，创造性地运用和发展马列主义；在大力发展经济的同时重视有效增长及可持续发展，注重社

---

① 谢奕秋：《可控的民主》，载《南风窗》2011 年第 12 期。

② 陈明凡：《越南民主化改革及其对我国的启示》，载《探索与争鸣》2011 年第 4 期。

会的和谐稳定发展。同时，越共将继续加强党的领导力与战斗力，进一步改善党和政府的管理，不断扩大和加强与各国及各政党间的多样化关系。[①] 陈元中等学者认为，越共十一大在发展社会主义过渡时期的基本理论、丰富社会主义取向的市场经济理论、强调发扬社会主义民主与发挥全民族大团结的统一、建设思想纯洁和政治坚定的党等方面做出了创新。[②]

我们认为，以上对越共十一大的评价过于简单，实际上，越南关于社会主义观点的变化究竟是进步还是倒退，还有待进一步观察。

2. 古巴谨慎探索经济模式更新

自 2011 年 4 月古巴共产党第六次全国代表大会公布《古巴党和革命的经济和社会政策纲要》以来，古巴新一轮经济改革——社会主义经济模式更新——正式拉开大幕。此次改革意在解决长期困扰古巴经济和社会发展的诸多体制弊端和结构性矛盾，为古巴进一步巩固和完善社会主义制度扫清障碍。哈瓦那大学古巴经济研究中心教授李嘉图·托雷斯·佩雷兹认为，古巴经济早在上世纪 90 年代初爆发危机前的很多年，就已陷入了严重的效率低下和外部依附（尤其是资源和金融依附），近 20 年来，古巴基础设施建设领域生产成本居高不下，经济效益持续恶化，生产力受到严重束缚。启动古巴社会主义经济模式更新，是以劳尔

---

① 黄骏：《从越共"十一大"看越南今后改革的走向》，载《教学与研究》2011 年第 8 期。

② 陈元中、蒙夺、罗虹：《越南共产党十一大的理论创新》，载《当代世界与社会主义》2011 年第 4 期。

为中心的古巴新一代领导人勇于创新的战略选择，具有深刻的历史必然性与紧迫性，改革成败将直接决定古巴社会主义的前途和命运。

古巴社会主义经济模式更新将坚持社会主义计划经济体制，并考虑合理利用市场因素，在维护社会公平的基础上追求经济效率与活力。调整收入分配、改革双重货币体制是古巴社会主义经济模式更新亟待解决的两大社会经济难题。此外，古巴新经济模式还力图重启 2000 年前后的经济改革进程，内容包括：鼓励外资，下放权力，活跃国有经济，争取国际贸易多元化；创新和发展农业、服务业等重点领域的生产关系和所有制形式；因地制宜地管理和规划各生产与服务中心的经济活动，改善预算和监管系统，协调各部门的商品货币关系；提高国有企业在融资、技术、市场等领域的竞争力；鼓励个体经济发展，促进就业，深化按劳分配制度，等等。中国社会科学院徐世澄研究员认为，《古巴党和革命的经济和社会政策纲要》统一了思想，达成了共识，为古巴未来的经济变革确定了方向，而经济改革本身力度大、势头猛、涉及面广，对今后古巴的发展具有很大的推动作用。①

古巴社会主义经济模式"更新"意义重大，但挑战重重。美国安默斯特学院政治学教授哈维尔·克拉雷斯认为，古共六大公布的古巴社会经济发展纲要首次对古巴的发展瓶颈做出了内源性分析，指出尽管古巴领导人意识到了古巴现有模式的缺陷，但对产权和政治权利的放开问题仍有所保留。因此，虽然模式"更新"将有助于古巴减少贫困，但无法彻底改变古巴"有平等，无增长"的发展困境，它将成为古巴历

---

① 徐世澄：《坚持社会主义古巴变革不变色》，载《河北青年报》2011 年 4 月 21 日。

史上持续时间较长的改革与调整期。① 中国社会科学院拉美所研究员袁东振认为，古巴经济模式更新是古巴 30 年改革进程的逻辑延续，古巴的改革开放取得了显著成就，但在改革进程中也出现了收入分配差距扩大问题以及卖淫、腐败、盗窃等不良现象，古巴"改革"是困难时期被迫作出的调整或开放，是暂时的"让步"，具有一定的应急性、阶段性特征，因此，困难一旦缓和，政策就会出现反复。② 古巴哈瓦那大学古巴经济研究中心教授李嘉图认为，古巴沉重的历史遗留问题在一定程度上制约着古巴今天的改革路径与成效，指望一个文件就能同时解决所有问题的期待是不现实的，但《纲要》的提出确实向前迈进了一大步，《纲要》的实施将是一个巨大的挑战，因此要保持必要的灵活性。③

总之，古巴启动社会主义经济模式更新一年来，举国上下热议不断，各项措施初见端倪，社会经济总体平稳，但抵制情绪、官僚作风等负面因素时有发生，因此古巴改革远非坦途。

3. 老挝确定未来发展的突破口

老挝人民革命党第九次全国代表大会提出了未来五年的总体发展任务，期待在解放思想、发展人力资源、改革妨碍发展的行政管理制度以

---

① Javier Corrales, "Cuba's 'Equity Without Growth' Dilemma and the 2011 Lineamientos", *Latin American Politics and Society*, Volume 54, Issue 4.

② 袁东振：《古巴改革何处去》，载《人民论坛》2010 年第 31 期，第 42—44 页。

③ Ricardo Torres Pérez, La actualización del modelo económico cubano: continuidad y rupture, Revista Temas, http: //www. temas. cult. cu /catalejo /economia /Ricardo_Torres. pdf, 08 – 06 – 2011.

及扶贫等四个方面有所突破。大会通过了 2011—2015 年经济、社会和文化的方针和任务，认为当前必须贯彻"建设省成为战略单位、建设县成为全面坚强的单位、建设村成为发展单位"的方针。

老挝中央政治局委员坎培·班玛莱通在老挝《人民报》上发表了题为《思想突破的理论思路在于发展》的文章，阐释了"四个突破"中的第一个突破的理论和实践意义，认为思想突破的提出是国家稳定、持续发展的重要保障。在理论上，思想突破意味着解放思想、开辟新思路、迈出新的发展脚步；在实践上，思想的突破要着眼于实践，以实践为真理，并最终运用到社会主义建设事业中去，具体要做到听取多方意见、民主协商讨论社会主义革新开放事业的各项重大问题。最后，作者还特别强调，思想突破的同时要时刻保持警惕，突破是为了更好地建设社会主义，而不是掉转矛头攻击社会主义。①

由于老挝的社会主义建设开始较晚，在理论方面也刚刚起步，因而其政治报告偏重于政策的操作性和实践性。但可以预见，今后老挝执政党将越来越注重思想理论建设。

4. 朝鲜酝酿改革开放引猜测

自从 2002 年 7 月朝鲜实施经济管理改善措施以来，外界普遍期待朝鲜走向进一步的改革开放，但朝鲜并未像部分学者预测的那样逐步走向全面的改革开放，而是有进有退。一方面，朝鲜颁布了《国家经济开发十年战略计划》，进一步完善外商投资法律体系，成立国家合营投资

---

① 坎培·班玛莱通：《思想突破的理论思路在于发展》，老挝人民报网，2011年 3 月 21 日。

委员会，加快罗先经济特区建设，加强同中国、俄罗斯、东南亚国家和欧洲国家的关系，展现出经济方面改革与开放的趋向。尤其是 2011 年底金正恩接掌政权后，其年龄、西方留学背景以及不同于以往朝鲜领导人的工作作风，令国际社会对其产生期待。另一方面，朝鲜实行了货币改革，客观上打击了市场势力。2012 年 7 月 29 日，朝鲜祖国和平统一委员会发言人表示，所谓朝鲜"政策改变"和"改革开放"的传闻是无稽之谈，称朝鲜将坚持"主体"、"先军"和社会主义的道路，依靠自己的力量完成国家统一和建设强盛国家。

无论是从维护国内稳定、确保民心的角度看，还是从维护国家安全的角度看，朝鲜领导人一定会根据国内外环境的变化，对经济政策进行调整，推动经济发展，对这一点，中外学者已形成共识，但对朝鲜会如何实现这种变化，学者们观点不一。王志伟认为，朝鲜希望通过朝鲜半岛核问题来推动安全问题的解决，同时寻找一条能够推动经济发展、适合朝鲜国情的渐进的改革发展道路。[1] 李善友认为，先军思想与经济改革在朝鲜将继续并存，一方面，在朝美关系依然紧张、朝鲜国内自生的市场因素逐渐成长的过程中，还需要先军政治的动员和压制作用；另一方面，尽管市场的影响增大，但在朝鲜占统治地位的依然是计划经济，国防工业依然在经济中占绝对优势。因此，还不能说朝鲜经济发生了根本性变化，但在未来，如果实现了朝美关系正常化，朝鲜的安全顾虑消除之后，很可能会走上改革开放的道路。[2] 邓聿文认为，

---

[1] 王志伟：《安全利益影响下朝鲜经济发展趋势分析》，载《东疆学刊》2009 年第 3 期。

[2] 李善友：《"先军政治"与"北韩式"经济改革：紧张的并行逻辑》，载《现代北韩研究》2009 年第 1 期。

在内外压力下，朝鲜不排除会选择某个点试探性地进行对外开放，但朝鲜不可能像 30 年前的中国一样，把改革尤其是开放上升为国家的根本国策，因为朝鲜已丧失了中国当年决定推行改革开放的内外环境和条件，一旦实行改革开放，朝鲜将很难避免大规模的社会抗争和社会运动。不开启这个转轨进程，是朝鲜现政权最保险的做法。[①] 斯坦福·哈格和马库斯·诺兰德则通过数据证明，虽然朝鲜政府还没有大张旗鼓地实行改革开放，但朝鲜的经济和社会已经悄然发生了变化。尽管朝鲜中止了经济改革并制造了第二次核危机，但朝鲜经济的对外开放程度明显提高了。[②]

我们认为，朝鲜目前的确在进行一些经济的调整，也取得了一定成效，并在 2011 年实现了小幅增长。但是，朝鲜的经济调整仍然只是局部的，并未成为全党全国的共识。朝鲜经济依然面临各种困难：缺乏资金，缺乏能源和生产资料，缺乏有效率的经济管理机制和资源配置机制，等等。在维护国内稳定和国际安全的双重考虑下，朝鲜政府不太可能实施全面的改革开放，但会根据本国国情继续进行小幅调整，并通过建设经济特区实行局部开放，从而获取经济发展所需要的资金、能源、生产资料以及先进的管理方法。

[①] 邓聿文：《朝鲜会改革开放吗？》，载《理论导报》2011 年第 6 期。

[②] Stephan Haggard and Marcus Noland, "The Political Economy of North Korea: Implications for Denuclearization and Proliferation", *East-West Center working papers. Economics series*, No. 104, 2009.

结　语

近几年来，在资本主义世界经济动荡的背景下，社会主义各国也难以置身世外，越南、古巴、老挝和朝鲜等国的经济或多或少受到了一定程度的影响。这对于社会主义国家的发展来说既是挑战，同时也是各国推进改革的契机。目前，包括中国和上述四国在内的世界上五个社会主义国家都根据自己的国情或大胆或谨慎地进行着不同程度的改革。毫无疑问，社会主义改革的进程是艰难的，既要把握好方向，同时又要有新的突破，因此需要承担一定的风险。考察和分析国外社会主义国家的改革和发展现状，将有助于我们积极开拓建设中国特色社会主义的思路，吸取经验和教训，在改革的过程中尽量避免走弯路。

拉美的社会主义策略[*]

〔阿根廷〕克劳迪奥·卡茨

[摘　要] 本文认为，在生产力成熟条件、力量对比状况、社会变革的主体条件、群众意识、现制度结构和群众组织状况等方面，拉美的社会主义事业面临着诸多挑战。但是，只要策略运用得当，这一地区的社会主义运动就能发展起来。

拉美左翼又在讨论社会主义道路问题了。由于群众行动、新自由主义的危机和美帝国主义进攻能力的丧失，各派力量对比发生了变化。如果再将过去称为政治革命时期，而将现在称为保守时期，并将二者放在一起加以比较，这已经不合时宜了。产业工人阶级的社会软弱性并不能妨碍反资本主义的进程，这一进程有赖于被剥削被压迫者在共同的斗争中团结起来。

关键是大众意识水平。大众意识造就了新的反自由主义和反帝国主义的信念，但反资本主义的联合仍然没有形成，而这种联合也许只要一

---

　　* 本文选自《马克思主义与现实》2009 年第 3 期。作者克劳迪奥·卡茨（Claudio Katz）系阿根廷布宜诺斯艾利斯大学经济学教授；编译者张永红系西南大学政治与公共管理学院副教授、博士。

场关于 21 世纪社会主义的公开讨论就够了。

取代专政的宪政结构妨碍不了左翼的发展。但左翼必须在不放弃选举程序的情况下避免制度性的笼络。选举参与是可以与人民权力的发展统一起来的。运动和政党可以起到互补作用，因为社会斗争无法单独成事，政党组织是必要的。但是，必须避免宗派主义的倾向，并要将当下的改良作为革命议程的一个部分。所有社会主义策略都要遵循这一原则。

拉美的社会主义策略

几年的沉寂过后，策略讨论再次出现在拉美左翼当中，为了向社会主义目标迈进，左翼又在分析对行动的各种判断和行动路线了。这种思考包括六个主要议题：物质条件、力量对比关系、社会主体、大众意识、制度结构和被压迫者的组织状况。

生产力的成熟程度

首先争论的内容是一场传统论战的重演。拉美生产力成熟到可以进行反资本主义变革的地步了吗？现有资源、科技和技能足以开始社会主义进程了吗？

要应对这一变革，拉美国家准备得并不像发达国家那样充分，但却更为迫切。它们比经济发达地区遭受着更为严重的营养、教育和卫生方面的灾害，但可供它们用来解决这些问题的物质资源却更为贫乏。这一矛盾是由拉美的边缘地位以及由此造成的农业落后、工业化残缺不全以及金融依赖造成的。面对这一两难境地，左翼通常有两种解答：将资本主义推进到新的发展阶段，或者开始一种与这一地区的缺陷相适应的社会主义转型。在最近的一篇文章中，我主张第二种选择。

但另一个争论同样重要，那就是这一进程的适当时机。拉美正在从工业衰退和银行倒闭的创伤时期恢复过来，它正经历着一个经济发展、出口繁荣和企业利润恢复的时期。有人可能会反驳说，在这样的条件下，根本没有可能出现资本主义崩溃的情况，而这种崩溃是进行反资本主义变革的根据。

但社会主义选择并不是扭转市场萧条趋势的凯恩斯计划。它是克服资本主义固有剥削和不平等的平台。它力图摆脱贫困和失业，根治环境灾害，结束以牺牲数百万人的利益为代价而使一小撮百万富翁富起来的战争噩梦和金融动荡。

在拉美目前的市场趋势中，两极分化是显而易见的。富人的利润和消费增长与可怕的极端贫困的指数形成了鲜明对比。在工商业不景气的深渊中，这些灾难变得更加突出；它们说明，必须为社会主义而斗争。但崩溃情势的出现并不是根除这种制度唯一适当的时机。反资本主义的时机是整个时代都有可能出现的，它可以在经济周期的不同阶段开始。20 世纪的历程证明了这种可能性。

没有哪一次社会主义革命曾经发生在金融危机最严重的时候。在大多数情况下，它是随战争、殖民占领或独裁压迫而爆发的。正是在这种情况下，俄国布尔什维克夺取了政权，毛泽东在中国取得了成功，铁托在南斯拉夫获得了胜利，越南人将美国人赶了出去，古巴革命取得了胜利。许多这样的胜利都是在战后高度繁荣时期取得的，就是说，是在资本主义急剧发展的时期取得的。因此，并没有什么将社会主义运动的发起与经济崩溃绑缚在一起的机制。在周期波动的任何时期，资本主义产生的不幸都足以激励人们推翻这一制度。

只有那些灾变论的（catastrophist）理论家们才认为，在社会主义和金融崩溃之间存在着必然的联系。这种假定的联系成了他们对资本主义习惯描述——即资本主义是一种总是在最后崩溃的边缘运转着的制度——的组成部分。他们等待着这种崩溃，他们将银行业的衰退当作全球性的萧条，他们将股市的低迷时期与全面崩溃混为一谈。这些夸大其词忽视了他们试图铲除的那种制度的根本运作方式，使得向社会主义转变的任何问题都变得难以应对。

全球化和小国家

反对开始社会主义进程的理由之一，是全球化产生的障碍。它认为，目前资本的国际化使得拉美反资本主义的斗争变得不够实际了。但这种障碍的根源究竟在哪里呢？全球化并不能成为有着广泛影响的社会主义事业的障碍。跨越国界的扩张加剧了资本主义的不平衡，使战胜资本主义更具客观基础。

只有那些视社会主义建设为"两种制度间的竞争"的人才会将全球化看作一种巨大的障碍。这种看法是旧的苏联模式所宣称的"社会主义阵营"理论的残余。他们孤注一掷，试图通过一系列的经济成功和地缘政治的成就打败敌人，而忘记了以资本主义自己设计的游戏规则是难以击败资本主义的。

特别是那些边缘的——或者说工业化程度不高的——经济体，它们在和几个世纪以来一直控制着世界市场的帝国主义势力的竞争中是决不会占上风的。社会主义的成功需要一系列持续的破坏全球资本主义的过程。在单独一个国家（或单独一个阵营）取得社会主义的胜利是一种幻想，这种幻想一再使革命变革的可能性服从于两大国家阵营之间的外交对抗。

认为全球化阻碍了其他模式的发展，这是新自由主义观念的产物；这种观念认为，除了右翼路线，别无他途。但如果有人接受了这一假设，他就必须同时抛弃任何管制的或凯恩斯主义的资本主义方案。断言极权主义已埋葬了反资本主义事业，而同时却又容忍干涉主义的积累体制，这种说法是矛盾的。如果有人否定了第一种选择，那么他也就失去了从事新发展主义事业的机会（因为这些都需要民族国家的力量抵制外来强制措施）。

但是，由于全球化实际上并不是历史的终结，各种替代方案都是有可能的。我们正在经历的只是一个新的积累阶段，这个阶段靠牺牲各国被压迫者来恢复收益率才得以维持。这种逆流使得社会主义作为唯一深得人心的对新时期的回应而成为一种现实需要。在当前金融投机和帝国主义两极化的框架里，只有社会主义可以纠正资本全球扩张造成的无序状态。

许多理论家认可社会主义选择在全球的生存能力，但却对其在拉美小国的可行性提出置疑。他们认为，在像玻利维亚这样的国家，开始社会主义的时间应该推迟大概 30 或 50 年，这样就可以事先形成"安第斯山—亚马逊河资本主义"。但为什么是 30 年而不是 10 年或 150 年呢？过去，这种时间上的计算要考虑到主导前社会主义阶段的民族资产阶级出现的时间。但现在，在玻利维亚这样的国家发展有竞争力的资本主义制度所遇到的阻碍，至少与开始社会主义变革的阻力一样大，这一点很明显。人们只要想象一下，如果玻利维亚的企业要参与国外大公司的计划，后者会要求它们做出怎样的让步，而这些让步又可能导致怎样的与大多数群众的冲突。

如果人们将"安第斯山—亚马逊河资本主义"看作适于本土社

重建的模式，遇到的麻烦甚至会更大。在任何受商业竞争驱动的方案中，当地社会都免不了受到损害。在像玻利维亚这样边缘化的国家里，走向社会主义的步骤是复杂的，尽管它是可能的，也是符合人们愿望的。这些国家需要与拉美其他国家采取相似的计划，建立联合，促进向社会主义的转变。

力量对比状况如何？

社会主义变革要依靠对被压迫者有利的力量对比。如果这种力量对比不利于被压迫者，人民大众就难以战胜敌对势力。但人们该如何评价这一因素呢？拉美各种力量的对比是由三方的阵地得失、遭受威胁的态势决定的。这三方是：当地的资本家阶级、被压迫群众和美帝国主义。20 世纪 90 年代，资本发动了对劳工的全球攻势。这一攻势在最后几年有所减弱，但它在国际范围内形成了不利于工薪阶层的氛围。尽管如此，人们还是可以在拉美注意到几个特别之处。

资本家积极参与了新自由主义的进攻，但结果却在这一过程中遭到了各种各样的负面伤害。随着市场的开放，他们失去了竞争的优势；随着生产设备的非本国化，他们放弃了对外部竞争者的抵御。金融危机同样沉重打击了权势集团，削弱了其直接的政治影响。这样，右翼就变成了少数派，中左政府在国家管理上取代了许多保守政府（尤其是在南部三角区域）。资本主义精英不再能够无所顾忌地决定整个地区的议程了。新自由主义危机——可能导致新自由主义方案的结构性衰落——影响了这些精英。

大规模的群众动乱造成了南美几个国家首脑的垮台，也改变了地区力量的对比。发生在玻利维亚、厄瓜多尔、阿根廷和委内瑞拉的起义影响了整个统治阶级。它们公然挑战统治阶级的进攻，并在许多国家迫使其向人民群众做出一定程度的妥协。

斗争的动力相差很大。在有些国家（玻利维亚、委内瑞拉、阿根廷和厄瓜多尔），人们会发现群众积极性很高，但在其他国家（巴西和乌拉圭），由于人们的失望，斗争在衰落。一个新的现象是，在那些率先实行新自由主义的国家（智利），以及由于社会弊端和移民大量外流而令人窒息的国家（墨西哥），工会和学生斗争在复苏。力量对比在拉美各地极为不同，但可以肯定，群众的积极性在整个地区都有所涌现。

20世纪90年代伊始，美帝国主义开始通过自由贸易和建立军事基地对其后院进行政治殖民。这一情景现在也改变了。原来的美洲自由贸易区（FTAA）由于三个因素失败了：（1）全球化公司和依赖国内市场的公司之间的冲突；（2）出口商和工业家之间的冲突；（3）群众的普遍反对。甚至国务院通过签署双边条约进行反击也于事无补。

布什在国际上的孤立（共和党选举失利、在伊拉克的破产和欧洲同盟者的丧失）使其单边主义的余地更小了，而且它还促进了反美地缘政治集团（如不结盟运动）的觉醒。对委内瑞拉的挑战没有做出军事反应，这是美国实施退却的明显征兆。

因此，拉美各派力量的对比几经重大变化。统治阶级不能再依赖其新自由主义的战略方针了；群众运动再次出现在街头；美帝国主义丧失了其干涉能力。

新时期

上层统治的变化，下层斗争的变化，以及"外国宪兵"行为的变化，使人们不得不对一种由不同左翼理论家做出的共同的传统判断进行修正。这一判断以对两个阶段——由古巴革命（1959）开始的有利时期和伴随苏联垮台（1989—1991）开始的不利时期——的对比为基础，往往强调走向社会主义的种种障碍。第一个时期——革命和反帝国主义时期——为保守衰退时期所代替。这种说法还正确吗？

在力量对比关系的所有三个层面上，许多国家当前的政治气候似乎都与这一看法不符。首先，当地资本家已经失去了他们在过去 10 年中所具有的敢作敢为的自信。与 20 世纪 70 年代不同，他们不能再采取独裁、野蛮的行径了。他们已经失去了通过集体杀戮以避免危机并镇压群众叛乱的军事政变的手段。国家恐怖主义在各国仍在继续（不仅出现在哥伦比亚，而且部分地出现在目前的墨西哥），但总的来说，权势集团必须接受一种他们过去所不懂的制度框架的制约。这种制约是群众的胜利，在力量平衡上有利于被剥削者。

第二，社会斗争的强度——以其规模和直接政治影响来衡量——与 20 世纪 60 和 70 年代的反叛有着许多相同之处。厄瓜多尔、玻利维亚和阿根廷发生的起义，以及整个地区的学生行动和社会反叛，都可以与上一代的剧变相比。

第三，帝国主义要进行干涉，它面临的障碍显而易见。20 世纪 80 年代，里根在中美洲公然发动了一场反革命战争，但布什不得不限制自己在这一地区的行动。

对各派力量对比关系的分析必须考虑这三个方面，并要避免只注意上层状况（权势集团间的关系）而忽视下层状况（社会对抗）的见解。只强调两个阶段的传统观点没能避免这样的看法，即认为苏联瓦解标志着拉美历史的突然断裂。基于这一划分，社会主义在第一时期的可能性被理想化了，而第二时期反资本主义的前景则被大大低估了。

苏联存亡确实是一个需要考虑的因素，但它并不能说明各派力量的对比关系。值得记住的是，在转变为资产阶级之前很久，敌视社会主义的官僚分子就已控制了这一政权。它在国际棋局中与美国对抗，但却只是为了自身的地缘政治利益支持反帝国主义的运动。因此，它不是反资本主义事业的发动者。现在与 70 年代相比确有差异，而且差异巨大，但这种差异并非各派力量对比方面的。

主体的多样性

社会主义变革的主体是资本主义统治的受害者，但在拉美，推动这一进程的主体却非常多样化。在有些地区，土著社群领导着反抗运动（厄瓜多尔、玻利维亚和墨西哥），而在其他一些地区，则是农业工人领导着抗争运动（巴西、秘鲁和巴拉圭）。在某些国家，起领导作用的是城市工薪阶层（阿根廷和乌拉圭）或不稳定的从业人员（在加勒比和中美洲地区）。同样令人注目的是，土著社群发挥了新的作用，而产业工会的影响却在下降。主体的多样性反映了各国各不相同的社会结构和政治特征。

这种多样性同样表明了社会主义变革参与者的多样性。因为资本主义的发展扩大了对工薪阶层的剥削，与之相伴的压迫形式也在增加，因此社会主义进程的潜在主体就是所有被剥削者和被压迫者。这一任务不仅落在了直接创造商业利润的工薪阶层肩上，而且还落在了所有资本主义不平等的受害者的肩上。关键的一点是，这些不同的力量要在反抗焦点不断变化的共同斗争中联合起来。对于以分化群众阵营来实现其统治的敌人来说，要取得对他们的胜利，就需要这样的联合。

在这一斗争中，某些工薪阶层往往会因他们在关键经济部门（采矿、工厂和银行）中所占据的位置而发挥更大的作用。尽管资本家是从所有一无所有者的贫困中获益的，但他们的收入尤其依赖被剥削者的直接劳动。

他们的这种中心地位在当前的经济恢复期表现了出来；在这个阶段，工薪阶层的重要性往往会得到恢复。在阿根廷，工会的影响正在街头恢复，而在 2001 年危机中则是失业者和中产阶级发挥着主要作用。在智利，矿工罢工产生着影响。在墨西哥，某些工会的力量在增长。而在委内瑞拉，石油工人在对政变分子的斗争（2002 年他们试图关闭石油行业）中产生的影响力仍在持续。

主体缺失？

有些理论家认为，目前，在拉美"不存在可以担负社会主义使命的民众"。但他们没有说清楚到底缺少什么样的群体。他们暗示，这一地区的工人阶级力量弱小。由于资本主义不发达，这一阶级所占人口比例降低了。这种观点认为，应该推迟实现社会主义，直到一个更大、更广泛的工人阶级群体的出现。

但是，当代资本主义的发展就是高度发达的生产力、技术变革和随之而来的临时工作或失业的同义语。这种发展使人对积累的不断增长和产业工人阶级的巨大增长之间的传统联系产生了怀疑。如果失业和临时工作使得目前没有进行社会主义斗争的可能性，那么它们将来同样会阻碍这一斗争。很显然，这两种灾难会继续扩大失业者队伍，并使工薪阶层进一步分裂。

人们还应明白，从来就没有完全整齐划一的无产阶级，当前非正式部门的发展是支持社会主义运动的又一理由。拉美有着足够的发动这场变革的必要的行动者。不错，工人阶级并没有达到进行社会主义变革的理想状态，但资产阶级同样也不具备发展资本主义的理想特性。因为这个原因，新发展主义者热烈争论着在多大程度上存在民族商业阶级。但不论结论如何，他们决不会抛弃资本主义。然而，对有些左翼理论家来说，工人阶级数量上的限制成了他们为延迟社会主义运动辩护的理由。

这种态度上的不同很有教益。统治阶级在以不同的救治方法（例如，加强国家干预）应对灾难时表现出了极大的灵活性，而有些社会主义者的回应却谨小慎微。他们仅仅看到群众事业面临的障碍，而他们的对手却在尝试着一个又一个的资本主义模式。

如果将产业工人阶级的概念理想化——当作社会主义唯一的建筑师——那么要在边缘地区筹划反资本主义的议程就总是会遇到障碍。但如果人们抛弃这种狭隘的观念，就没有理由以阶级发展不足为由质疑这一事业的生命力了。

就反资本主义进程而言，讨论参与主体的层次结构，远没有对斗争传统的吸收来得重要。如果能够分享抗争的经验，那么革命变革的可能性就增加了。这方面的一个例子是，在一场失业者的大规模运动中，阿根廷的失业工人变成了激进分子。还有一个例子是，玻利维亚的失业矿工变成了临时就业者的组织者。

如果斗志能够保持下去，如果群众行动主义不断有用武之地，那么身份的变化（从被剥削者到被压迫者，或者相反）就不会产生太大的差异。与任何社会结构的变化相比，这第二个方面对社会主义事业来说更为重要。因此，千万不能以社会学的分析代替对革命进程的政治描述。

所谓的主体缺失充斥在大量挑战社会主义的争论中。在一些小国家，这种异议强调无产阶级数量的不足，如在玻利维亚，在采矿业私有化之后，无产阶级遭受了严重的挫折，相对于家庭农业来说，其重要性下降了。

然而，20 世纪所有反资本主义的革命都是在那些靠工资收入为生的工人占少数的落后国家完成的。玻利维亚高原矿工所遭受的挫折由于一系列群众反抗而得到了充分的补偿。农业群体是社会主义变革潜在的同盟者，而不是敌对者。

主体缺失的问题往往会引发无谓的争论。寻找将被压迫者和被剥削者切实联合起来的出路，远比确定在向社会主义跨越的过程中谁会是更积极的参与者重要得多。

群众意识问题

根除资本主义是一项全然离不开被压迫者意识水平的事业。只有他们的坚定信念才可以将斗争进程引向社会主义。

将这一变革当作历史的必然进程，这种简单的观点已经失去了知识上的共识和政治吸引力。这种历史的发展模式并不存在。社会主义要么将是大多数人的自愿性创造，要么就决不会出现。"现存社会主义"的经历说明，以官员的家长制作风替代人民的主动性是多么有害。

但是，被压迫者的意识常常会发生巨大的变化。影响其发展的是这样两种相反的力量：被剥削者在与资本对抗的过程中得到的教训，以及他们由于繁重的劳动、生存忧虑和日常异化而遭受的挫折。工薪阶层是倾向于质疑还是接受既有秩序，源自这两种力量不断变化着的冲突结果。在某些情况下，批判的观点会成为主流，而在其他情况下，顺从的态度会占上风。这些态度由许多因素决定，并在各代对资本主义极为不同的理解中表现出来。例如，大批当代青年在成长过程中并不渴求劳动条件和教育的改善——这在战后时期很流行，他们将排斥、失业或不平等视作资本主义制度运行的常态。但对既有秩序的看法并没有阻止拉美新一代恢复其先辈的斗争精神。

对资本主义的主流看法影响着人们的社会主义意识，但它并不能决定这种意识的持续性。在这方面，根本的是从阶级斗争中得出的结论，以及其他国家的伟大革命产生的影响。是否存在某种"社会主义意识的平均水平"取决于这些因素，而这又可能转化为对反资本主义事业的更大热情或更多失望。例如，在俄国、中国、南斯拉夫、越南和古巴取得的胜利促进了积极的社会主义意识的发展，即使是发生在同一时期的无数失败也没能趋散这种意识。

与他们的父母不同，拉美当前一代人并不是在革命不断胜利的环境中长大的。缺乏成功的反资本主义的范例——他们切近的个人经历就是如此——说明了他们为什么会自然地比父辈更疏远社会主义事业。

现时代和 20 世纪 60—80 年代的巨大差异主要在于政治意识水平，而不在于力量关系这个方面或群众主体的变化。发生了根本变化的不是社会冲突的强度、被压迫者的斗争意愿或压迫者的统治能力，而是社会主义模式的可见性（visibility）以及人们对它的信心。

断裂和连续性

苏联的垮台在国际上激起了一场对社会主义事业——它的状况一直决定着左翼的行动——的信任危机。拉美同样受到这一影响，但有些理论家夸大了其作用，认为这会长期断送社会主义的前途。这种观点对革命时期（直到 1989 年）和保守时期（从那时起）做了绝对化的划分。这种划分忽略了这样一个实事，即拉美左翼在"社会主义阵营"垮台之前就与苏联模式拉开了距离。20 世纪 90 年代的觉醒更多地是对独裁统治的遗产、桑地诺民族解放阵线的失败，以及阻挠中美洲叛乱等做出的回应。从这个角度说，古巴革命的幸存大大抵消了不利因素的影响。

无论如何，重新制定解放计划的动力取代了失望的氛围，这一点很明显。各种群众运动的亲社会主义立场表明了这一动力的存在。目前要回答的重要问题是：在过去 10 年中领导反抗的新生代在多大程度上接受了这一事业？

这些群体对私有化和放松管制的坚决抵制（比在其他地区，如东欧看到的要强烈得多）表明反自由主义意识在他们所属阶层中的发展。人们也可以看到反帝国主义意识的复兴，而这种意识没有在阿拉伯世界普遍存在的道德或宗教方面的落后成分。在拉美，没有出现人们在东欧各国看到的与这一传统决裂的情形，因而有利于左翼思想复兴的框架得到了发展。然而，这一地区的反资本主义联合关系非常缺乏，这一不足到目前为止一直阻碍着群众意识的激进化。在这方面，对 21 世纪社会主义的公开讨论可以起到决定性的作用。

宪政框架

拉美左翼面临着一个相对较新的战略问题：宪政制度的普遍出现。历史上第一次，这个地区几乎每一个国家的统治阶级都是通过非独裁制度进行统治的，而且它们这样做已经有相当长的时间了。即使是经济崩溃、政治垮台或群众抗议都没能改变这种管理模式。

这一半球的绝大多数精英已经不再会选择军事管制了。即使是在最紧急的状况下，旧总统也已为文人—军人过渡政府的新的行政首脑取代了，但这种取代没有发展到通过恢复专政以解决上层瓦解或下层反叛的地步。

当前大多数政权制度都是为资本家服务的富豪统治，这样也就完全脱离了真正的民主政治。这些体制下的各项制度制造着社会弊端，而这些弊端是连许多专制统治都不敢明目张胆地涉及的。这些对社会的侵害已经使这种制度失去了合法性，但它们还没有使人们像丢弃旧的专制统治那样丢弃宪政制度。

资本主义统治方式的变化对拉美左翼的行动产生了两种相互矛盾的影响。一方面，它扩大了公民自由行动的可能性。另一方面，它将一种宪政框架强加给了社会，而这种框架表明了资本家对其各项制度的信心。

一种既限制着同时又巩固着压迫者权力的政权制度给左翼带来了极大的挑战，尤其是当大多数人将这种结构看作是任何现代社会的正常运作方式的时候，更是如此。这种把宪政体制视为任何现代社会的正常运作方式的观念是由右翼——它抓住了在宪法框架内推行其路线的机会——同时也是由在进步的伪装下支持现状的中左翼树立起来的。两派都在煽动表面的选民分化，以掩饰选举不过是当权者轮流坐庄的实情。

右翼和中左翼狼狈为奸的最近例子是"现代和文明左派"，它加入了卢拉·席尔瓦、巴斯格兹或米歇尔·巴切莱特的政府，以使资本家霸权永世长存。但是，在其他地方，由于制度的连续性因欺骗（墨西哥）或总统辞职（玻利维亚、厄瓜多尔和阿根廷）而中断，情况更加棘手。

在有些情况下，这些社会动乱都以重建资产阶级秩序而告终（内斯托尔·基什内尔）。但在另外一些国家，危机使得那些被现制度排斥的左派民族主义者或激进改革主义者总统进入了政府，这是未曾预料到的。查维斯和莫拉莱斯的情况就是如此，可能还要算上拉斐尔·科雷亚——因为这些国家的危机和起义一开始就是在既有制度外发生的。

在此进程中，选举领域证明是与反动力量进行斗争的地方，也是计划激进变革的地方。这一结论对左翼来说至关重要。千万不要忘记，例如，在委内瑞拉，自1998年直到现在，每一次选举都认可了玻利瓦尔进程的合法性，并将右翼在街头的失败转向了投票箱。选举领域与群众动员的胜利相互补充，相得益彰。

左翼的回答

数十年来，左翼的行动一直与军事专制抗争着，但宪政框架极大地改变了左翼的行动环境。现制度内的斗争并不那么简单，因为目前的制度主义（institutionalism）在多重伪装下复兴着资产阶级的统治。

对于勇于反击非常野蛮但却并非十分狡猾的独裁敌人的激进一代来说，这种灵活性最初使得他们惶惑不安。面对这些困难，有些行动主义者士气受挫，并最终接受了右翼的谴责。他们开始因之前"对民主政治的低估"而严厉自责，但却忘记了公民自由是群众反抗的成果（而不是与独裁主义沆瀣一气的资产阶级政党制度）。

宪政框架促使其他激进分子宣称"革命乌托邦"的终结以及向后资本主义前途渐进演化的新时代的开始。他们重新回到渐进主义的方案上，并建议通过与压迫者达成初步共识，从而走上社会主义的道路。他们主张通过这条道路为工人赢得领导权。

但社会民主制度发展的巨大轨迹证明了这一选择是不切实际的。统治阶级不会放弃权力。他们只是选择同伴再造以大银行和大公司的私人所有为基础的压迫支柱。他们决不会允许这种统治遭受敌对者政治或文化力量的侵蚀。

因此，任何无限期推迟反资本主义目标的政策，结果都只能是加强压迫的力量。社会主义需要准备和实现反资本主义的决裂。如果人们忘了这一原则，左派的策略就会迷失方向。

但近年来，面对宪政制度也产生了一些积极的影响。例如，在这一制度下，左翼可以探讨社会主义制度下真正的民主将会采取的形式。这一思考极大地改变了人们对反资本主义前景的方式的构想。20 世纪 70 年代，批判苏联官僚机构的人忽视或很少提及民主这个话题。现在，几乎无人会回避这个问题。社会主义不再被当作是曾在苏联盛行的专制统治的延伸，而是开始被视作一种参与日益发展、代表性和群众管理不断增强的政权制度。

但这一前景同样有赖于对宪政体制做出即时回应。左派中流行两种态度：一种是建议在制度框架内争取空间，另一种则主张另辟蹊径，促进人民权力机构的发展。

第一条道路主张从地方到省然后再到中央政府的逐级推进。这是从 20 世纪 90 年代初巴西工人党和乌拉圭"广泛阵线"所从事的社群管理经验中得出的结论。它认可在这些党派当政期间对权势集团做出的痛苦让步（商业承诺和社会改良的推迟），但它认为最终结果是积极的。

不可否认，这种"地方社会主义"导致了老行动主义者向资本骗子的转变。他们在市政厅里争论，表达对社会运动的敌视，并最终代表统治阶级进行治理。他们首先使方案温和化，接着要求担负起责任，最后他们改变了立场。

参与预算没有能够阻止这种倒退。讨论如何分配受新自由主义政策制约的地方开支，结果却使得市民不得不做出自我调整以适应这一政策。参与民主只有在反抗和谴责资本暴政的时候才能唤醒人民的激进意识。如果离开了这一目标，它就变成了维护既有秩序的工具。

有一种与这种制度路线相反的策略，它鼓励社会动员，拒绝选举参与。它抨击工人党的腐败或广泛阵线的被动，主张让人民享有直接选择的权力。它同样质疑选举陷阱。在安第斯山脉国家，这样的陷阱已将反抗引入了制度的框架。

这种看法忽视了选举舞台的作用，大大低估了放弃这一舞台的负面影响。公民身份、投票和选举权不仅仅是资产阶级操纵的工具，它们也是群众反抗专政获得的胜利果实，在某些条件下，它们允许人们采取反右的立场。例如在委内瑞拉，选举已经起到了进步作用。如果选举纯粹是骗局，那么它们就不可能起到这种作用。

在受利润支配的社会制度下，民权受到限制，对此进行谴责至关重要。但是，必须扩大民主各方面的发展，而不是轻视它们。未来平等的社会制度将赋予形式民主制实实在在的内容，而现在的进步则构成了这种制度的基础。

参与宪政框架可以促进未来社会主义民主政治所必需的政治习惯。不论是在战术层面上（孤立敌人）还是在战略层面上（为社会主义前途作准备），放弃选举参与都一样有害。

对于宪政规则，要么接受，要么忽视，这是一种错误的两难推论；面对这种情况，还有第三条可行的道路：将直接行动与选举参与结合起来。通过这种途径，人民的权力——这是任何革命进程所需要的——将会随着社会主义意识的成熟表现出来，而这种意识一定程度上正是在宪政制度下形成的。

只要运动就够了吗？

群众意识会转化为组织。要造就反资本主义变革的工具，就必须将被压迫者组织起来，因为如果没有他们自己的组织，被剥削者就无法孕育出另一个社会。运动和政党构成了当代群众组织的两种形式。二者对社会主义信念的发展都是必要的。它们强化了人们对自我组织的信心，它们还孕育出未来人民权力运作的模式。

运动维持着当前的社会斗争，而政党则促进了更加全面发展的政治行为。二者对推动直接行动和选举参与都很必要。但那些单只倡导运动或政党的人，经常质疑二者的互补作用。有些具有运动倾向的理论家——他们赞成运动自主的观点——认为政党组织陈腐、无用而有害。

但他们的指责只适用于某些政党的行为，而不适用于政党组织的一般行为。没有哪一种解放事业可以独自在社会领域里发展，它也不能离开政党组织提供的特有平台——它们将人们的需要与权力策略联系起来。这些组织有助于克服自发反抗的局限性。政党促进了反资本主义意识的成熟；这种成熟是不会从抗议行动中突然产生的，而是需要通过某种处理过程，将眼前的改良斗争转变为争取社会主义目标的斗争。

在近年的世界社会论坛上，弥漫着有利于运动的氛围，政党的批判者们从中得到了鼓舞。然而，从西雅图（1999）到加拉加斯－巴马科（2006），情况发生了很大变化。认为单靠运动便可成事的信心减退了，在当前拉美右翼选举失败的情况下，更是如此。作为论坛基础的"乌托邦时刻"缩短了，这为包括政党问题在内的策略讨论扫清了道路。这一变化也反映了各种具有运动倾向的理论家的转变，他们仍在咄咄逼人地质疑左翼组织，但现在也在为卢拉或基希纳辩护了。那些著文主张"在不夺取政权的情况下改变世界"的人也反对政党。他们与那些极力主张有必要夺取国家政权的政治组织意见相左，但却从未阐明怎样才会出现一个不存在政府形式的后资本主义社会。所有的社会要求都以夺取国家政权为目标，国家政权的改变是转向反资本主义的条件。如果没有国家，甚至我们目前在拉美看到的最基本的民主变革也是难以想象的。国家政权这个工具是实行社会改革、召开立宪大会和实现基本资源国有化所必需的。面对委内瑞拉和玻利维亚出现的新情况，那些否定其必要性的人已经不知所措了。

（原载 *Monthly Review*，Volume 59，Number 4，Sep.，2007，原文标题为："Socialist Strategies in Lat in America"）

（张永红 编译）

越南共产党对社会主义建设道路的探索与革新*

〔越〕阮文泰　沈其新

[摘　要] 越南共产党将马克思主义关于社会主义建设的基本理论与越南国情相结合，提出了"革新开放"政策，对越南社会主义建设理论进行了渐进式的探索和革新。越中两国虽然都处在社会主义初级阶段，但由于两国在改革开放起步时间上的先后与在"构建社会主义和谐社会"的理论和实践上的差别，因而越南的社会主义建设仍处在初级阶段的早期，而中国已经进入了初级阶段的新时期。

与中国一样，越南在社会主义建设过程中也遇到了"什么是社会主义，怎样建设社会主义"的问题。中越两国都是社会主义国家，并且在文化传统上都有儒家文化的深厚烙印，改革开放之初具有许多相似之处。加之 1986 年 12 月越南共产党第六次全国代表大会正式提出"革新开放"政策，这比中国共产党十一届三中全会迟了 8 年。正是这些相同之处与时间上的联系，使越南社会主义改革道路多以中国特色社会主义的改革道路作参照。但中越毕竟是两个不同国家，国情的

* 本文选自《马克思主义与现实》2010 年第 4 期。阮文泰，湖南大学马克思主义学院博士研究生；沈其新，湖南大学马克思主义学院教授、博士生导师。

不同使越南共产党在社会主义建设路径的选择上具有鲜明的民族化特征。

一、越南社会主义革新理论提出的背景

越南革命的目的是为了解放民族，发展社会，为人民谋利益。越南共产党的创始人阮爱国在《革命道路》一书中明确指出："我们为了革命而捐躯我们的生命，就是为了革命后赋予大多数人而不是少数人权力，这样才有牺牲的意义和价值。也只有这样，人民才有幸福。"[①] 1930年2月3日，越南共产党成立，党的纲领指出：社会主义革命的任务是"民众自由，男女平等，普及教育，解放民众，实行每天劳动八小时制。使越南完全独立地走入共产主义社会"[②]。从1930年到现在，越南共产党始终坚持这一目标和战略，坚持走社会主义革命和建设的道路。

与中国独立以前的半殖民地半封建社会性质不同，越南独立以前是完全的殖民地社会，遭受了外国殖民者将近一个世纪的统治与奴役。按常规，对于一个深陷"亚细亚生产方式"的封建落后国家，殖民主义必将通过"开化文明"给经济与社会带来变化。但作为越南宗主国的法国是一个"高利贷帝国主义"，它不注重殖民地的经济开发，而是倾向于土地掠夺、重税、利贷盘剥，在这种带有某些早期重商主义特征的殖民政策的高压下，所谓"印度支那工业化"只是一句空话。法属时期，越南经济以原料和农产品为中心，即使是在1939—1943年经济发展最快的时期，工业产值也仅占工农业总产值的10%左右，其中近六

---

① Ho Chi Minh Bien nien tieu su,CTQG,HN1995,T1,tr112.

② Ho Chi Minh toan tap,CTGQG,HN,2000,T2,tr220.

成的工业从业人员集中在采矿业，工业结构和社会经济结构严重畸形。1945 年，八月革命的胜利推翻了长达 80 年的殖民统治和上千年的封建专制制度，宣告越南独立和越南民主共和国成立。

　　研究越南的社会主义道路，一定要从胡志明所做出的正确选择开始。尤为重要的是，要集中分析做出选择的那个时期的特征，其标志是 1954 年法国殖民主义的反扑与越共领导人民抗法战争的胜利。在北部地区重获和平以后，1955 年召开的越共二大八次会议明确提出：北部地区要"巩固与发展人民民主制度，逐步向社会主义前进"。越南建设社会主义的路线在越共三大（1960 年）会议上得到了比较系统的确定。这是越南革命历史的一个重要标志，它明确提出了越南北部走社会主义道路，并且解放南部，实现祖国统一的目标。自 1954 年开始，在北部地区，建设社会主义已经成为最首要的任务。在南方获得解放、祖国实现统一以后，建设社会主义成为全国的共同任务，党的理论工作才集中研究什么是社会主义与怎样建设社会主义的问题。越共四大（1976 年）提出了全国范围内的社会主义革命的总路线。20 世纪 70 年代末 80 年代初，经济和社会陷入日益严重的危机，实践中的问题不仅仅需要调整在各个具体问题上的认识，而且需要全面进行改革和创新。故此，1986 年 12 月越共召开了一次具有转折点意义的重要会议——越南共产党第六次全国代表大会，正式提出了"革新开放"政策。

二、越南社会主义革新理论的演进

　　从 1986 年 12 月越南共产党第六次全国代表大会正式提出"革新开放"政策至今，越南共产党的革新理论与实践经历了如下三个发展阶段。

（一）"六大"和"七大"对越南社会主义革新理论的科学定位

根据列宁过渡时期理论，结合越南国内情况和国际经验，越共六大认为，革新开放是适应形势的要求，是社会主义国家的必由之路，也是关系到越南生死存亡的大事。六大和随后的七大提出的"革新开放"理论包括如下主要内容：

1. 发展经济与加强法制是越共社会主义建设理论的重要革新内容。按照六大精神，"要坚决取消经济、社会的不平等，通过长期的社会改革消除这些消极现象，使公平原则与好的生活方式渗透到社会生活的每一方面"①。六大还指出，在一个主权国家管理经济和社会不仅需要行政，还要严格运用法律。执政党的每个成员不论地位高低都得根据法律规定生活，尊重法律典范。使用法律管理社会是党实现革新的重要条件，是克服官僚管理形式的必然选择。

2. 法律、道德、思想、民智是越南共产党的社会主义建设理论的革新要素，是越南特色社会主义建设稳定发展的基本条件。越共六大借鉴了中共社会主义初级阶段的理论，立足于越南国情，确定了初级阶段的总任务和总目标，为下一阶段的社会主义工业化建设创造了必要的理论前提。随后，在七大上（1991 年 6 月），越共通过了《社会主义过渡时期的国家建设纲领》。1995 年 1 月，越共中央强调："国家使用法律管理社会……同时注重教育，提高社会主义道德，提高民智。干部要成为遵纪守法的模范，加强宣传法律，教育人民，首先要党员和国家机关

---

① Dang Cong san Viet Nam: Van kien Dai hoi Dai bieu toan quoc lan thu VI, NX-BST, H1987.

为了人民熟识和实行法律。"①

3. 公平、平等、民主、文明是越南社会主义建设理论的价值坐标，也是越南特色社会主义建设的基本目标。《社会主义过渡时期的国家建设纲领》指出："我国人民建设的社会主义社会具有这样一些特征：（1）由人民当家做主；（2）具有现代生产力和生产资料公有制为主的基础上高度发展的经济；（3）具有先进的、民族特色浓厚的文化；（4）让人民从压迫、剥削和不公中解放出来，各尽所能，按劳分配，享有温饱、自由、幸福的生活，并拥有个人全面发展的条件；（5）国内各民族平等、团结、互相帮助、共同进步；（6）与世界上所有国家的人民建立起友好合作的关系。"② 七大还提出了社会主义建设的基本方向，即充分实现民主权利，严格社会法纪，不断提高社会劳动生产率并改善人民生活，促其知识、道德、体力和审美水平的日益提高。

（二）"八大"和"九大"对越南社会主义革新理论的有益补充

在中共改革开放巨大成就的影响下，1996 年召开的越共八大和 2001 年召开的九大主要涉及经济政策。这些政策的制定为活跃越南经济、推动越南的快速可持续发展提供了科学指南。

1. 明确提出了"发展社会主义定向的市场经济"的理论。越共七大以后，在中共十四大建设社会主义市场经济理论的影响下，越共八大

① Dang Cong san Viet Nam：Van kien Dai hoi Dai bieu toan quoc lan thu VIII, CTQG, H1996.

② Dang Cong san Viet Nam：Cuong linh xay dung dat nuoc trong thoi ky qua do len Chu nghia xa hoi, NxbST, H1991. Tr 18.

提出了"发展社会主义定向的市场经济"的理论。此次会议指出，"发展社会主义定向的市场经济"是向社会主义过渡历史进程中的重要阶段，其目标是，到 2020 年"把我国建成具有现代物质技术基础，合理的经济结构，适应生产力发展水平的先进的生产关系，高水平的物质精神生活，国防安全稳定，民富国强，社会公平和文明的工业国家"①。届时，生产力将达到相当现代化水平，大部分手工劳动为机械劳动取代，基本实现全国电气化，社会劳动生产率和生产经营效益比现在大大提高，国内生产总值比 1990 年增加 8 倍至 10 倍。在经济结构方面，农业继续大力发展，但工业和服务业将占国内生产总值和社会劳动总量的较大比重。生产关系方面，所有制度、管理制度和分配制度互相结合，国有经济实现主导作用，同合作社经济一起成为经济发展的基础。个体经济、小业主经济等占相当的比例，国家资本主义经济以不同的形式存在。

2. 明确"社会主义定向的市场经济"建设时期是一个直接过渡到社会主义的漫长阶段。越共九大指出，越南的前进道路是不经过资本主义而直接过渡到社会主义。"不经过资本主义制度的社会主义建设，使社会各个领域发生质的变化，这是一项十分艰巨和复杂的事业，必然要经过一个漫长的拥有多个路段的具有过渡性的多种经济、社会组织形式的过渡时期。在社会生活的各个领域，新与旧相互渗透、相互斗争。从 1996 年的越共八大以来，越南转向了推动工业化、现代化的新发展阶

---

① Dang Cong san Viet Nam: Van kien Dai hoi Dai bieu toan quoc lan thu VIII, CTQG, H1996.

段，目标是到 2020 年基本上成为一个工业国家。"①

(三)"十大"对越南社会主义革新理论的发展

越共认为，"革新开放"的重要目标是推进越南社会的全面发展。因此越共十大（2006 年 4 月）强调："要使经济目标跟社会目标相协调，就要在国家范围内，在各个领域和地方实现社会进步和社会公平，逐步实现每个政策的人性化发展，从而达到权利和义务、贡献和享受的对等与统一，推动社会经济的发展。"②

1. 革新开放是发展社会主义社会和实现社会主义目标的重要动力。越共十届十中全会的报告认为：越共七大通过的《社会主义过渡时期的国家建设纲领》具有重大的理论、政治、思想和实践指导价值。自从七大以来，越共先后对纲领的许多方面进行了补充和发展，在基本问题上逐步形成了一个关于社会主义和越南特色社会主义道路的理论体系。当前，世界和国内形势发生了重大而深刻的变化，出现很多新的问题需要作出回答，因此越共十大作出决定，要继续对该纲领进行研究、补充和发展，把它作为党、国家和人民走向社会主义进程的政治思想基础。

2. 强调加强社会主义精神文明建设。社会的全面发展是由人实施的，因此社会的全面发展的第一问题就是人的发展。越共八大提出的第一项任务就是建设越南人的爱国精神，实现民族自强，改变国家贫困、

---

① Dang Cong san Viet Nam：Van kien Dai hoi Dai bieu toan quoc lan thu IX，CTQG，H2001，tr 10.

② Dang Cong san Viet Nam：Van kien Dai hoi Dai bieu toan quoc lan thu X，CTQG，H2006，tr 101.

落后的局面；同时，与世界人民相互团结，维护和平，争取独立，为民主与社会进步的事业而斗争。

3. 强调培养青年的越南人格价值。越共十大报告再次强调："建立与完善越南人格价值，保护和发挥民族本色在工业化现代化和融入世界经济当中的作用。培养青年，特别是学生的文化价值、理想、生活方式、能力知识和美好道德以及越南人的本领。"① 越共十大对社会主义和走社会主义道路的认识更加明确，指出社会主义是一个民富、国强、社会公平、民主、文明的社会，是人民当家做主的社会，是全面发展的社会，是实现越南各族人民平等、团结、相互帮助、共同进步的社会。

这一切都表明，越共制定的社会全面发展理论将前期的革新开放理论由经济领域推进到了精神文明建设领域，是对越南社会主义革新开放理论的发展。

三、越中社会主义改革理论的比较及其启示

（一）中越社会主义改革理论的相同点

越中两国社会主义改革理论的相同点主要体现在：都坚持马克思主义指导，坚持社会主义道路；把社会主义基本制度与市场经济结合起来，立足本国的具体国情；注重物质文明、政治文明和精神文明的协调发展。在政治改革的思路上，两国都坚持社会主义方向、共产党的领导和人民当家做主；强调加强党的自身建设，加大反腐力度；进行行政体

---

① Dang Cong san Viet Nam: Van kien Dai hoi Dai bieu toan quoc lan thu X, CTQG, H2006, tr 106.

制改革，转变国家职能，简化政府机构，促进民主与法制建设。在文化社会方面，两国有着共同的儒家传统文化和马克思主义的现代意识形态，都强调把继承和发展民族优秀传统文化与吸收人类文明的精华相结合，注重文化事业的发展和本国特色。

越中两国改革的实践，都是从计划经济体制开始，逐步向社会主义市场经济体制转型。改革开放以前，两国都是高度的中央计划和国家保护的社会主义经济，改革开放之后，两国又都是采取渐进的改革方式，社会主义市场经济在两国都得到了重视。

（二）中越社会主义改革理论的不同点及其启示

两国社会主义改革理论的不同特色在于指导思想。越共的指导思想是胡志明思想，而中国则是高举中国特色社会主义伟大旗帜，以邓小平理论和"三个代表"重要思想为指导，深入贯彻落实科学发展观。这一差异合乎马克思主义的"实事求是"原则。

在社会理论改革方面，中国的关于构建社会主义和谐社会理论对越南的革新开放理论具有启迪价值。目前，关于构建社会主义和谐社会的理论仅仅出现在越共个别领导人的片言只语中，并未在党代会报告中提出来。越南哲学院副院长阮文园教授在《中国的构建和谐社会与越南革新》一文中认为："越中两国的改革开放已经获得成就，要继续发展，中共的构建社会主义和谐社会理论值得我们借鉴。虽然越南现在还没有构建和谐社会的理论，但实际情况已告诉我们，越南革新必然走向构建社会主义和谐社会：物质与精神和谐，经济发展与社会进步和谐，人与自然和谐……由此而论，中国构建社会主义和谐社会的理论对越南革新有价值启迪。"① 阮文园的观点非常明确，即越南特色社会主义建设的下一个阶段的任务是向中国学习，构建社会主义和谐社会。而哲学院院长范文德教授则在《中国构建和谐社会与越南战略发展》一文中认为："国家发展道路虽由每个国家的历史条件、经济和文化所规定，但由于越南与中国都是社会主义国家，所以两国应具有相同点。""越南改革比中国晚 8 年，由此中国解决民生的经验和教训当然是很有价值的，对越南下一阶段的革新很有启迪。"②

2004 年，中共十六届四中全会提出了"构建社会主义和谐社会"的目标，并在十七大报告中对和谐社会的路径选择、发展历程和发展思路进行了明确的规定。这一目标是在中国特色社会主义改革初步实现小康目标的前提下提出的。而越南还没有达到中国的水平，故此，社会主义和谐社会的理念尚未成为越南社会主义事业建设的目标。这表明，越南的社会主义建设水平和能力还处在社会主义初级阶段的早期，而中国可以说已经进入了社会主义初级阶段的中期。

总的来说，由于具体国情不同，中越两党在和谐社会建设上各有不同。越共中央政治局委员、胡志明国家政治学院院长阮德平曾指出："中国共产党主张'中国特色的社会主义'，越南共产党主张'符合越南条件和特点的社会主义'及社会主义道路。"③ 每个社会主义国家在

---

① Vu Van Vien：Ly luan xay dung xa hoi hai hoa cua Trung Quoc va cong cuoc doi moi o Viet Nam hien nay：Tap chi triet hoc so 2 – 2009.

② Pham Van Duc：Van de dan sinh trong chu truong xay dung xa hoi hai hoa cua Trung Quoc va chien luoc phat trien ben vung cua Viet Nam：Tap chi triet hoc so 11 – 2008.

③ 李慎明：《社会主义：理论与实践》，社会科学文献出版社 2001 年版，第 23 页。

发展过程中都应该从本国自身实际出发，探索最适合自己的社会主义建设道路。当然，对于各国发展过程中总结出来的和谐社会建设经验，在不照抄照搬的前提下也可以相互学习和借鉴，这样就能使各国在社会主义和谐社会的建设中趋利避害、少走弯路。

英国学者弗里曼论越南改革[*]

英国布拉德福德大学管理中心的尼克·弗里曼在美国《比较共产主义研究》季刊 1992 年第 3 期上发表的《越南改革的国际经济反响：障碍与进展总论》一文以及在英国《共产主义研究杂志》季刊 1992 年第 4 期上发表的《越南的经济、政治改革：与罗纳斯和舍贝里商榷》一文中，就越南经济改革的起因、规模和性质，国际经济领域对越南国内改革作出的不同反应和所持的某些观点，以及越南经济改革与政治改革的相互关系、政治改革滞后于经济改革的原因等问题谈了自己的看法。

一、关于越南经济改革

弗里曼认为，越南领导集团是在 1986 年 12 月召开的具有划时代意义的越南共产党第六次代表大会上决定实施国民经济改革计划的。做出这一决定的动机很复杂，但从根本上说，渊源于两个基本因素。第一是"吸引因素"，即戈尔巴乔夫在苏联实行改革，给越南树立了榜样，鼓舞越南进行改革。第二是"推动因素"，即越南国内对经济状况不佳和

---

* 本文选自《当代世界与社会主义》1990 年第 3 期。

生活水平不断下降日益不满，越共对此十分担心，不得不进行改革。经过多次内部争论，越南领导人决定实行改革，实际上开始了一场经济（和某种程度上的社会）革新运动。从那时起的 5 年里，越南社会主义共和国逐渐脱离中央计划经济轨道，日益向市场经济迈进。

生产刺激和追求个人利润的欲望取代计划指标和国家指令，成为越南大部分经济领域的驱动力量；国家不再向那些无法做到收支平衡的企业提供补贴，取消国家职工通过定量配给制得到的工资津贴；调整越南盾与外币的比价，以使官方比价与黑市比价相一致，等等。用一位西方分析家的话说："越南不畏艰难地走上了改革之路，正在从事一项艰苦的工作，即把其中央计划经济变成一种可对市场机制作出反应的经济制度"。其中许多改革措施是原先国际货币基金组织提出的紧急紧缩计划的组成部分，国际货币基金组织赞扬越南有勇气实行这些货币学派的改革。这种改革的一个直接成果是通货膨胀得到控制，通货膨胀率由1988 年的 500% 这一失控数字降到 1989 年的 10% 左右。此外，农业生产（尤其是大米生产）步上新台阶，出口增加，城市消费品日益丰富，宏观经济状况得到改善。

但是，越南领导人很快意识到，仅仅依靠越南有限的国内资源，要振兴越南经济是不可能的。除了当时社会主义阵营提供的援助和优惠贸易外，越南还需要引进外国资本、技术和专门知识。因此，自 1987 年以来，越南领导人下决心要使自己国家的病态经济与全球经济建立更加密切的联系，并为此作出了努力。越南重新统一后，与西方社会的经济联系大多断绝。现在河内热切地希望重建这种联系，希望成为国际经济社会的一员。这势必要求越南改变其对全球关系态势的看法，要求它有新的外交政策方针。换言之，无论在言论还是在行动上都要有变化。河内在这方面迈出了重要的步伐。前者表现在放弃意识形态对抗的两级世

界观，代之以国家间相互依存的提法。与此同时，越南的外交政策发生
了重大变化：1989 年从柬埔寨撤军；同华盛顿进行有意义的对话，试
图修复与美国的关系；希望加入东盟，与东南亚国家建立更加密切的关
系等。这些举动为改善越南与其太平洋沿岸邻国以及美国和欧洲之间的
经济关系创造了条件。

为了吸引外资，1987 年底，越南颁布了关于外国投资的专门法律。
该法被许多分析家视为当时社会主义国家中最自由的外资法。虽然河内
对西方向越南提供的外国投资机会反应冷淡表示失望，但是，到 1991
年该项立法还是成功地吸引了 19 亿多美元有保证的外国资本。仅 1991
年 8 月，越南国家合作与投资委员会就批准了 19 个投资项目，外资总
额为 9100 万美元。从发展趋势看，外国在越南的投资在不断增长。
1992 年春，得到批准的外国投资总额约 26 亿美元。

越南领导人的近期目标是，在避免政治领域的任何重大改革，保持
越共至高无上的权力的同时，取得外国投资和海外贸易的丰硕成果，以
利于坚持和充实其经济改革计划。从长远来说，越南领导人显然希望越
南在不同的意识形态旗帜下，重复其他太平洋沿岸国家的经济成功
经验。

二、关于越南与其他国家的经济关系

弗里曼认为，越南与其他国家的经济关系目前尚处于不稳定状态。
近年来，由于前苏联和东欧出现经济困难，原经互会成员国之间的关系
发生根本变化，前苏联和东欧国家对越南的援助、投资和优惠贸易急剧
减少。它们越来越不愿、也无法为越南经济提供补偿了。从 1991 年 1
月起，越南不得不在与这些国家的贸易中按国际市场价格，用硬通货结

算。今后，越南与前经互会国家之间的贸易将越来越多地在企业、机构和地区之间进行，而不是在国家一级进行。此外，越南欠苏联各种债务约 140—180 亿美元，占其外债总数的 75%，现在每年须支付 3.5 亿美元的利息。这对只有约 2000 万美元硬通货储备的越南来说，是难以承受的负担。越南与苏联和东欧国家关系的变化最直接的影响是，对越南的化肥、钢铁和石油产品等基本供应大幅度减少，从而有可能损害越南的经济改革计划。1991 年上半年，越南与前经互会国家的贸易仅为15%。因此，越南领导人比以往更积极地向西方寻求援助、贸易和投资，以弥补与苏联和东欧国家经济关系急转直下带来的损失。

自从越南入侵柬埔寨后，越南与中国的关系一直处于敌对状态，1979 年初中国停止了对越南的援助。1990—1991 年间两国关系有了重大改善，外交关系逐步正常化。越南愿意在吸引外资的问题上听取中国方面的意见。两个邻国间的边境贸易十分活跃，河内大街小巷的商店里充斥着中国商品。据河内统计，1990 年越中之间的贸易总额达 3500 万美元。如果把走私因素考虑进去，数额远远不止这些。随着双方边界的重新正式开放，双边贸易呈进一步增长的趋势。越南与中国的贸易关系已经达到重要水平。但是，中越经济合作显然是有限度的，因为两国都渴望得到自由外汇资本、加工和制造技术转让、改进生产的专门知识以及向西方出口的市场，双方处于竞争之中。

越南与西方的关系一直受到现实政治的制约。虽然国外对越南的经济潜力很感兴趣，但外来投资和与越南的贸易并未达到越南人最初设想的规模。旷日持久的越南战争和河内不明智地占领柬埔寨，仍影响着西方国家对待"新越南"的态度，妨碍了越南与西方建立更加密切的经贸关系。美国 70 年代中期从越南撤军以后，对越南一直采取经济上孤立和外交上非难的政策。1979 年以后，通过美越对话，关系逐步改善，但美国仍对越南采取比较强硬的方针。美国运用其在国际信贷机构中的"政治否决权"，使得国际货币基金组织和世界银行都不能向越南或越南控制下的柬埔寨提供用于发展计划的资金。亚洲开发银行也受到压力，与越南"保持一定的距离"。美国还依据有关法律，禁止对越贸易和投资。近来，随着形势发展，美国对越南的政策也发生了变化。1992年1月美国取消了对柬埔寨的贸易禁令。在保持对越贸易和援助禁令的同时，华盛顿允许在美越之间设立直拨电话，以"报答"越南在美军作战失踪人员问题上给予大力的合作。由于国内要求解除贸易禁令的呼声渐高，1993年春，美国总统换届之后，美有可能解除对越贸易禁令。

除了共产党国家外，日本是印度支那最大的贸易伙伴。与其他西方国家不同，日本对统一后的越南采取实用主义的政策。据官方统计，越南与日本的双边贸易从1975年的1.23亿美元，增长到1990年的7亿美元左右，实际数额可能大得多。越南向日本出口原油、煤炭、木材、废铁和海产品，以换取日本的消费品、运输和生产设备以及化学药品。但日本对越南的投资小得多。1987—1990年间日本对越投资为7120万美元，仅占全部海外投资的10%，在法国、加拿大、美国和比利时之后，居第5位。日本政府支持美国的贸易禁令并试图使日本企业在对越投资问题上听从华盛顿的指令，因为他们认为，对日本来说，美国市场比在越南可能获得的利益更重要。

越南与西欧的关系在不断发展。越南的大部分外资来源于西欧。英、法、比、荷等国的石油公司对越南近海的石油资源很感兴趣。在与越南签订近海开发和钻探合同的8家外国石油公司中，有5家总部在欧共体内。虽然目前获准开展银行业务的只有印度尼西亚—越南联合银行，但有7家外国银行在越南设有代表处，其中5家为法国银行，1家为英国银行，另一家为泰国银行。许多欧洲公司正试图利用目前的空隙占领越南市场。1990 年 11 月，欧共体与越南建立了正式外交关系。欧共体委员会曾拨款 1200 万美元帮助遣返东南亚地区的约 8 万名越南难民。此外，欧共体在开发利用湄公河上也发挥了积极作用。

越南领导人开始把越南视为东亚共同体的一部分，而不是社会主义阵营的一员，河内极力想填平越南与太平洋沿岸资本主义各国间的鸿沟，以结束其孤立状态。但东南亚各国对越南的态度存在分歧。泰国虽然提出要把印度支那"由战场变成市场"，但其主要精力放在与柬埔寨、缅甸，尤其是老挝的经济联系上，与越南交往较少。越南和印度尼西亚作为东南亚两个人口最多的国家，在对自己国家的历史和该地区未来的认识上有些共同点。1990 年 11 月苏哈托总统访越期间，双方签署了科学技术和经济合作协议，并建立了一个联合经济委员会，以促进双边合作。马来西亚最近在胡志明市开设了领事馆，越南开始向马来西亚出口天然橡胶，两国贸易关系得到发展。越南与新加坡有着重要的贸易关系，1989 年双方贸易额估计达 3.06 亿美元。新加坡和香港成为越南与西方"间接"贸易的固定渠道。最近，新加坡取消了不准在越南投资的禁令，新加坡企业在越南十分活跃。新加坡领导人还为越南的经济改革献计献策。但东盟国家对越南及其在该地区欲扮演的角色仍存有很大的疑虑。这种疑虑根源于对越南的不信任，并将妨碍越南争取区域承认和成为东盟第 7 个成员国的努力。

除此之外，南朝鲜和中国台湾也对越南的经济改革计划很感兴趣。中国台湾与越南的双向贸易从 1988 年的 970 万美元，猛增到 1989 年的 4120 万美元。中国台湾对越投资估计有 4.1 亿美元。1989 年南朝鲜与越南的双边贸易估计达 1.5 亿美元左右。1991 年 2 月南朝鲜宣布解除对越南的出口限制，并保证通过大幅度调整对越经济政策来"促进与越南的正常经济交往和合作关系。"

国际社会对越南的共同看法是，越南改革要取得成功，需要有外来援助和资本投资。越南人在经过了流血冲突和社会经济革命之后，已开始考虑与外界进行经济合作。但西方投资者和观察家对越南的实际经济潜力和未来的稳定性问题，认识上存在分歧。一些投资者担心越南的改革会逆转，投资会被剥夺。也有人对越南的经济改革持乐观态度，认为越南是一个具有政治机遇而不是政治风险的国家。包括越南领导成员在内的许多人认为，越南的经济改革进程已不可逆转。西方企业对与越南建立重要经济关系疑心太重，可能会导致越南经济改革计划的失败。相反，西方采取积极步骤帮助越南成为国际经济社会的一员，可能会给停滞不前的越南经济注入充分的活力，确保其运转下去。

到目前为止，西方投资项目平均在 50 万美元左右，强调风险小、收益快。多数公司仍只是通过一些代表机构观察越南市场，以便在援助和贷款条件好起来后使自己处于有利地位。他们认为越南经济最终会好起来，成为更具吸引力的市场，所以应该等待。而越南领导人直接面临着保持经济稳定和越共对经济的控制问题。目前这种"无组织"的贸易活动创造了滋生腐败和社会不安定的条件，因此，越南领导人急于马上吸引大批外资，开展大规模有组织的贸易和投资活动。西方公司的冷淡做法令越南人感到失望和不满。弗里曼认为，越南已经开始对国内经济进行改革、向外国投资敞开大门，改革要取得成功，则需要西方政府和国际公司作出相应的反应。

三、关于越南政治改革

弗里曼指出，越南为成为国际经济社会的一员，对西方就其外交政策方针和国内人权记录等方面提出的批评作出了积极反应，但对要求其改变国家的政治性质、实行政治多元化的外部压力却未予理睬，这不仅因为越南共产党不愿放弃其至高无上的权力，而且因为这种要求被认为是不合时宜的，并且蕴藏着不稳定因素。弗里曼不同意罗纳斯和舍贝里关于经济改革和政治改革要协调进行的主张，认为目前越南政治改革是不受欢迎的，应当抵制要求政治改革的呼吁。

根据河内的观点，苏共的垮台很大程度上是实行与经济改革相应的政治改革的结果。最近河内与北京的和解清楚地表明，他们在保持共产党的领导地位的同时在经济领域里坚持改革的问题上有着共识。越南的经济改革计划要继续下去，就需要获得西方的资本、技术、技能和市场。而许多西方公司和经济分析家表示，他们希望看到越南共产党保持其政治统治地位，因为他们担心政局变化可能导致大规模的社会动荡。在越南的外国公司认为，他们不会从政治改革中获益，因为政治改革会损害东道国的市场和他们自己的人员和资本投资。因此，政局变化中极有可能发生的不稳定和社会动荡会阻碍急需的外国私人投资。越南迫切需要外国资本和设备，然而，要求进行政治改革就会对这个国家吸引外国注意的能力构成威胁。

越南之所以在政治多元化的过程中可能出现不稳定的局面，是因为越南如果实现"政治自由化"，必然以损害和反对越南共产党为条件，并且可能要经历一个社会经济动荡的时期。新的政治集团的出现肯定会带来宗教、民族、意识形态和地区矛盾问题。这很可能造成严重对峙，最终发生国内冲突。由于人民没有真正的民主进程的经验，可以预测，随着越南共产党政治权力的明显削弱，便会产生深刻的裂痕（甚至可能产生动乱）。实际上，东欧和苏联最近发生的事件就是前车之鉴。同样，接连不断的泰国政变以及印度尼西亚和菲律宾的地区叛乱表明，作为独立后的遗产强加给东南亚社会的不适当的资本主义民主国家结构，是十分脆弱的。这种不顾社会的成熟程度强行"移植"多元化国家结构的做法，使许多获得独立的亚洲国家深受其害。越南会不会发生上述这种事态变化，应该由越南人来决定。但这种结局无疑会使目前的经济改革停下来。

河内没有陷入政治改革的争论之中，是因为有更为迫切的问题需要解决，这些问题给河内的经济改革尝试蒙上了阴影。一个值得注意的重要问题是，以胡志明市为中心不断发展的"平行经济"，有超过官方经济部门的危险。据估计，目前平行经济约占越南全部零售贸易的 70% 。

虽然平行经济在社会主义国家中确实很盛行，在整个越南解放斗争中一直为越南民主共和国所默认，但最近的市场改革并没有像预期的那样诱使这种违法商业活动公开化。相反，平行经济在越南开始经济改革以后建立的外贸关系方面似乎非常活跃。由于官方贸易和外国公司的投资往往受到政府限制的阻挠，所以公司采取与平行经济的代理人进行经济交往的非正式方法。缺乏正式的贸易和投资渠道，也为中国和柬埔寨边境的走私活动提供了机会。尽管国家有奢侈品进口的禁令，但电器、药品、服装、汽车等等仍在平行经济中用美元和黄金做着交易。这使得私人家中积聚的美钞和珠宝增加到数十亿美元。

为了获取和利用这些私有资金，武文杰总理宣布，要在近年内建立一个类似于上海的证券交易所。但在目前，财富的积累只是为了家庭的繁荣和富裕，尚无一种税收结构能够促使这种资本积累按照国家需要加以分配。只有在稳定的经济和政治环境中，允许外国公司进入越南市场，这种情况才能得到阻止。的确，外国公司受越南比较廉价和训练有素的劳动力、丰富的自然资源、优越的地理位置和潜在的广阔市场的吸引，愿意在越南投资，这一点是无可否认的。但是，西方公司受到种种国际禁令的限制。

河内对苏联经济原则的信赖经过了长期的血与火的考验。这些经济原则是导致越南共产党战胜法国殖民主义、南越政权以及美国政治和军事强权的更广泛的意识形态的组成部分。在河内看来，要求进行与目前的经济改革相呼应的政治改革，显然是草率的，尤其是在没有成功的先例的情况下更是如此。实际上，目前的改革引发了一系列诸如腐败、平行经济的扩大、南北富裕程度上的差距拉大等次要的社会经济问题，这些问题必须加以解决，因此特别需要进一步搞好宏观经济调节。把政治改革提到议事日程上来是不成熟之举，因为它无助于解决这些紧迫的问题，反而可能引发更多的其他问题。罗纳斯和舍贝里关于越南共产党"死气沉沉的政治保守主义"的批评，对于越共自 1986 年"改革的第六次代表大会"以来奉行的富有想象力的政策来说，是不公正的，因此不可能对河内有任何触动。

更重要的是，所谓经济改革和政治改革之间的因果联系，即经济改革需要政治改革，从越南的情况看，是非常不明确的。确切地说，越南实行经济改革除了面临所谓的"政治保守主义"的威胁以外，更大的威胁来自政治改革的要求。罗纳斯和舍贝里也会欣然承认，越南共产党最近的表现，在昔日的"社会主义阵营"国家中是异乎寻常的；如果它垮台了，将导致社会动荡，经济不稳和政治混乱。

（巴德 摘编）

21 世纪中国共产党的意识形态[*]

〔英〕凯瑞·布朗

[摘　要] 在当代中国，意识形态仍然发挥着重要的作用，承担着推动现代性与提供社会共识和凝聚力的功能。从邓小平理论、"三个代表"理论到"科学发展观"与和谐社会理论，一方面为追求经济发展的改革开放政策提供合理性证明，另一面充当中国日益分化和冲突的社会的共识基础。在未来 5 到 10 年内，中国共产党为维持它的政治、思想、历史和管理地位而做出的一系列妥协将会带来重大的意识形态挑战，必须从同国家与政府之间的关系来重新界定自身的角色，使自己的核心价值观成为社会的共识，以应对日益增加的异议、不满和断裂的压力，重新构想容纳世界和中国的现代性未来。

有些人认为，目前，中国是一个以实用主义为指导并只追求经济增长的制度。然而，中国的第四代领导人所使用的语言似乎与这种观点相冲突。在他们所使用的措辞上，在他们认识世界的框架上，在他们为政策提供的道德和思想证明上，意识形态似乎无处不在。2012 年初，中

---

* 本文选自《马克思主义与现实》2012 年第 3 期。凯瑞·布朗（Kerry Brown），英国皇家国际事务所研究员、亚洲项目主任。

共中央总书记胡锦涛指出，"国际敌对势力正在加紧对我国实施西化、分化战略图谋"，"'西强我弱'的国际文化和舆论格局尚未根本扭转"，"思想文化领域是他们进行长期渗透的重点领域"。事实上，中国共产党在意识形态建设上投入了巨大的努力。本文将探讨三个问题：（1）何谓意识形态？（2）它如何体现在当代中国精英领导层的语言和政治行为中？（3）对他们和中国之外的人来说，意识形态为什么重要？

何谓意识形态？

意识形态可能非常重要，但是事实上究竟何谓意识形态？在西方，这个术语本身富有争议，更不用说在中国了。按照一种定义，意识形态"为我们图绘了政治和社会世界。没有它们，我们完全无法有所作为，因为不理解我们所生活的世界，我们就无法行动"。英国文化理论家特里·伊格尔顿解释了作为行动起点的意识形态的不同含义：

（1）意义、符号和价值观在社会生活中的再生产过程；

（2）特定社会群体或阶级所特有的观念体系；

（3）那些使占统治地位的政治权力合法化的思想；

（4）由社会利益驱动的各种思想形式；

（5）话语和权力的结合；

（6）自觉的社会行动者借以理解他们所生活的世界的媒介；

（7）由各组信念所确定的行动；

（8）个人借以把他们的生活与社会结构连接起来的不可缺少的媒介。

在本文中，意识形态同权力、语言、社会实践和社会制度的关键领域之间存在必然的关联，这是近年来的文献中探讨得最多的领域。当前的理论认为，意识形态沿着两个方向运作：一是一种控制和指导关键词汇的手段，为了实现政治目的而把它们与权力的各种体系连接起来；二是同实践、制度和组织相关的东西，把它们的关键目标合法化并使其具有可操作性。从这种视角来看，意识形态是体系内的骨骼，赋予社会实践以结构、凝聚力和功能性，向关键的阶层和观众证明社会实践的正当性。按照这种思想，意识形态最好被视为一个中性术语，即凡是社会行为、等级体系和话语存在的地方都存在。它存在于文化、社会和政治领域中，也存在于经济、经济管理和经济战略中。在本文中，意识形态被清除了有时具有的贬义。在这个意义上，即使声称意识形态已经死亡，这也是一种意识形态主张。

在关于意识形态的后现代主义思考中，根本的问题是它与权力之间的关联。这里所说的"权力"是法国哲学家福柯所说的"权力场"中的权力，存在于不同行动者之间进行谈判的地带，会受到持续的争论和再定义。所有的政治力量都需要创造一种适当的思想叙事，即创造一种逻辑，证明它们在社会政治生活的某些关键领域和权力分配经济中的支配地位是正当的，从而把自己的战略和计划合法化。这种需要是政治意识形态的动力。在西方自由民主政体、神权政体或威权主义国家中，意识形态与把权力——通过从选举到协商的各种机制——传递给特定集团的不同手段相关，也同社会俘获的其他手段和社会资本分配相关。

除非同语言存在关联，否则意识形态不可能行得通。尤其是主导性词汇——雷蒙·威廉斯所说的"关键词"——是一个具体的研究领域，旨在支配这样一些权利：运用某些类型的语言以及合法性的环节，并在更广泛的社会世界中激活那种语言的内容。各种机构、信仰共同体和学校都是实现那种支配的中介。福柯之后的哲学家们都致力于研究说什么、谁在说与言说者主张拥有的权力类型之间的这种环节，特别是不同权力体系和行动者之间的谈判。

毛泽东和邓小平时代的意识形态

在 20 世纪中国的具体条件下，意识形态具有两种功能。第一种是它曾经与推动和实现现代化有关。第二种是它在存在分裂和分歧的领域提供了社会共识和凝聚力。

与现代性的关联或许是最强大的。自 20 世纪初以来，马克思主义引入中国，使得关于社会结构和权力关系的替代性构想成为可能。但是，马克思主义必须与后帝国时代的中国国情相结合。中国与现代性的第一次相遇是一种悲剧。1919 年，"五四"一代的知识分子渴望界定一种具有中国特色的现代性，重构本国和那些已经实现大规模经济重构的国家的高度不平衡的工业和技术能力。毛泽东对中国现代性的构想必然使马克思主义的阶级术语适应农业经济占据绝对地位的中国。它同对"别样的现代性"的追求存在密切关系，而这种"别样的现代性"则要"超越资本主义现代性和它的历史目的论和经济决定论的欧洲中心主义假设"。[1]

这种意识形态规划在两个领域中产生了政治影响。在这两个领域中，那些政治影响同毛主义中国的语言和权力结构存在紧密的关系。首先是运用高度明确的阶级标签的巨大努力。阶级的标签可能跨越民族的、文化的和其他的分野，把中国人统一起来，使每个人在革命后的道

---

[1] 转引自 Xiaobo Su，"Revolution and Reform: The Role of Ideology and Hegemony in Chinese Politics，" *Journal of Contemporary China*，Vol. 20(2011)，p. 316。

德环境中获得有意义的政治空间。无产阶级、资产阶级、小资产阶级等标签都得到了精心的调整和修正，失去了它们在马克思恩格斯的语言中的原本位置，被应用于中国——正在从农业生产模式向准工业生产模式转变——的独特环境。一旦被确定和固定下来，这些模式的社会后果在从"大跃进"（1957—1958年）到"文化大革命"（1966—1976年）的时期展现了出来。公共空间卷入到日益广泛和野心勃勃的社会运动中。意识形态侵入了这种公共空间，并将其政治化。意识形态的高潮时期是"文化大革命"后期，当时各种阶级标签在某些情况下变成了生与死的问题。毛泽东以前对矛盾的称赞意味着高度不稳定的思想静止点已经达到，然后遭到破坏，因为党的各种结构本身遭到了各种革命委员会的挑战，并且社会和党内——正如毛泽东所评价的那样——出现了替代性的权力结构。

毛主义意识形态的第二个因素是政党—国家体制的建立。在这个意义上，毛主义取得了长期的成就。中国共产党占据了特殊的社会空间，拥有随之产生的意识形态正当性证明，提供了统一、合法性和包罗一切的社会信念体系。这得到了革命解放的历史叙事的支持，但那种历史叙事指向了高度空想的目标。

毛主义的现代性始终遭到质疑，从未拥有完全的霸权，即使在它最深入地融入到后革命的社会时也是如此。1965年提到了"四个现代化"，1975年再次提到"四个现代化"，并且得到了周恩来总理的推动。1978年，在毛泽东去世后不久，关于中国现代性的替代性观念变得清晰起来。当时，"四个现代化"成为中国共产党意识形态转向的动力。1980年以来，中国逐渐建立了不同的制度安排，取消人民公社，并代之以乡镇企业和经济特区，最大胆的是开始容忍非国有企业，然后在市场化进程中承认它们的合法地位。随之变得清晰的是，邓小平使阶级斗争不再是中国政治生活的主要目标，代之以更务实的经济目标。中国共产党的经典文件把上述情况独特地表述为"中国特色的社会主义"，而且党和国家的角色同时也得到了更深入的制度化和界定。干部的专业化和他们的职业结构以及接受来自外部世界的替代性现代性观念都是上述转向的组成部分。这需要一种意识形态的变化。为了维持社会的凝聚力，这种意识形态的变化需要花费巨大的努力，经常遭到强大的顽固派的挑战。这些顽固派支持一种不同的战略，这种战略更多地以坚持毛泽东时代创造的遗产为基础。

在经济和思想上接受市场与维护党的特权的裁决角色之间存在某种紧张关系。正是在这种紧张关系中，需要持续地解决各种社会条件之间的矛盾，保持意识形态的统一和由此需要的各种霸权。有两个问题令人难以理解：（1）这从内部来看究竟会是什么样？（2）关于如下问题的实际争论和辩论：一方面需要通过共识驱动的政治模式和用来达成并实施共识的最佳语言来维持凝聚力，另一方面需要推进改革和现代性，如何平衡这两种需要呢？从根本上来看，倘若没有一种意识形态上的合理性证明，改革的进程不会发生，也不会取得经济上的成功。

江泽民时期的意识形态：接受社会的生产性力量

20 世纪 90 年代，当代中国社会的最大矛盾是：非国有部门变得越来越重要，从国家明确规定的控制中解放出来的社会领域变得越来越重要，因而必须处理一些人所说的后社会主义制度安排问题。在这样一种后社会主义情况下，中国共产党需要从意识形态上重新界定它在一个市场化力量越来越稳固的社会中的角色。这个矛盾可能具有深刻的威胁性。在 1991 年的前苏联，政治改革和经济改革之间的种种矛盾成为苏联共产党垮台的突破点。就像 1992 年邓小平"南巡"讲话所表明的那样，深入的市场化仍然是核心的目标。不过，中国共产党需要解决这样一个困境：非国有部门的 GDP 产出越来越高，但又要重组国有企业，使下岗工人在当时仍然占据主导地位的传统工作体系外寻找工作。因此，从 1997 年开始，随着国有企业继续并深化权力的再分配，江泽民谈到了承认那些具有明确经济功能的非国有部门尤其是企业家的必要性。

用来解决这一矛盾而提出的"三个代表"理论是一种坦率的理论，起源于 1995 年江泽民论述"三讲"——"讲学习、讲政治和讲正气"——的讲话。1997 年，在邓小平去世一年后，中共十五大把邓小平理论正式写入了党章。因此，江泽民能够更全面地阐述他的"理论贡献"。简要地来说，江泽民的"理论贡献"集中于"中国共产党当前应该代表什么"的问题上。这就是：我们党要始终代表中国先进生产力的发展要求；我们党要始终代表中国先进文化的前进方向；我们党要始终代表中国最广大人民的根本利益。

"三个代表"理论的实际影响是，自 2002 年中共十六大以来，私营部门在党章中得到了承认，企业家最终被允许入党。这是一项及时的举措。"自后毛泽东时代的改革以来，私营部门的形成和发展是中国最深刻的社会经济变化之一。自 20 世纪 90 年代以来，私营企业主的数量每年增加 35%，现在总数已经超过 500 万人。私营部门是中国经济增长的主要来源；到 2007 年，它贡献了 66% 的 GDP 和 71% 的税收收入……随着私营企业在国民经济中获得了越来越突出的地位，私营企业主也开始在中国政治生活中扮演越来越重要的角色。由于 2003 年私有财产纳入宪法的保护和 2001 年中国共产党解除禁止私营企业主入党的禁令，他们的经济和政治地位进一步得到提高和制度化。"①

胡锦涛时期的意识形态

2007 年 12 月 5 日，在当选为中共中央总书记的数十天后，胡锦涛到河北省西柏坡村视察。在 1949 年毛泽东进京之前，这个偏僻村庄是最后一个革命首都。革命圣地及其与建国领导人和第一代领导核心之间的联系具有清晰的象征意义。在那里发表的讲话中，胡锦涛提出了"两个务必"：务必继续地保持谦虚、谨慎、不骄、不躁的作风，务必继续地保持艰苦奋斗的作风。这样一来，胡锦涛把"三个代表"与艰苦奋斗的精神和干群鱼水关系联系了起来。

多年来，中国的不平等日益加剧，快速增长有时给社会带来了高度不稳定的影响。因此，这种面向基层讲话的想法是胡锦涛上台头几个月的主题。2003 年，温家宝总理指出："我国目前达到的小康水平低，不全面，不平衡，差距主要在农村。"② 在 2003 年 7 月 1 日的讲话中，胡锦涛谈到"坚持立党为公、执政为民"。这清楚地体现了他本人关于接触尽可能广泛的社会阶层的信念。2003 年 10 月，中共十六届三中全会是关键的转变时刻，不仅提到了"经济发展"，而且还提到了社会发展。因此，"以人为本"变成了一个至关重要的术语，目标是坚持"立党为公、执政为民"，坚持"以人为本"，"树立全面、协调、可持续的

① Jie Chen and Bruce J. Dickson, *Allies of the States: China's Private Entrepreneurs and Democratic Change*, Harvard University Press, 2010, p. 1.

② 温家宝：《为推进农村小康建设而奋斗》，载《人民日报》2003 年 2 月 8 日。

发展观"。

如果这些是目标的话，那么在留给胡锦涛和其他领导人的历史意识形态范围内，实现它们的手段是什么呢？胡锦涛时代的关键词是"科学发展观"和"和谐社会"。事实上，2007 年，"科学发展观"和"和谐社会"已经作为对"中国特色社会主义"发展的贡献写入了宪法。

就胡锦涛代表的意识形态信念而言，他作出了三次重要论述。这三个重要论述包含在 2006 年 6 月 30 日庆祝建党 85 周年的讲话、2007 年 10 月十七大讲话和庆祝改革开放 30 周年的讲话中，其他重要的内容也包含在 2011 年 1 月 10 日在十七届中央纪委六次全会上的讲话中。每一次讲话都包含胡锦涛关于在他领导下的精英的、国家的意识形态的关键部分的论述，都是努力寻求共识和建立集体声音的结果。

胡锦涛 2006 年 6 月 30 日的讲话包含支配 21 世纪头 10 年中国精英话语的核心要素。第一，有一种诉诸革命历史叙事来寻求合法性的强烈愿望。第二，继续努力把中国共产党及其意识形态描绘成中国现代性的主要体现和最重要动力。第三，努力确立后社会主义的信仰体系和接受可能与之冲突或相反的事物之间产生了某种紧张关系。第四，重点是一种为"全体人民"和整个社会提出思想或宣言的政治目标，表明党提供并代表一个能够提供社会安排的最好实体。

2006 年 6 月庆祝建党 85 周年的讲话是最全面论述"和谐社会"和"科学发展"的讲话之一。在赞同现在已经被接受为"历史真理"的党史叙事时，胡锦涛指出："在改革开放和社会主义现代化建设时期，我们开创了中国特色社会主义道路，坚持以经济建设为中心、坚持四项基本原则、坚持改革开放，初步建立起社会主义市场经济体制，大幅度提高了我国的综合国力和人民生活水平，为全面建设小康社会、基本实现社会主义现代化开辟了广阔的前景。"接着，胡锦涛再次重申，中国共产党是带领中国走向未来的先锋队和现代性的主要引擎："我们党之所以能够成为领导中国革命、建设、改革事业的核心力量，之所以能够承担起中国人民和中华民族的历史重托……来源于 85 年来我们党保持和发展先进性的创造性实践。"

人民"是创造历史的根本动力"。自上个世纪 70 年代末以来，"面对和平与发展成为时代主题的国际环境"，中国共产党所面对的主要矛盾是"人民日益增长的物质文化需要同落后的社会生产之间的矛盾"。为了解决这一矛盾，实施了改革开放。中国共产党是以历史和科学为基础的进步的保证——这里的"科学"是经验真理和社会发展的具体表述。但是，为了稳步的发展，为了使中国走向"和谐社会"和科学发展，为了建设"社会主义新农村"，必然要把中国共产党当作人民的最佳利益的代表，是人民的共同的现代主义希望和抱负的保证。"历史表明，只有深刻认识人民创造历史的伟力，真诚代表中国最广大人民的根本利益，一切为了人民，一切依靠人民，我们党才能得到人民的充分信赖和拥护，才能无往而不胜。"

为了做到这一点，为了成为一种与人民的生产先锋队相连的现代化力量，中国共产党必须依靠理论的根本工具和战略政策。这是党的"生命"。拥有一种以马克思主义在中国的发展为基础的正确理论认识就是关键。"我们党坚持解放思想、实事求是……把马克思主义基本原理同中国具体实际相结合。""只有不断实现党的理论和路线方针政策的与时俱进，我们党才能找到实现中国人民和中华民族根本利益的正确道路和科学方法，推动党和人民的事业不断从胜利走向新的胜利。"

在 1978 年以来的改革开放进程中，现代性的影响带来了问题、矛盾、威胁和失衡。胡锦涛认识到了这一点。"我们党始终根据不同历史阶段中国社会发展的主要矛盾来确定党的中心任务。"但是，中国共产党是社会走向"先进性"的一切努力的核心，"在不断发展中国先进生产力、先进文化、实现中国最广大人民根本利益的实践中体现党的先进性"。

毕竟，"先进性"是"马克思主义政党的本质属性"，是马克思主义政党自身建设的"根本任务和永恒课题"。因此，尽管国际形势深刻变化，但是党始终代表人民致力于先进性建设，成为稳定的基础。实质上，党就是进步，建立了能够发展生产力的框架，继续推进从 1949 年开始的建设"富强国家"的历史性工程。这其中谈到了"发展民主"，一种在中国共产党提供的框架内的民主。中国共产党代表全体人民的利益，仍然是中国现代化建设的唯一先锋队。

在 2007 年 10 月 15 日中共十七大上的讲话中，胡锦涛宣布这是"不平凡的五年"。他继续说道："十六大确立'三个代表'重要思想的指导地位，作出全面建设小康社会的战略决策。"胡锦涛列举了许多成就：经济实力大幅提升，改革开放取得重大突破，"人民生活显著改善"，民主法制建设取得新进步，"社会建设全面展开"。然而，"在看到成绩的同时，也要清醒认识到，我们的工作与人民的期待还有不小差距"。

在这次大会期间，胡锦涛所面对的一个问题是左翼对引进许多西方思想和进行过多市场化的持续担忧。为了消除这种担忧，他花费了整整一节的篇幅，谈论中共十一届三中全会决定的正确性："我们党召开具有重大历史意义的十一届三中全会，开启了改革开放历史新时期。"改革开放是"党在新的时代条件下带领人民进行的新的伟大革命，目的就是要解放和发展社会生产力，实现国家现代化，让中国人民富裕起来，振兴伟大的中华民族"。它也具有历史的合法性：改革开放伟大事业，是在党的第一代中央领导集体建立的基础上进行的，是党的第二代和第三代领导人继承的。按照这种对党的历史的解读，自 1949 年以来，总体的方向和战略始终是一以贯之的，这就是实现现代性、进步和发展。"新时期最显著的成就是快速发展。"胡锦涛最后的论述强调了改革："事实雄辩地证明，改革开放是决定当代中国命运的关键抉择。"

在这种意识形态阐述之内，领导人的主要任务因而是进一步改进和提高，其实是加强毛泽东、邓小平和江泽民的工作。其中，"科学发展观"是一个至关重要的工具，不仅承认经济上的成绩，而且认识到"生产力水平总体上还不高，自主创新能力还不强，长期形成的结构性矛盾和粗放型增长方式尚未根本改变"。这背后是关于经济增长模式和社会基础设施是否可持续的激烈争论。自 1978 年改革时期开始以来，这种争论一直在进行中。城乡之间、贫富之间以及不同的新社会群体之间存在着各种差距。在改革后期，人们提出了更高要求，"社会活力显著增强，同时社会结构、社会组织形式、社会利益格局发生深刻变化，社会建设和管理面临诸多新课题"。"科学发展观，第一要义是发展，核心是以人为本，基本要求是全面协调可持续，根本方法是统筹兼顾。"执政应该以人为本，追求可持续性，努力实现均衡发展，同时保持一个充满活力、不断变化的社会。这是建设"和谐社会"的关键。"科学发展和社会和谐是内在统一的。"为了贯彻落实科学发展观，胡锦涛指出："要求我们继续深化改革开放"，切实加强和改进党的建设，把全社会的发展积极性引导到这个共同目标上来。

在这次讲话中，胡锦涛为实现"和谐社会"和落实科学发展观所制定的政策目标是："增强发展协调性，努力实现经济又好又快发展"，扩大公民的政治参与，促进社会主义核心价值体系，进一步弘扬良好思想道德风尚。因此，到 2020 年，在贯彻落实这些措施之后，"我们这个历史悠久的文明古国和发展中社会主义大国，将成为工业化基本实现、

综合国力显著增强、国内市场总体规模位居世界前列的国家"，成为
"人民富裕程度普遍提高、生活质量明显改善、生态环境良好"的国
家，成为"各方面制度更加完善、社会更加充满活力而又安定团结"
的国家。

单独强调的政策领域是：提高中国的自主创新能力，优化升级产业
结构，建设社会主义新农村，加强能源资源节约和生态环境保护。除了
这些实际的政策目标外，还有一些同样重要、与"推动社会主义文化"
相关的目标。无论如何，"建设社会主义核心价值体系，增强社会主义
意识形态的吸引力和凝聚力"都是非常重要的事情。

最后，胡锦涛发出了提醒。"要奋斗就会有困难有风险。我们一定
要居安思危、增强忧患意识，始终保持对马克思主义、对中国特色社会
主义、对实现中华民族伟大复兴的坚定信念。"

上文已经指出了毛泽东对矛盾的接受，对胡锦涛来说，情况似乎相
反，挑战是找到均衡、稳定和解决矛盾的办法。尽管他避免提到"孔
子"一词，但是其他许多人开始求助中国古代的价值观。这些价值观追
溯到二千五百年前伟大哲学家们的时代。"民为贵"是孔子之后的哲学
家孟子的名言。

改革或者灭亡：30 年的开放

在 2008 年 12 月 18 日纪念改革开放 30 周年的讲话中，胡锦涛的主
要目标是继续推进一项与 1978 年 12 月开启的改革进程紧密联系的规
划，从而证明中国共产党执政的合法性。正是在讲话的开始，他专门提
到过去 30 年来"左"倾错误对党内现代性共识的挑战："在邓小平同
志领导下和其他老一辈革命家支持下，党的十一届三中全会开始全面认

真纠正'文化大革命'中及其以前的'左'倾错误，坚决批判了'两个凡是'的错误方针"，结束了阶级斗争造成的冲突，把经济发展作为中心任务。在"确立了马克思主义的思想路线、政治路线、组织路线"后，现在的重心是"解放和发展社会生产力，实现国家现代化，让中国人民富裕起来"。过去 30 年里的伟大转型是从计划经济（在毛泽东时代的后期，99% 的经济活动在中央控制之下）转向市场经济，这是一个"伟大历史转折"。

按照胡锦涛的看法，在崛起成为当时的世界第四大经济体的过程中，自 1978 年以来中国每年的 GDP 增长率达到 9.8%。这种繁荣状况证明，"我们大力发展社会主义民主政治，人民当家做主的权利得到更好保障"。除此之外，政党关系、民族关系、宗教关系、阶层关系、海内外同胞关系"更加和谐"。就像在中共十七大的讲话中那样，胡锦涛指出，"党的十一届三中全会的伟大意义和深远影响"充分显现出来："改革开放的伟大成就，是全党全国各族人民团结奋斗的结果。"

就像在 2007 年那样，这一切全都具有意识形态基础，为胡锦涛时代形成的新社会群体创造了社会信念的统一性。胡锦涛宣布："中国特色社会主义理论体系是马克思主义中国化最新成果，是党最可宝贵的政治和精神财富，是全国各族人民团结奋斗的共同思想基础。"为了继续推进至关重要的改革进程，中国必须把党的领导与人民结合起来，把马克思主义看做人民意志的表现，进一步推进自身的发展，把生产力当作关键："人民群众是党的力量源泉和胜利之本。"社会主义与市场经济的结合是"中国特色的马克思主义"的伟大思想和政治成就之一。新时期要不断推进仍然以工农联盟为领导的政治体制改革："人民民主是社会主义的生命……没有民主就没有社会主义，就没有社会主义现代化。"这"绝不是照搬西方政治制度模式"，而是建立一个更加协调、平等和稳定的社会，实现社会主义的公平正义，维护中国的主权，坚决捍卫国家的利益。"没有稳定，什么事情也办不成。"因此，必须"统一全党思想"。在执政 60 年和改革 30 年后，党现在的目标是"建成富强民主、文化和谐的社会主义现代国家"。

在一个"党与人民群众同呼吸、共命运、心连心"——正如 2011 年 1 月胡锦涛在中纪委全体会议上宣布的那样——的现代化国家中，党必须维护人民群众的权益。在各种讲话中，胡锦涛的目标显然是以一种能够获得所有复杂利益群体认同的方式讲话。在 2011 年初的讲话中，胡锦涛提到了"错综复杂的国内问题"和维护稳定的必要性，也提到了必须加强法治建设，维护稳定，解决人民内部可能出现的矛盾。社会对此的质疑是经济快速发展的爆炸性后果，由此带来的挑战是创造新的社会联系，重组某些关键的联系方式，打破其他的联系方式，创造彼此之间存在独特差别的新社会阶层。自毛主义时代以来，阶级问题已经发生了重组，但从未消失。关键是找到谈论阶级的新方法，一种新的框架，解决一些从新的不平衡和不平等中产生的棘手问题，同时避免毛主义末期巨大的分裂和随之而来的混乱。

从根本上来说，在改革初期，意识形态为中国的共产主义精英领导人提供了一种方法，使之能够确立一种政治纲领，解决明显的社会分裂和巨大的权力失衡。在之前的数十年里，共产主义在很大程度上切断了部落式联盟，创造了民族的共同目标。它也解决了有产者与无产者之间、农村与城市之间的长期分化，分析了 20 世纪 50 年代中国初步的工业化的政治影响。对毛泽东来说，阶级结构的准确划分为他提供了依据，从而对那些反对新的革命乌托邦纲领的阶级发动永久的战争。他在 1957 年的讲话——即"关于正确处理人民内部矛盾的问题"——是对这种看法的经典表述。毛泽东认为："在我国现在的条件下，所谓人民内部的矛盾，包括工人阶级内部的矛盾，农民阶级内部的矛盾，知识分子内部的矛盾，工农两个阶级之间的矛盾，工人、农民同知识分子之间的矛盾，工人阶级和其他劳动人民同民族资产阶级之间的矛盾，民族资产阶级内部的矛盾，等等。"①

关于如何处理这些社会矛盾，毛泽东的看法一开始似乎是正确的："凡属于思想性质的问题，凡属于人民内部的争论问题，只能用民主的方法去解决，只能用讨论的方法、批评的方法、说服教育的方法去解决。"但是，随后的语气更为严厉："人民为了有效地进行生产、进行学习和有秩序地过生活，要求自己的政府、生产的领导者、文化教育机关的领导者发布各种适当的带强制性的行政命令。没有这种行政命令，社会秩序就无法维持，这是人们的常识所了解的。这同用说服教育的方法去解决人民内部的矛盾，是相辅相成的两个方面。为着维持社会秩序的目的而发布的行政命令，也要伴之以说服教育，单靠命令，在许多情况下就行不通。"② 在"文化大革命"期间，说服教育的方法已经被弃之不顾。当时，全面战争在一段时期内成为不同群体之间的主要状态。这些社会群体独立地界定自身，把自己与一系列所谓的合法革命活动联系起来。

自1978年以来，个人与国家之间的关系得到了重新界定。但是，建立新的社会阶级划分标准的必要性并未消失。当然，快速的经济增长对社会发展的影响是破坏性的，重组了各个社会群体，产生了一批赢家和输家，重新划分了拥有各自权力来源的不同类型的精英之间的界线。

---

① 《毛泽东文集》第 7 卷 1999 年版第 205 页。
② 《毛泽东文集》第 7 卷 1999 年版第 209—210 页。

在改革后期，社会冲突以新的形式出现，给国家领导人和党凝聚所有社会群体的努力带来更严峻的挑战。中国政治、经济和社会的许多方面比以前更好地运转。主要的问题是为各个社会群体建立新的认同，他们需要找到一种表达和交往的空间。在《接受威权主义》一书中，政治学家特里萨·赖特（Teresa Wright）考察了这些新的社会群体。在"改革后期"（上世纪 90 年代初期以来），随着"国家主导的经济私有化和市场化急剧加速和扩张"，中国共产党"从容忍私有部门转变为接受私有部门"，企业家们变得越来越富有，但是"社会经济结构出现了更高度的分化"，像洋葱式穹顶一样。"20% 最富有的人得到了 59% 以上的国家财富"，而 20% 最底层的人只得到了 3% 的国家财富，贫富之比达到 1∶18，美国则是 1∶15。[①]

在这种复杂和日益分化的社会中，中国共产党投入了巨大的努力和时间，以便与从私营企业主到城市专业人员、私人部门的普通工人、农民工和农民的新社会阶层达成协议和妥协。在私营企业主中，它取得了最大的成功：现在大约三分之一的私营企业主是党员。但是，除了中国共产党已经能够达成的不同类型的协议外，还补充了这些独立的社会阶层看待自己最大利益的各种方式。例如，赖特认为，"一些私营企业主通过与统治的政党—国家之间的关系获得了财富，对他们来说，政治的变化同样可能威胁他们的经济利益"。赖特还认为，几乎所有的社会群体都认为，中国共产党的主旨是保护他们的最大利益，但农民可能是例外，他们处于中国经济结构的最底层，他们有时感到中央政府的发展战略给他们带来的好处最少，从而使他们"变得焦虑不安，最难以容忍政治现状"。

---

① Teresa Wright, *Accepting Authoritarianism*：*State-Society Relations in China's Reform Era*, Stanford University Press, 2010, pp. 6 – 7.

　　赖特认为，毛主义的集体化遗产留下了深深的记忆烙印，但是却使像 20 世纪 80 年代引入的家庭联产承包责任制这样的政策也带来了新的权力集团和精英，因为农民能够把剩余产品出售给国家，把收入投入到其他的经济活动中。土地所有权问题、城乡二元制所产生的内在问题以及一系列其他问题意味着"许多农民觉得，社会主义遗产和国家控制限制了他们提高自己经济地位的能力"。改革后期的政策产生了复杂的结果，"在某些方面提高了农民的生活水平，减少了他们的政治不满，但在其他的方面产生了新类型的困苦和政治抱怨"。各种市场力量产生了影响，使农业部门遇到了激烈的市场竞争，耕地不断地用于非农业开发。这些都冲击了农民群众对待政党精英的政治态度和中国共产党的"以人为本"思想。"那些仍然依靠农业的农民的生活水平出现了绝对而不只是相对的下降。"赖特得出结论说，农民对执政精英的挑战"可能继续增多"。

　　中国共产党的群众基础包括所有这些群体，从高度国际化的海外归国留学生（大约 100 万人）到私营企业人员（与全球投资体系关系不断深入）和城市专业人员（关注保护他们的财产、生活方式和权利），再到农民和农民工（显然渴望从前 30 年的政策所创造的大饼中分得更多的份额）。在国家动荡、贫困和四分五裂的时期，中国第一次运用了马克思主义话语。精英领导人如何根据这种话语来为一个正在走向现代的国家建构思想呢？这个问题由于如下事实而变得更为复杂：至少对精英来说，意识形态确实重要——它是合法性的基础之一，也是使中国共产党获得政权的具有凝聚力的世界观的基础。无论胡锦涛时代中国共产党坚持哪一种意识形态立场，归根结底，关键的问题是中国共产党自身的组织权力，它能否向整个社会证明效率、相关性和合法性。这是中国共产党在后改革时期面临的根本挑战。

未来的意识形态挑战

对中国共产党来说，界定一种具有弹性的意识形态变得越来越困难。精英的语言频繁地提到党的主要任务是发展经济。然而，在某种意义上，一旦偏离这种语言，事情就变得更困难。凯恩斯曾经谈到一些社会如何应对"后 GDP 时代的生活"所带来的挑战。中国共产党对此具有清醒的认识，正如上文所述，自 2002 年以来，它不只是强调经济发展，而且还谈到社会发展问题。不再信仰西方的市场原教旨主义，意味着"市场社会主义"——仍然规定了国家的中立性角色——的道德权威没有受到损害。但是，正如汪晖在《革命的终结》中所认为的那样，中国近代历史的特征是"每一场大的政治斗争都不可避免地与重大的理论考虑和政策争论交织在一起"①。

他认为，"文化大革命"的后果之一是中国共产党尝试成为一种"官僚机器"，"没有独特的评价角色"，但"与社会之间形成一种结构性的功能主义关系"。在未来 5 到 10 年内，中国共产党为维持它的政治、思想、历史和管理地位而做出的一系列妥协将会带来重大的意识形态挑战。

第一个妥协是中国共产党将如何从国家和政府的角度重新界定它的角色。自 20 世纪 80 年代以来，这始终是一项正在进行中的规划，中国共产党作出了许多尝试，试图协调上述两方面角色的宪法基础，避免不一致和冲突。然而，自村级以上，在确定主要政策的总责任上，党支

---

① Wang Hui, *The End of the Revolution: China and the Limits of Modernity*, London: Verso, 2010, p.6.

部、人民代表大会和各级政府的行政管理机构之间的关系仍然存在问题。目前的主要状况是中国共产党总体上指挥社会的政治方向。

第二个妥协是与上文提到的不同社会群体之间的妥协。在哪些方面他们能够看到中国共产党体现了他们的利益，并把它的核心价值观看做是自己也认同的价值观？在这一点上哪一种谈判是可能的？倘若社会群体不赞同或简单地抗拒中国共产党的意识形态霸权和创造共识的任务，哪些条件会造成某种可能的断裂？在社会可能存在明显的政治差异的情况下，如何从一个提出中立解决方案的中间人的角度来定位中国共产党？

第三个妥协是如何在一种弹性的意识形态内应对日益增加的争论、异议和断裂的压力。在这种意识形态中，对立词汇的空间得到了控制，但并未受到压制，而且拥有明确的调整和创新机制。

最后一个妥协是现代性的未来构想。在中国共产党精英的话语中，现代性与党的主要政治抱负之间存在密切的联系。然而，随着我们步入一个新的时代，它以更密集的创新、技术变化、尝试努力解决未来50年里的重大能源、环境和政治问题为特征，在这样的时代，制定出中国现代性的经济前景和思想前景仍然是迫切的需要。

（吕增奎 译）

当代中国马克思主义与马克思主义传统

——全球化、社会主义及对理论连续性的追寻*

〔澳〕尼克·奈特

[摘　要] 中国共产党的理论工作者和中国学术界从为当代中国对外开放和纳入全球资本主义经济体系提供合法性辩护的立场出发，有选择地从马克思主义经典著作中寻求解释全球化的理论依据，同时回避其中不符合现实实践的基本理论观点。中国共产党坚持马克思主义为指导思想，但是为了给党及其政策提供合法性论证，它同样是有选择地阐发马克思主义。这虽然构成当代中国马克思主义的理论连续性，却也使这种连续性本身具有自身的局限性。

上个世纪90年代中期，全球化概念开始出现在中国共产党的话语之中，从那时以来，中国共产党的理论工作者和中国学术界对马克思主义经典著作关于全球化的阐述产生了日益浓厚的兴趣，相关的讨论也持续不衰。但是21世纪最初这几年，中国共产党一直努力明确这样一种认识，即全球化不仅根植于马克思主义传统，也与中国共产党接受它并且引进国际资本的努力相符合，因此在中国共产党的理论探索中，全球

---

　　* 本文选自《马克思主义与现实》2006年第5期。作者尼克·奈特（Nick Knight）为澳大利亚格里菲斯大学国际事务与亚洲研究系教授。

化已经成为一个重要的主题。马克思和恩格斯敏锐地预见了由于资本主义在全球的扩张，世界日益成为一体化的世界，因此这个概念最吸引人的地方在于中国共产党的理论工作者在什么程度上接受他们具有洞察力的观点；的确，在他们对马克思主义的认同中具有自我庆幸的味道，这个理论传统毕竟非常清楚地预见了全球化的出现。但是，中国共产党的理论工作者已经声称接受这个传统，并且立刻从这个传统的明确预见中汲取营养，这样他们就面临着这样的困境：马克思和恩格斯具有大量反对资本主义的论述，在这些论述中阶级斗争被放在推翻资本主义的宣言的核心，而他们又对资本主义全球扩张的特征作了大量的论述；因此这些理论工作者必须把马克思和恩格斯反对资本主义的论述和他们关于全球化特征的预见性论述区别开来。既然全球化明确抛弃阶级斗争——通过阶级斗争这一根本手段实现政治经济制度的变革进入社会主义，那么马克思和恩格斯关于资本主义全球扩张的论述就不是中国共产党能够理解接受的。中国共产党的理论工作者因此在建构他们自己对全球化的系统解释过程中保留了马克思和恩格斯关于世界一体化的预见性观点，但在绝大多数情况下排除了从这些预见会得出的阶级变化问题。然而，这样一来他们就抛弃了作为实现社会主义的催化剂的阶级斗争，而且这样并不会导致一并抛弃马克思主义的目的论，这种目的论把共产主义看作历史发展的最终目标。他们在某种程度上不正当地接受了当前的全球化阶段，不是把它看作社会主义丧钟的信号，而是看作为历史继续走向社会主义和共产主义创造条件。

正是中国共产党理论发展的当前阶段具有特殊吸引力。中国共产党的理论工作者所做的分析揭示了当代中国马克思主义的理论结构，这是非常突出的理论运用，原因在于两个方面。首先，在当代西方理论评论中已经有人声称，在中国马克思主义或者已经死亡或者衰落了，其后果当然是：在中国出现了意识形态的真空，从新自由主义到后马克思主义等彼此冲突的思想开始泛滥，但是其中占主导地位的是民族主义。尽管在中国的大部分人口中对马克思主义的诉求无疑已经大大降低了，但是在党的许多理论工作者中间它仍然居于很高的地位，并且有着重要的影响。他们需要解释全球化问题，它已经在中国共产党理论的核心问题上对社会主义构成了严峻的挑战，但是他们仍然求助于马克思主义经典著作文本。中国共产党为了从马克思主义立场解释全球化留下了大量的文件，因此研究这些文件有助于消除这样的流言蜚语：马克思主义在中国已经不合时宜地终结了。其次，在中国关于全球化的深入探讨已经远远超出诉诸马克思主义理论渊源的范围，这些讨论在很大程度上说明当代中国建构世界体系及其在这个体系中的地位的构想。我们将会看到，资本主义和社会主义仍然是一体化世界的有效话语，而这个一体化的世界仍然被意识形态的根本差异撕裂着。在这个存在重重分歧的世界上，中国仍然是——中国共产党的领导和中国的许多理论工作者也认为是——社会主义国家，在与资本主义的历史性对抗中，它所拥护的马克思主义理论最终会取得胜利。中国坚持走社会主义道路的努力保证了全球化不会永远是资本主义的全球化，相反会转变为社会主义的全球化，它将走上最终实现马克思主义历史性诺言的方向——共产主义。

因此，正确认识中国共产党的理论具有重要的意义，无论是它的历史形态还是它的当代形态，这不是因为中国共产党把它的观点作为必然正确的真理接受下来，也不是因为它构成判断中国共产党的领导人和理论工作者信仰它的坚定程度的依据。事实上，这种理论基于这样的设想：中国共产党的规模、力量和政治地位必须有个完全统一的信仰体系，用以按照它的早期理论传统在当代的发展解释它的现行政策，并且为这些政策提供合法性辩护。最强有力的事实是，中国共产党继续自称是马克思主义的政党，或者更严格地说，是一个其理论融合了马克思列宁主义、毛泽东思想、邓小平理论和江泽民的"三个代表"重要思想的政党。这种复杂的理论创新吸取了它 80 多年历程中所获得的历史经验和教训，并且与之保持一致，而这些经验在不同的历史阶段具有完全不同的目标，也取得了不同的成果。从某个角度看，中国共产党的理论就像蛋糕层，其中每一层都相应地基于其下面一层并且得到它的支撑。然而这个比喻还不完全准确，它仅仅表明，中国共产党的理论创新只是按照条件的变化简单地补充和扩展了它的理论体系。事实上，它的理论每一次新加上去的内容都起着有选择地推翻先前理论的作用，其方式是阐明条件的变化如何导致先前理论中（至少）部分结论和原理已经不合时代需要了；它也委婉地批评过去的领导人不能正确承认时代条件的变化已经使他们的观点不仅不符合党的眼前目标和长远目标，甚至会造成危害。

因此，这种理论创新是非常复杂的探索过程，既包括对先前理论的继承，也包括对它的扬弃。中国共产党的新一代领导人每一次建构自身合法性都必然是对先前理论的某些核心原理做有选择的认可和再解释，是理论的重新部署，以解释其政策的转变并且为之提供合法性辩护，这样也就确立起理论的连续性。因此，中国共产党的领导人坚持说它是马克思列宁主义的政党，从意识形态方面看这不是空洞的声明。中国共产党对它自 1978 年以来转而走向资本主义及最近接受全球化的解释，都仍然是沿用马克思主义的术语和形式；它抛弃先前的阶级斗争话语和实践也同样如此。从这样的考察所要得出的结论是，为了认识中国共产党的当代理论，马克思主义仍然是不可或缺的解释手段，不仅中国共产党为 1978 年以来推行的经济体制改革政策提供理论辩护是这样，它赞同全球化、现在接受加入全球资本主义经济一体化进程同样是这样。但是，这一策略，这一与马克思主义的阶级斗争理论和反对资本主义的理论要求明显相悖的策略，如何才能以符合马克思主义理论前提的方式得到解释呢？答案是赋予马克思及其之后的马克思主义著作中一个特殊主题——生产力是历史发展的决定因素——以特殊的地位。根据这个公认的理论前提，同时根据中国共产党关于历史和当代世界的其他认识建构起相当复杂的理论大厦。因此，中国共产党在马克思主义中找到一种能为它转向资本主义并且赞同全球化提供合法性辩护的理论，但是这种理论也包含对社会主义的一种不同认识，完全不同于它现在生存于其中的世界对社会主义的认识。

马克思、"世界历史"和全球化

西蒙·布莱姆雷（Simon Bromley，1999）认为："对于全球化问题的任何严肃探究，马克思都是不可回避的研究起点。"安东尼·冯·福森（Anthony van Fossen，1998）同样认为："没有人比马克思和恩格斯更早真正认识到全球化的重要性，比他们更好地指导定义全球化的观点还没有出现。"中国许多知识分子和中国共产党的理论工作者对此表示赞同，并且开始从马克思主义的两部创造性著作即《德意志意识形态》和《共产党宣言》中寻求关于全球化起源的认识。这些著作包含有丰富而深刻的思想，具有洞察力地说明了创造现代世界的历史力量，没有这些力量就不可能有全球化。在这些思想中最重要的是，他们认识到"世界历史"的出现，它令人恐惧地表明，以彼此孤立、相对封闭的社会经济形态——特别是前资本主义的经济形态——为基础的民族的和地域的历史不是连续的。

对中国的许多理论工作者来说，《德意志意识形态》标志着全球

化概念在理论上真正确立下来，在这里马克思和恩格斯第一次清楚地阐述了"世界历史"的思想，在工业资本主义的影响下市场的扩张造就了一体化的力量，这构成世界历史的前提。马克思和恩格斯在《德意志意识形态》和《共产党宣言》两部著作中都提出了这个概念，并且都系统地阐述了认识从彼此隔绝的民族国家和地域共同体的历史走向"世界历史"的一系列"理论出发点"。中国的理论工作者在著述中令人满意地表达了这一观点，把它们看作关于现代世界开端的历史性观点，正是这样的现代世界播下了全球化的种子。他们追随马克思和恩格斯的观点认为，"世界历史"的两大开端是 1500 年前后的航海革命和商业革命，其中航海革命带来了发现新大陆的地理大发现。这一切，加之现代化的工业生产力和普遍的贸易，使世界市场成为现实，正是世界市场奠定了世界历史的经济基础。中国的理论工作者认为，世界历史的早期阶段处于西方资本主义的统治之下，这使世界历史必然充满内在的冲突：城市与乡村、西方与东方、发达国家与落后国家、世界性的大都市与农村以及现代的中心区域与边缘化区域之间的冲突。这个进程导致传统工业和传统经济形态的消亡以及现代全球工业体系的诞生。

因此，世界历史从根本上改变了人类社会存在的性质，它为"新人类"的自由和谐发展创造了条件。的确，个体解放的程度与历史转化为世界历史的程度是一致的；因为世界历史的发展瓦解了民族国家的、地域性的文化和政治对个体的束缚。最重要的是，世界历史将打破私人资本垄断所造成的限制，最终走向共产主义社会，资本主义的世界历史最终会被共产主义的世界历史所代替。中国的理论工作者承认马克思和恩格斯的断言，即工人阶级在世界历史的进程中会顺应这个潮流，在为实现共产主义的斗争中采取全世界工人阶级联合起来的战略，但是我们将会看到，他们在预言全球化的未来前景如何发展时，却普遍停止在马克思和恩格斯这个论断的阶级含义上。

在中国，为了在理论上重建全球化的起源，许多学者和党的理论工作者在研究马克思主义经典文本过程中超出了《共产党宣言》和《德意志意识形态》的范围。一位署名为"中国共产党评论员"的学者在青海网站发布了一篇匿名文章，他考察了大量我们无法得到的、理论思想更加集中的马克思和恩格斯的经典著作文本，声称经济全球化"是不以人的意志为转移的客观规律，是经济发展的必然趋势"，具有"客观必然性"，他还声称马克思和恩格斯通过说明资本主义必然要求获得海外市场和海外贸易已经正确解释了这个进程的根源。他认为，马克思在《资本论》第一卷中已经指出海外贸易和世界市场既是资本主义发展的前提，也是它发展的结果，他在《资本论》第三卷中又重复了这个观点。在经济活动——无论是生产领域还是销售领域——国际化的过程中，存在着资本主义发展的必然规律，结果所有的国家和地区最终会被卷入世界市场，而这将使它们之间的相互依赖不断发展，这也是恩格斯在《反杜林论》中所强调的观点。在《资本论》第二卷里，马克思指出，资本主义商品生产通过世界市场的代理所实现的扩张最终会削弱在像中国和印度这样的国家中所有的前资本主义的生产方式。恩格斯在给阿道夫·左尔格（Adolph Sorge）的信中再次强调了这一点，认为作为西方入侵的后果，中国将衰落下去，中国如果要生存下去，就不得不走现代化之路。马克思在《不列颠在印度统治的未来后果》一文中也表达了相似的观点，他认为，资本家在印度的历史使命是为一个新的世界创造物质条件，这个新世界的工业和交通运输业将促进"那个伟大而有魅力的国家走向复兴"。马克思和恩格斯共同指出，资本主义是有助于前资本主义社会走向现代化的力量，前面那位"中国共产党评论员"

用最为肯定的语调认同了资本主义的这种力量，并且回顾了中国对经济全球化的主导性观点。世界市场的扩张和资本主义生产力的发展已经奠定了一个世界格局，个别国家在这样的格局中能够通过自身努力改变它们的经济状况。马克思和恩格斯曾著文分析加利福尼亚金矿开采如何为世界贸易确立新的中心，该学者引用这篇文章上的观点，这表明该评论员坚持认为，生产关系必须适应生产力发展的要求，这种观点现在已经深深地渗透到当代中国马克思主义的理论体系之中。

因此，当代中国的理论工作者在马克思和恩格斯的经典著作中找到了解释全球化起源的理论，而且证明了马克思主义作为中国共产党的理论武器及中国共产党坚持对外开放和加入世界共同体的战略决策的正确性——他们就是用这样的方式解读那些经典文本的。尽管有一些学者承认，马克思和恩格斯的世界历史观带有无产阶级的阶级斗争的内容，把它作为实现向共产主义转变的手段，但是很难发现会有人在分析当代全球化问题过程中接受这样的认识。这样做当然会削弱中国共产党的坚定认识，即是生产力的发展而不是阶级斗争构成了历史变革的动力。中国的理论工作者大体上是用可以预见的选择性方式解读马克思主义的经典文本，他们赞同世界历史的思想，特别是它有必须打开国门接受外部影响、建立与外界联系的思想，却忽略了马克思和恩格斯世界历史观的阶级内容，或者认为它与当代正确认识全球化问题无关。

列宁和卢森堡论帝国主义：其中所包含的全球化理论

中国的理论工作者走向马克思主义的又一个经典文本——与认识全球化问题明显有关——就是列宁的《帝国主义是资本主义的最高阶

段》，这里选择性的解读同样也很明显。一些西方马克思主义学者早就指出，需要对这部著作进行审慎的考察，它阐明了资本主义关系的急剧扩张，伴随这种扩张的就是全球化的发展（Halliday，2002）。中国的理论工作者并不想全盘接受这种观点，他们承认列宁分析的基本内容：在必然增长的利润驱使下，资本主义已经发展到帝国主义垄断阶段，这个阶段使整个世界变成资本主义的世界经济体系，在此过程中，帝国主义建立起世界殖民地体系；而且帝国主义已经造成世界经济发展的不平衡，其中居于核心地位的发达国家统治和掠夺不发达国家。但是，中国的理论工作者更感兴趣的是列宁的"新经济政策"，他在十月革命后立即实行"战时共产主义"，之后开始推行新经济政策，它拉开了向资本主义学习、吸收资本主义成果和经验的序幕，丰富和发展了科学社会主义理论。列宁也的确相信，资本主义需要对外贸易，社会主义也同样需要；资本主义在对外贸易的基础上确立了世界经济体系，这种经济体系将影响哪怕是世界上最偏远的地区。因此，列宁赞同马克思的论断：经济全球化是"不以人的意志为转移的客观规律，是经济发展的必然趋势"。

在中国，对马克思主义全球化理论的评论事实上把列宁描述为多少有些像当前中国政府推行的经济政策的支持者。例如，张继认为列宁在"战时共产主义"阶段的政策是对马克思世界历史理论的偏离，而新经济政策的提出表明列宁逐渐认识到世界经济体系的一体化趋势，这种理论以对国际形势特别是资本主义和社会主义、资本主义国家和社会主义国家之间关系的新认识为根据，为落后国家和地区进行社会主义建设奠定了理论基础。按照张继的分析，列宁的理论有五个前提。首先，在俄国将有一个走向社会主义的过渡阶段，这个阶段的主要任务是通过工业化和现代化实现实际存在的各种各样前资本主义生产方式的转变；从历史上看，这是资本主义的历史使命。第二，世界经济体系使资本主义和社会主义国家之间建立正常关系成为历史的必然选择。苏维埃政权进行社会主义建设需要资金，而俄国仍然维持着国际收支平衡，便于与资本主义国家建立正常的经济关系，从而便于从资本主义国家获得资金。第三，社会主义国家应当充分利用国内资本和国际资本，应当从西方获得先进的管理制度和技术。第四，苏维埃政权应当实行商业政策和货币政策，为社会主义建设服务。第五，苏维埃政权应当推行有利于吸引外资的政策，应当对外开放。以这五点认识为基础，列宁断言资本主义国家和苏维埃政权之间的"相对平衡"允许在两种经济之间建立相互依赖的关系，他提倡在制度不同的两类国家之间建立平等、互惠、和平共存的关系。但是，列宁也承认国家政权将起非常关键的作用，保证在资本主义和社会主义之间的关系——无论是国内的还是国际上的——在相当长的历史时期服务于社会主义的需要。他因此在国家资本主义概念的基础上提出了社会主义的国家学说，而国家资本主义则与他的新经济政策相吻合。在社会主义国家的指导和控制下，资本主义将促进社会主义社会所必要的物质条件的发展，但不允许它在经济上起主导作用，起主导作用的应该是社会主义。社会主义的国家资本主义最终会为消除市场和商品生产创造条件。

在张继看来，新经济政策反映了列宁对苏维埃的认识，它需要坚持对外开放，需要吸收资本主义的积极因素，需要与世界建立联系，正是这种认识而不是他的帝国主义理论中的斗争内容与当代认识全球化的探索相关。他认为，对于苏联来说，令人感到遗憾的是，列宁的继承者斯大林提出了完全不同的建设方案。最初，斯大林继续坚持新经济政策，并且同意维持苏维埃与西方经济之间的补充关系，但他坚持认为社会主义国家经济上的独立性是这种补充关系的前提，只有这样的社会主义经济才不会沦为"世界资本主义的附庸"。但是，在 1929 年初，斯大林完全偏离了这条对世界经济开放的建设道路，他提出了一种建设模式，强调纯粹的社会主义生产资料所有权关系、重工业和高度集中的计划经济。他确实正确地认识到，商品生产并不必然等于资本主义，它对社会主义建设是完全必要的，价值规律在社会主义社会中仍然起作用。但是，他认为商品生产应当限于消费品的生产，它继续存在仅仅是因为在国家所有制之外集体所有制继续存在。从根本特征看，斯大林模式的社会主义建设因此丧失了加入统一的世界市场的可能性，转而拥护两大彼此平行存在的市场——社会主义市场和资本主义市场，在这两种市场之间几乎不存在或者根本没有任何联系，因为主要以非商品生产为基础的计划经济与以私人市场为基础的世界经济之间不可能建立起联系。斯大林认为，社会主义经济中工业快速发展，最终必将消除从资本主义经济中进口的需要，这样由于统一的世界市场的崩溃，两大平行的世界市场将会走向对立。中国的理论工作者认为，斯大林领导下建立的贸易国家垄断，其后果是苏联完全孤立于世界之外，苏联经济因此远远落在发达资本主义国家的后面。马克思发现了世界历史的必然趋势，列宁做了进一步阐述，斯大林却逆这种潮流而动，他的理论因此是对马克思主义全球化理论的扭曲。

另一位著名的马克思主义者是罗莎·卢森堡，她的理论似乎同样与当代关于经济全球化的认识有关。中国的理论工作者为了在马克思主义传统内部找到走向资本主义世界的不同道路，曾经潜心研究过她的《资本积累》。他们发现，卢森堡和列宁一样，已经阐明了资本主义最终走向瓦解的条件，她指出答案在于资本主义的扩展已经超出了早期资本主义经济的界限。她认为资本主义要求国际市场，这样才能吸收资本积累过程所创造的不断增长的商品总量，这里的核心问题是对消费水平不断增长的需要。但是这在民族国家经济实体内部不可能实现，因为消费领域的极限是不可避免的。因此，卢森堡认为资本主义在这个领域内不可能无限地持续扩展，这样其结果就必然是向世界非资本主义国家和地区扩张，以获得更多的人口消费资本主义生产的商品。因此，资本主义在它占领全球所有可以占领的空间、摧毁所有非资本主义的经济并且在全球范围确立资本主义体系之前就必然持续扩张。这将不可避免地造成资本主义的最高危机，因为它能够扩张的非资本主义的国家和地区将不再存在。

中国的理论工作者尽管并不赞同卢森堡反对资本主义的革命立场，却普遍以肯定的态度介绍了她在马克思主义传统内部围绕资本主义全球化特征的探索所做出的理论贡献。例如，中国前驻丹麦和冰岛大使陈鲁直在卢森堡的理论（还有保罗·瑞兹对它的评论）中读到对全球化的解释：它是资本主义积累的最后阶段。陈指出，苏联剧变和东欧社会主义阵营解体造成广大的非资本主义地区，资本主义可以向这些地区扩张并且因此延长资本主义积累的进程，全球化造成的所有问题都是资本主义把全球非资本主义的地区纳入资本主义范围的结果。在陈看来，尽管资本主义全球化是不可逆转的历史进程，但它不可避免地为下一阶段的发展铺平了道路。

卢森堡分析指出，全球化与资本主义内在矛盾的膨胀和紧张相伴相随，这一切最终将通过社会主义得到解决。我们将会看到，在中国许多理论工作者的讨论中，卢森堡的观点引起强烈的反响，他们按照阶级和阶级斗争的分析方法认识全球化的政治内涵，可以想象这与卢森堡的观点相去甚远。

全球化及其未来：资本主义还是社会主义？

在《共产党宣言》和《德意志意识形态》中，马克思和恩格斯赞同关于出现世界市场的理论观点，并且把它与现代性的资本主义形态在世界范围的广泛传播联系起来，这里世界市场构成资本主义全球化的基础。中国理论工作者逐渐接受了这些文本中所描述的历史图景——世界在资本主义世界市场的基础上日益统一起来；另外，是马克思主义的创立者第一次认识到并且解释了走向全球化的历史进程，对于这样的事实他们表现出高度的自豪感。许多人在马克思主义具有重要影响的经典文献中看到资本主义世界市场的出现和迅速发展，从中看到资本主义经济在民族国家内部的影响不断加强，这强有力地构成了中国经济自上个世纪 70 年代后期以来走向开放的合理性依据。按照"世界历史"的逻辑，民族国家几乎别无选择地成为资本主义世界经济体系的组成部分；自我孤立于世界贸易、国际资本和现代技术之外的代价是经济发展的停滞和民族的衰落，斯大林领导下的苏联和毛泽东时代的中国在经济建设方面的失败就证明了这一点的考虑。马克思和恩格斯准确地看到了世界历史的全球化趋势，出于从理论上进一步强调这一点，中国共产党的大多数理论工作者对他们的预见表示祝贺，它为中国政府坚持开放政策及决定把中国经济纳入资本主义主导的全球经济体系提供了理论依据。

马克思和恩格斯对现代世界的出现所做的描述含有激进的反对资本主义的政治内容，这在很大程度上被当代中国关于全球化的研究忽略了。尽管如此，这些政治内容还是在党的理论工作者关于全球化根本性质的探讨中引起了反响（尽管比较微弱）：是资本主义的全球化还是社会主义的全球化？乍看起来，这也许是由于观点明显不同而偏离主题的奇怪问题，毕竟大部分人认为全球化的起源显然应当到资本主义的出现和资本主义的要求所主导的世界市场中寻找。但是，这个世界是一个在资本主义基础上日益一体化的世界，是现代性的各种形态——包括社会主义的现代性——按照定义逐步被排除在外的世界，认识这个世界对于党的许多理论工作者来说太艰巨了。这就出现了可能自相矛盾的回答：抛开全球化的资本主义起源看，全球化在本质上并不必然是资本主义的。相反，全球化可以定义为人们之间、国家之间在经济、政治和文化方面的联系，它深受新的信息技术的影响，全球化因此类似于市场经济。当全球化吸收社会主义国家（中国就被看作是社会主义国家）的时候，它就发展成为（或者能成为）社会主义的全球化。因此，全球化能够服务于社会主义，正如它能够服务于资本主义一样；它的性质不是固定的，而是由许多因素决定的，其中最重要的因素是各种民族国家的政治色彩以及它们为了完全不同的目的而利用全球化的决定，这些目的不同于资本主义全球化的支持者所设想或者渴望的。

邓小平坚持认为，现代化在本质上并不是资本主义的现代化，正是他的这种认识构成区别资本主义全球化和社会主义全球化的基础。中国一位持批评态度的评论员指出，"社会主义现代化（邓小平表述为'四个现代化'）这个概念在本质上自然不同于资本主义的现代化。"邓小平再次强调这种区别，他坚决主张可以建设"具有中国特色的社会主义"，它在可以预见的未来至少与资本主义一些重要内容结合了起来。邓小平和他的继承者的认识还为建设社会主义市场经济开辟了道路，这种市场经济把两个世界最优秀的因素结合起来：在社会主义国家政权的指导下实现资本主义市场经济的效率。

邓小平看法背后的逻辑依据吸引了中国许多学者和中国共产党的理论工作者，他们加以拓展，研究全球化服务于社会主义的可能性，全球化走向社会主义全球化的可能性，社会主义全球化在资本主义与社会主义不可避免的竞争中取得胜利的可能性。尽管全球化起源于资本主义，尽管目前资本主义仍然在全球化中居于主导地位，全球化的发展结果却不会是资本主义永远主导全球经济；相反，资本主义的内在矛盾在经济全球化的影响下将进一步加剧，这些矛盾最终会使资本主义走向灭亡，在这场意识形态和经济制度的竞争中，最终的胜利者是社会主义。但是，是什么保证了社会主义的胜利呢？是社会主义国家保证了，经济全球化的内在经济增长潜力将被引向社会主义并且繁荣发展，而资本主义国家没有能力解决资本主义的内在矛盾，结果必将走向衰落。在这场竞争中，将在胜利方崛起的国家之一就是社会主义的中国。

《求是》杂志上的一篇文章是这类逻辑的一个很好例子。在这篇文章中，中国社会科学院的月异承认，经济全球化在当代是资本主义主导的。十月革命后，资本主义和社会主义两大经济制度相互斗争，展开竞争，这里资本主义居于主导地位，但这种主导地位随着上个世纪80年代开始起步的经济全球化而强化了，世界经济发展到了新的阶段，在这种新形势下，世界经济现在处于少数几个发达国家控制之下，特别是美国、日本和欧盟国家。但是经济全球化的后果却是，各个国家在经济上更加相互依赖，共同构成世界经济；国际经济合作与协调获得了巨大发展，出现了诸如世界贸易组织和各种自由贸易协定等国际组织。不过，经济全球化的作用并不都是积极的、建设性的。尽管全球化为资本主义提供了扩张的机会，它也使资本主义的矛盾和冲突扩大到世界范围并且有所加剧。月异认为，资本主义社会的根本矛盾是生产资料私有制和社会化大生产之间的矛盾，这种矛盾在全球范围表现为下面这些矛盾：有计划、有秩序的民族经济与无计划、无秩序的世界经济之间的矛盾，有组织、科学管理的跨国公司（TNCs）与盲目扩张、秩序混乱的世界市场之间的矛盾，生产能力的无限增长与有限的世界市场之间的矛盾，以及民族国家与跨国公司之间的矛盾，正是这些矛盾导致了上个世纪 90 年代的一系列经济金融危机。而且，经济全球化尽管为世界经济的快速发展创造了机遇，却也造成发展不平衡和世界多极化格局；经济全球化所创造的机遇对于发展中国家和发达国家是不平等的，发达国家获得高额利润，而发展中国家（中国属于其中一员）面临的却是更多的危机，而且贫富差距在不断扩大。

月异认为，尽管经济全球化还处于早期阶段，而且还将在 21 世纪继续发展，但它内部的重要关系将不可避免地发生变化。首先，发达国家的主导地位将逐渐削弱，而发展中国家的地位在整体上将不断提高。其次，美国的霸权地位将随着美国不可避免的衰落而瓦解。第三，社会主义的经济实力将逐步增强，这一变化的突出例子是中国作为社会主义国家在国际上发挥着越来越重要的作用。这样，国际共产主义运动将在 21 世纪发展到新的高潮。因此，尽管全球化为资本主义在全球的扩展创造了非常有利的条件，但是资本主义在世界范围最终将由于经济全球化的内部矛盾而走向崩溃，不可避免地为社会主义所取代。尽管这是长期的历史过程，但最终结局是确定不移的。

由于经济全球化，资本主义的矛盾将不断发展和加剧，资本主义因此会不可避免地走向衰落，而像中国这样的社会主义国家的地位将不断提高，这是月异为经济全球化描绘的远景，它常常出现在中国的学者和中国共产党的理论工作者关于全球化的大量研究评论中。现在让我们看看强调这种观点不同方面的几个例子。李宝善 2001 年在具有最高地位的《人民日报》上发表文章，文章赞同经济全球化表现资本主义在全球的扩展的观点，但是认为它对资本主义内在矛盾的激化有影响作用，在此过程中经济全球化为社会主义在全球取代资本主义准备了社会历史条件。资本主义矛盾的加剧确实标志着历史已经接近了社会主义即将取代资本主义的阶段，当代世界的所有发展，包括发达资本主义国家的发展，将推动社会主义的发展，最终是共产主义的实现。李宝善从当代中国马克思主义的正统观点出发提出，经济全球化源于生产力的发展，它已经创造了经济进一步发展的巨大潜力，正是这些在世界范围为社会主义取代资本主义准备了社会历史条件。在发达国家，"科学、技术和生产力的每一次突破，都为社会进步奠定了更加坚实的基础；社会化大生产组织方式的发展与完善为超越资本主义私有制开辟了道路"。有趣的是，李宝善认为，工人生活状况的改善，他们社会地位和教育水平的提高，将使工人阶级成为更加理性、更加自觉的社会力量，正是这个阶级"最终将按照社会发展客观规律做出历史性的抉择"，实现社会主义的胜利。

同样，庄福龄教授声称，世界历史形态既是资本主义发展的产物，也是资本主义灭亡的前提条件，因为在21世纪前50年将是资本主义和社会主义的斗争时期，资本主义必将在21世纪的后50年期间走向衰落。根据邓小平的预言，社会主义到本世纪中期将显然超过并且必然取代资本主义，这是世界历史发展的根本趋势。邓小平关于改革开放、建立社会主义市场经济以及发展生产力的理论对于维护社会主义制度具有根本性意义。按照这些标准，社会主义的经济实力将更加雄厚，它们将能够更有效地与全球资本主义进行竞争，社会主义在经济全球化中所占的比例将不断提高，社会主义国家对新的国际经济秩序和新的游戏规则的影响力将不断增强。这样，经济全球化将会呈现出新的特征，发挥新的作用，因为社会主义将在21世纪后50年里超过资本主义。

范彩娥也提出了乐观的预言，她认为必须区分资本主义的全球化和社会主义的全球化，整个全球化进程分为三个阶段。第一阶段是资本主义的胜利，但这只是暂时性的胜利，这个阶段最终将为更高级的"真正的社会主义全球化"所取代。范彩娥还引用了大量有趣事实证明她的判断。20 世纪是资本主义处于主导地位的阶段，在这个阶段资本主义国家披着具有某些社会主义优越性特征的外衣；它们调整所有权制度，调节经济活动，建立社会保障体系，这些策略表现了社会主义在道德上和实践上的优越性。但是，社会福利制度并不能解决困扰着资本主义的种种矛盾，资本主义全球化的剥削本质将使反抗资本主义的力量在世界范围联合起来，最终"埋葬资本主义"。丰子义认为，全球化的"本质"取决于它的解释角度，如果从历史起源和发展过程看，全球化是资本主义的全球化；如果从发展趋势角度看，则是共产主义的全球化。原因在于：首先，全球化为共产主义创造了物质基础；其次，它创造了地球村，因此为共产主义社会奠定了社会基础；再次，它还为实现共产主义社会培养了"主要的社会力量"。丰教授告诫说，在参与全球化的过程中必须正确处理社会主义与资本主义之间的关系，成功做到这一点就掌握了走向共产主义未来的钥匙。他引用列宁的观点指出，社会主义必须与资本主义展开竞争，并在竞争中向资本主义学习，在全球化阶段充分吸收利用资本主义的积极成果有助于消灭资本主义。

中国还有一些理论工作者把资本主义内在矛盾的加剧看作经济全球化的产物，认为这些矛盾预示了社会主义新时代的到来。孙峰和衣玉顺（Yi Yushun，音译）认为，由于世界资本主义能渗透的空间已经不存在，它正面临一场空前的危机：贫富差距在急剧拉大，发达的生产力处于混乱状态，理性的制度设计对全球化的规治也在削弱，这些是卢森堡的观点在当代的回声。张文木也描绘了随着经济全球化的发展而不断加深的危机：发达国家对发展中国家进行掠夺，用普遍存在于发展中国家的全球贫困代替了国内贫困，这导致发达国家与发展中国家之间的对立，这也是资本主义基本矛盾在全球范围的表现形式。这样，全球化就可以看作是放纵资本掠夺世界市场以及资源的历史过程。但是，资本主义矛盾的加剧必然导致它的灭亡和新时代的诞生，即社会主义国家在社会主义的全球化形态下保证所有"发展中国家"共同分享对外开放和经济一体化的成果。这也是罗文东的观点。他认为，虽然全球化的当前阶段是由资本主义主导的，但是它的"消极影响"却在向全球范围扩展，包括生态和资源危机。环境污染和生态平衡的破坏；包括资源的浪费和不当配置（这是在全球范围微观层次上有计划与宏观层次上无计划之间矛盾的产物）、贫富差距拉大、发达国家和发展中国家贫富差距拉大，这些都进一步加剧了垄断资产阶级和广大工人阶级及被剥削被压迫的民族之间的矛盾。总之，发达资本主义国家主导的全球化暴露了"资本主义制度赤裸裸的反人类本质，它浪费资源、破坏社会公正、剥夺人的自由权利并且导致人的彻底异化"。因此，越来越多的人会认识到资本主义所带给人类的痛苦和灾难，这激励他们"为新的理想社会而奋斗"。这是"社会主义的准备"，毫无疑问，"资本主义在走向灭亡"。

这种信心源于何处？在中国从事全球化研究的理论工作者中，有许多人认为，中国是社会主义国家，正是这一点保证了全球化不可能永远是资本主义的全球化，社会主义国家仍然存在并将在资本主义向社会主义的转变过程中发挥更为重要的作用。资本的全球扩张标志着社会主义的准备阶段，它在全球建立起现代生产体系、金融货币体系、信息资源和管理体系，这种全球体系为在全世界实现社会主义和共产主义准备了必要条件。

在中国关于全球化性质——它是资本主义的还是社会主义的？——的讨论中，一个有趣的观点是，从一些重要方面看，全球化在本质上是社会主义的，它的某些根本特征使它属于社会主义的发展。梁树发教授持这种观点，他认为全球化就其性质而言预示了走向社会主义未来的运动，全球化的内在逻辑在本质上是"反资本主义的"，这通过它的如下特征表现出来。第一，社会主义与全球化是彼此吻合的——全球化确立新的制度以推动生产力的迅速发展。第二，为了政治、经济和文化的全面进步，全球化确立了全球体系，它的制度性特征与社会主义是吻合的。第三，民族国家由于全球化而产生的变化与从资本主义社会产生社会主义的长远发展趋势是一致的。总之，社会主义运动与社会主义国家一道实际上是"全球化的推动力量"。

杨雪冬和王列提出类似的观点，他们认为社会主义从一开始就是全球化的重要推动力量，也是它的有机组成部分，它对全球化进程有着显著影响。在深入考察关于全球化的不同理论观点的过程中，杨雪冬阐明了社会主义是全球化的主要构成部分，也是全球化的主要推动力量。他认为，在社会主义和全球化之间存在着非常密切的联系，社会主义的理论观点（关于人的平等权利和国家之间的平等地位的理论观点、关于世界和谐共存的理论观点）对全球化的实践做出了实质性的贡献，对正确认识全球化也有实质性的意义。社会主义思想在世界的传播及世界社会主义运动是全球化的重要内容，而社会主义国家在 20 世纪的长期存在构成对全球化的资本主义主导地位的重要挑战。在 20 世纪，全球化的主题是社会主义思想和资本主义思想、社会主义制度和资本主义制度之间的斗争和对抗，社会主义国家在东欧的瓦解是全球化进程中社会主义力量的重大损失，但这并不像弗朗西斯·福山所说的那样表明社会主义的终结，但它使我们开始在全球化背景下对社会主义的意义、教训和未来进行全面反思。这种反思不会得出苏联解体后资本主义在东欧取得了胜利的结论；东欧地区令人痛心的现实只是清楚地表明了资本主义全球化如何困难重重，并且使人再次想到社会主义是全球化所存在问题的解决途径。杨雪冬认为，在资本主义全球化进程中坚持社会主义的意义在于，它提供了一套与资本主义价值观完全不同的、进步的和理性的价值观。资本主义全球化的消极产物是在全球范围不断增长的失业人口、国家之间和阶级之间差距拉大、严重的生态问题、跨国公司和市场原则对民主制度所造成的威胁，这些消极后果使社会主义成为必要的选择道路。杨雪冬认为，社会主义将贯穿全球化的全过程而存在，一些西方学者抛弃全球化只是全球资本主义的观点，他对此表示赞同。他用在不同文化和文明中不断出现的抵制全球化的事实、用在发达国家社会主义思想和社会主义运动持续存在的事实强调他的观点，即社会主义仍然是全球化的"客观必然性"。丰子义和杨雪冬把全球化概念阐述为社会主义在其中一直起着并将继续起着主要作用的多维度的历史进程。他们认为，"以中国为代表"参与全球化的社会主义国家对全球化的影响力在不断增长，而全球化的资本主义方面的内容由于非资本主义的发展中国家更多地参与进来而将持续减弱，全球化将从资本主义的全球化转变为多种推动力量共存、社会主义力量更加突出的全球化。

存在于中国共产党的理论工作者中间的认识是，尽管资本主义现在主导着经济全球化，但社会主义将在与资本主义的竞争中取得胜利，中国共产党的领导集体过去 10 多年来的正式讲话就反映出这种认识。但是，在绝大多数情况下，这些讲话都是措辞非常谨慎的，以避免国际资本担心中国的领导人是在极力提高中国的吸引力。例如，江泽民在1997 年中国共产党第十五次代表大会上指出，这样的历史进程（社会主义初级阶段），至少需要一百年的时间。至于巩固和发展社会主义制度，那还需要更长得多的时间。他在庆祝中国共产党成立 80 周年大会的讲话中重申，"人类社会必然走向共产主义"，但立即又作了调整，说道，"实现共产主义是一个非常漫长的历史过程"，中国在相当长的历史时期将仍然处于社会主义初级阶段。不过很明显，这样的表述一直存在，它表明中国共产党坚持马克思主义的指导思想。

当代中国马克思主义视野中的全球化、
资本主义和社会主义

显然，中国相当一部分学者和中国共产党的理论工作者认为，当代的经济全球化是资本主义主导的，并且处于正常发展状态。但是，他们也认为资本主义的内在矛盾——贫富之间的矛盾、人与自然的矛盾、发达国家与发展中国家之间的矛盾——正在通过经济全球化向全球扩展，马克思的论述——资本主义作为一种经济制度其内在矛盾将导致它走向灭亡——因此仍然是非常中肯的。这些学者和理论工作者努力解释的问题是，既然资本有能力扩展到全球的每一个角落，资本主义矛盾又将如何导致它走向灭亡并且让位于全球化的社会主义形态。显然，资本主义的全球化仍在快速发展，它对中国的经济、政治和社会生活仍然具有显著的影响，在这样的背景下，这些关于资本主义灭亡的预言最为突出的地方在于它们出现的频率和它所带有的信心。人们也许会认为，这样的预言仅仅是对中国共产党领导人预言的简单重复，而不是关于中国最终实现社会主义的虚假预言。但是，对于全球化的性质和发展前景，这些认识已经被中国人民广泛接受，把这些认识解释为虚假的，对于它们的动机和实质来说是不准确的。众所周知，中国共产党长期以来一直重复着关于社会主义未来的预言，它现在仍然发挥着效力，可见这里的逻辑已经超出了保持与党一致、宽慰人心的平淡重复。

这个逻辑的核心是认为全球化在本质上不是资本主义的。说当代经济全球化产生于资本主义并且在它的主导之下，中国学者和党的理论工作者是接受的；说当代经济全球化标志着全球化在很长时期里不能为社会主义服务，他们却表示反对。他们认为，资本主义也许在短期内不会灭亡，但它也不会永远存在下去。全球化所散布的机械论观点特别是关于生产力发展的观点，社会主义国家可以利用，资本主义国家也可以利用。这里的核心是他们设想，社会主义国家将继续存在，中国将仍然是社会主义国家。社会主义国家通过抓住全球化所带来的机遇，在与发达资本主义国家的经济竞争中将最终取得胜利，这种斗争因此常常被描述为具有不同意识形态和政治话语的国家之间的经济斗争，它将造成资本主义国家的经济衰退，导致社会主义国家的崛起和最后胜利。但是，这是以欺骗的方式描绘社会主义和资本主义之间经济竞争的：社会主义经济的崛起和社会主义的复兴因此表现了社会主义相对于资本主义的优越性；资本主义经济的衰退则表明资本主义作为一种经济制度所存在的内在缺陷。这种斗争将主要是国家之间的经济斗争，其后果取决于经济因素，而不是军事因素或者革命的武装斗争。在中国的文化语境下说全球化开辟了一个新的时代，而在这个时代里和平成为世界的主题之一，这样的说法带有劝说的味道，因此中国的理论工作者是在重复领导人的讲话，例如江泽民指出，经济全球化将……促进世界的和平与稳定，尽管在全球化背景下资本主义的矛盾有所发展并且有所加剧，但是通过国际合作，这些矛盾能够得到控制，并不必然导致武装冲突。从马克思主义的立场看，这里所缺乏的认识是，用革命手段解决资本主义矛盾（包括贫富之间的矛盾、发展中国家与发达国家之间的矛盾，特别是社会主义与资本主义之间的矛盾）也许不符合和平竞争（其游戏规则取决于国际间的商谈与协调），但是有可能以暴力冲突和武装斗争的形式发生。中国共产党的理论工作者也许会说，随着全球化的发展，它所存在的问题事实上将自行调整过来。

在中国关于资本主义最终灭亡、社会主义最终胜利的论断中还有一个明显的漏洞：在具体的社会形态下，全球化所造成和加剧的矛盾如何才能通过与资本主义对峙和斗争的社会主义得到解决。人们也许认为，在像中国——在这里社会主义也许是居于统治地位的生产方式——这样的社会形态中，这是非常迫切的理论问题。中国共产党的理论工作者绝大多数都认为，经济体制改革使中国具有一些重要的资本主义因素，他们也意识到，既然中国政府决定对经济体制进行改革，以便为吸引更多的外资到中国投资创造条件，那么这些资本主义因素的存在及其影响还会继续发展。中国共产党的许多理论工作者也确实欢迎更多的外资参与中国的经济建设，但是这种态度并不表明他们也承认，资本主义因素在中国的增长日益构成对社会主义主导地位的挑战，未来向社会主义的过渡（前面已经描述了过渡的类型）将不仅需要社会主义国家和资本主义国家之间的经济竞争，还需要包括中国在内的社会主义力量与资本主义力量之间的竞争。

这种可能性他们并不愿意多想，这有诸多原因。首先，毛泽东之后的中国马克思主义的基本原理是，生产力的发展决定社会变革，特别是资本主义走向社会主义的历史性变革；生产关系和上层建筑的变化是居于从属地位的现象，是由生产力的发展变化决定的。江泽民将官方的观点表述如下："生产力是最活跃、最革命的因素，是社会发展的最终决定力量……无论什么样的生产关系和上层建筑，都要随着生产力的发展而发展。"从这种观点可以看出，技术的进步、先进生产技术的普遍采用、经济的普遍增长以及工业化和现代化的进步才是导致社会经济历史性变革的决定因素，而不是阶级斗争，也不是上层建筑领域内的政治斗争。后面这些因素也许在某些领域内发挥作用，但是正如毛泽东所意识到的，不是历史变迁的核心因素。事实上，如果允许发挥更大的作用，它们倒能阻碍历史向它的既定目标前进。其次，与此相关，毛泽东之后的中国领导人继续在带有"文革"阴影基础上建构起来的理论框架内进行领导，他们担心这会造成社会和政治方面的被动，以及严重的经济损失。由于中国政府接受经济全球化，它所推行的政策也在某种程度上引起工人、农民和知识分子群体的不满，这些不满的任何重要表现都会使中国领导人产生不安心理。没有政府许可而有组织地抵制全球化的可能性是对中国领导人的否定，因为它已经决定严格控制会威胁社会稳定、削弱中国在稳定前提下对国际资本的吸引力的政治社会活动。中国的理论工作者接受这种立场，因此不能准确说明国际资本在中国的存在和作用如何强化中国作为社会主义国家的地位，不能深究或者在理论上正确说明经济全球化对中国社会结构中的阶级阶层结构及其矛盾的影响。有一种观点认为，按照定义，无论是现在还是将来，中国都是社会主义国家，受到这种观点的束缚，关于资本主义经济全球化时代资本主义和社会主义之间经济竞争的后果，中国的理论家不得不接受政府的解释。资本主义在中国将处于优势的可能性，中国吸收国际资本将使它不再是社会主义国家的可能性，都不能得到深入探讨，因为诸如此类的种种可能性与中国共产党内展开的处于主流地位的理论探讨不相吻合，被排除在可接受的可能性范围之外。

这里揭示了当代中国马克思主义理论连续性的局限。虽然中国共产党的领导人和理论工作者用马克思主义解释全球化的历史起源、性质和发展前景，他们却基本上抛弃了马克思主义理论的核心内容，即阶级斗争，正是它能够解释是什么促成资本主义向社会主义的转变并且贯穿这个全过程。马克思非常清楚地指出，并不仅仅是生产力的发展导致重要的历史变革，历史变革也不仅仅是经济发展和技术进步。正如马克思已经指出的，历史是由人创造的，他们在具体的历史环境中活动并且对之做出反应，而历史环境的重要内容之一就是经济状况。阶级之间的相互作用，特别是所有者阶级和生产者阶级之间的斗争，产生于具体的经济状况，这种相互作用是人力发动机，能够最终解决具体历史阶段的内在矛盾，表明具体历史阶段的内在可能性，并且最终导致历史性变革。抛开马克思主义的这部分内容，当代中国马克思主义对全球化的阐释就不得不依赖于政府关于资本主义与社会主义之间经济竞争的解释，这种解释还基于中国是、并将仍然是社会主义国家这种具有骄傲色彩的断言提出了新的断言，即在与资本主义的经济竞争中，中国将取得胜利，却丝毫看不到它乐观地加快吸收国际资本的事实。在政策层面，中国的领导人已经非常清楚地表明了中国将继续进行政策调整和制度改革，以适应外资在中国的利益要求。然而，在这个过程中，中国的社会主义旗帜、中国作为社会主义国家的地位依据想象不会受到任何损害。这就导致了理论和政策之间的严重不协调——一方面是社会主义最终胜利的信念，另一方面积极鼓励全球资本主义吸纳中国的政策，这种不协调无疑需要经过相当长的时期，只有通过政策对意识形态的胜利才能化解。然而，马克思主义作为中国共产党的主要理论（意识形态）力量将继续存在，因为中国共产党努力为自己营造新的形象，把她的光辉过去与注重实际地参与全球资本主义的现在协调起来，消除两者之间日益发展的紧张状态。

（原载 *Asian Studies Review*，2006 年 3 月第 30 卷）

（邓晓臻 译）

重访后社会主义：反思中国特色社会主义
的过去、现在和未来[*]

〔美〕阿里夫·德里克

[摘　要] 改革开放 30 年后，中国变成了全球化的主要动力和倡导者、"全球工厂"的战略中心和全球资本主义的中心，在经济、社会和文化上全面地融入了世界。但是，中国并未放弃它的社会主义信念或者革命的意识形态遗产。对于这种模棱两可的状态，"后社会主义"是一个恰当的反思起点。按照"后社会主义"的观念，改革开放是中国对社会主义目标及其实现手段的反思，并不意味着中国抛弃了社会主义及其对未来的想象，而是意味着以前所理解的社会主义已经结束。就未来的想象而言，社会主义仍然是构想多种可能性的源泉；就作为一种社会结构而言，社会主义仍然是可供中国选择的道路。然而，在全球资本主义的历史条件下，要实现社会主义的未来，革命的历史遗产仍然是寻找线索的资源之一。

---

　　* 本文选自《马克思主义与现实》2009 年第 5 期。本文系阿里夫·德里克（Arif Dirlik）教授为本刊纪念中华人民共和国建国 60 周年而撰写的专稿。作者系美国俄勒冈大学耐特社会科学讲座教授，长期致力于中国近代史尤其是中国革命史的研究，当代美国后殖民批评与文化研究领域最重要的学者之一。

20 年前，我发表了《后社会主义？——反思中国特色的社会主义》① 一文。今年恰逢中华人民共和国成立 60 周年（亦是改革开放 30 周年），我要反思这篇论文所提出的一些问题。当时，不论是社会主义的未来还是中国的未来都处在不确定的状态之中。现在也是一个不确定的时代。不过，这一次不仅涉及资本主义世界体系的未来，而且还涉及中国的未来。如今，中国已经成为资本主义世界体系的一部分，但却继续信守着社会主义的未来。20 多年来，中国融入了日益全球化的资本主义经济。这需要抹去早年革命社会主义的最后遗迹，因而使官方的社会主义断言不如以前那样令人信服。正如最近的报纸头条所说的那样，随着"资本主义的灭亡"，官方的社会主义断言需要加以反思——特别是因为那些仍然贯穿在这些断言中的历史经验，尽管革命的历史已经被抛弃，而且还因为要应对当前危机所提出的挑战，可能不得不利用过去的一些重要遗产。"后社会主义"（Postsocialism）为这样的反思提供了一个富有成效的起点。

后社会主义

《后社会主义？——反思中国特色的社会主义》一文的目的是反驳 20 世纪 80 年代对改革开放的简单化（和意识形态的）理解：一种理解预言说资本主义在中国即将复辟，而另一种理解则毫不怀疑地肯定社会主义。社会主义的反对者称邓小平是一个革命的领导人，准备使中国重

① Arif Dirlik, "Post-socialism? Reflections on Socialism with Chinese Characteristics," in Arif Dirlik and Maurice Meisner eds. , *Marxism and the Chinese Experience*, (Armonk, NY: ME Sharpe, 1989) , pp. 362 – 384.

回资本主义的老路。中国社会主义的朋友愿意接受中国领导人提出的一切路线，声称尽管中国抛弃了革命的过去，但是改革开放并不意味着从社会主义的任何重大退却。

按照我当时的理解，改革开放表明了革命的终结，重新提出了社会主义的目标及其实现战略的问题。从 1956 年到 1978 年的 20 多年里，社会主义过渡的革命尝试已经失败了。在经济和政治政策方面，改革开放类似于新民主主义的政策。新民主主义的政策不仅使中国共产党夺取了政权，而且还是新中国成立初期社会主义改造的指南。但是，由于抛弃了向社会主义进行革命过渡的希望，这些政策获得了新的重要意义。总而言之，它们要求对社会主义进行反思。"文化大革命"在某种程度上源于对苏联式社会主义的反思。这一次，恰恰是中国社会主义的革命经验要求重新思考和提出社会主义的全部问题。只要我们想理解 20 世纪 80 年代的状况，就必须把这一反思当作起点。"后社会主义"代表一种理解这种状况的概念努力。它来源于——

　　这样一种历史形势：（1）社会主义作为一种政治元理论失去了自身的统一性，这是因为社会主义信念在其历史发展中逐渐被削弱，也因为社会主义国家觉得有必要把"现实存在的社会主义"与资本主义世界秩序的要求结合起来，还因为社会主义在实践中因国情不同而带有各国的特色。（2）社会主义与资本主义的结合受到各国"现实存在的社会主义"结构的制约，这种结构是所有此类结合的一个历史前提。（3）这个前提是要对结合的过程保持警惕，确保不会导致资本主义的复辟。后社会主义也必然是后资本主义的，这并不是在经典马克思主义的社会主义是一个后于资本主义的历史发展阶段意义上说的，而是在社会主义代表一种对资本主义经验的反应和一种克服资本主义发展缺陷的尝试的意义上说的。这种对资本主义在历史上的缺陷的意识不仅决定了后社会主义自身的缺陷，也制约了它诉诸资本主义方法来消除这些缺陷的努力。因此，无论在多大程度上利用资本主义来提高"现实存在的社会主义"的表现，后社会主义都试图避免回到资本主义。由于这个原因，也是为了把"现实存在的社会主义"结构合法化，后社会主义竭力保持未来的社会主义是人类的共同目标的模糊信念，同时又否认它在当前的社会政策中具有任何内在的决定作用。①

"后社会主义"中的"后"包含两种意义，指的是历史形势的两可性（ambiguities）："今天的中国社会是后社会主义的，一方面因为中国虽然断言它具有社会主义的前途，但已不再从固有的社会主义思想中汲取动力；另一方面因为社会主义作为一种社会结构，仍然可供中国选择，只要形势需要，中国就可能再回到社会主义。（这就把中国社会同资本主义社会或后资本主义社会区分开来，在后者那里，这样的选择作为集体的选择和一种社会主义文化在意识形态上已经被取消。）"② 强调资本主义的因素并认为中国必定发展成为一个资本主义社会，这些想法都是错误的，"因为社会主义体系融入资本主义世界秩序对资本主义本身来说意味着什么，仍然要拭目以待"③。"后社会主义"并不表示社会主义的结束，恰恰相反，它提高了"在社会主义危机期间以新的、更具

① Arif Dirlik,"Post-socialism? Reflections on Socialism with Chinese Characteristics,"in Arif Dirlik and Maurice Meisner eds. , *Marxism and the Chinese Experience*,(Armonk, NY: ME Sharpe,1989),p. 231.

② Arif Dirlik,"Post-socialism? Reflections on Socialism with Chinese Characteristics,"in Arif Dirlik and Maurice Meisner eds. , *Marxism and the Chinese Experience*,(Armonk, NY: ME Sharpe,1989),p. 244.

③ Arif Dirlik,"Post-socialism? Reflections on Socialism with Chinese Characteristics,"in Arif Dirlik and Maurice Meisner eds. , *Marxism and the Chinese Experience*,(Armonk, NY: ME Sharpe,1989),p. 246.

有创造性的方式反思社会主义的可能性。……由于摆脱了对……一个不可阻挡的未来……的迷信，人们就可以用一种新的方式来构想社会主义：作为想象未来多种可能性的资源，这些可能性并不是从把有待解决的未来问题推迟到未来的僵化的乌托邦中，而是从当下就要解决压迫和不平等问题的解放冲动中汲取灵感"①。

中国与全球资本主义

20年后，中国社会主义的性质似乎更加清晰。中国的经济出现了巨大的增长。尽管中国抵制了来自美国的新自由主义政策，但它对全球经济的贡献却在很大程度上把那些政策合法化了。作为融入全球经济的结果，经济发展使中国变成了全球化的主要动力和倡导者。中国已经成为"全球工厂"的战略中心，生产出全球消费的商品，但是它首先成为了全球资本主义的中心。中国已经崛起成为全球经济中的主要大国，因为许多人指望它把全球经济从不负责任的新自由主义政策所造成的危机中拯救出来。许多人预言，中国将会恢复中华帝国在明朝曾经拥有的

---

① Arif Dirlik, "Post-socialism? Reflections on Socialism with Chinese Characteristics," in Arif Dirlik and Maurice Meisner eds. , *Marxism and the Chinese Experience*, (Armonk, NY: ME Sharpe,1989) ,p. 247。这种对社会主义的重新概念化非常类似于印度马克思主义者 Aijaz Ahmad 在苏联解体后提出的一个论述："社会主义并不是一个确定的名称，完全否定资本主义根本的体系性矛盾和残忍，因而不论苏联的命运是否是那样，这种否定仍将是一种必然性。" Aijaz Ahmad,*In Theory*: *Classes*, *Nations*, *Literatures* (London:Verso,1992) ,p. 316。

全球经济活动中心的地位。① 经济实力使资本咨询公司包含了政治的意义。资本主义世界经济的管理者再也不可能无视中国领导人的提议，不管他们情不情愿，只要认真思考世界的问题，就必须考虑中国领导人的建议。

中国经济的全球化还使社会发生了重大变化。广州、上海和北京等城市已经成为全球经济的都市中心。通过国民和文化产品的流动，至少是通过新通信和信息技术所提供的交往机会，中国社会已经与其他国家的社会融为一体。全体人民大大提高了他们的生活水平。经济发展造就了一个活跃于中国和世界的新企业家阶层。像其他国家的同行一样，正在壮大的城市中间阶层加入了物质和文化商品消费者的行列。相当多的农民冒险走出农业并从事其他形式的经济活动，因而他们的生活水平被提高到官方的贫困线以上。任何到访过中国的人都会对中国社会的生机和变化留下深刻的印象。相比之下，以前的资本主义中心变成了奇怪的发展停滞遗迹。中国社会不再只是欧美文化和知识产品的接收者，而是全球新奇商品的消费者和文化产品的出口大国。当中国绷紧身体的时候，它的肌肉展现出新的政治和军事力量。它还试图在关于本国思想和文化（包括语言）的全球计划中展示自身的"软实力"。

对社会主义来说，文化是特别重要的问题。在经济和文化（在某种程度上包括社会）的全球化过程中，文化传统尤其是儒学在最近 20 年里出现了复兴，但在之前的 100 年里中国革命试图把儒学扫入通常所说的"历史的垃圾堆"。儒学的术语已经浸入了社会主义的语言，官方已

---

① 我所指的是这样一些著作：Andre Gunder Frank，*Re-Orient Global Economy in the Asian Age*（Berkeley，CA：University of California Press，1998）和 Giovanni Arrighi，*Adam Smith in Beijing：Lineages of the 21st. Century*（London：Verso，2007）。

经批准儒学是中国认同的标志。正是在儒学而不是社会主义的名义下，中国的"软实力"投射到全球各地（孔子学院）。具有讽刺意味的是，随着社会和经济的全球化，大众转向了"中国的"事物，但培育出了文化排外主义，热衷于"托福"考试的同时却顽强地忠于革命——尽管并不容易——力图克服的过去。

然而，虽然对全球资本主义的经济、社会、文化和意识形态融入或官方和大众的本土主义复兴都存在这一证明，但是共产党的自我形象仍然保持两可性，中国同世界之间的关系在国内外的形象也是如此。中国共产党不愿意放弃它的社会主义信念或者革命的意识形态遗产。现在，这些遗产包括邓小平的改革开放遗产，而这个遗产已经荣升至"马列主义、毛泽东思想、邓小平理论"之列。至少在一定程度上，这种现实的自我形象是中国与资本主义世界保持暧昧关系的因素之一。尽管中国在当代全球经济中拥有强大的地位，但是我们也可以论证它既在全球经济之内又在全球经济之外：在其内是作为一个大国，在其外是中国坚持同资本主义保持一定的距离（结果是资本主义大国对中国的持久怀疑）。南方国家也是如此。中国的革命自始至终具有双重的特征：既是一场社会主义革命，又是一场摆脱半殖民统治的民族解放斗争——这使第三世界国家对它产生了亲近感。中国的身份中目前仍然保持这种两可性：一个发展中国家，却逐步获得了相对于发达资本主义社会的强势地位。这种双重身份既是使其获得南方国家的亲近感（以前的第三世界）的原因，又是使其具有剥夺南方资源（参见下文的进一步讨论）嫌疑的原因。

就这些两可性而言，把中国视为一个后社会主义社会，而不单单是一个社会主义、资本主义或新儒教的社会，就会使我们获益良多。有人或许会把中国领导人的社会主义声称斥为政治权宜之计，因为中国共产党的合法性归根结底产生于夺取政权的革命。这些声称的合理性来自别处：他们准备利用社会主义革命的遗产，把他们对当代挑战的反应同领导人的其他反应区分开来。此外，我们不应当从一种不管时空变化而定义都不变的一般社会主义来理解那些遗产，反而应当把它们理解为一种为了适应具体历史环境而需要加以重组的思想。在这里，具体的历史环境就是中国长达一个世纪的革命过程。这一革命过程不仅充满了社会主义的信念，而且一再重新定义着这一信念及其实现的手段。

即使在模棱两可的邓小平时代，以前理解的社会主义可能已经结束，但是由此认为它的遗产已经死亡却是错误的。我在这里并不单单是指一种集中化的、受到严密管制的经济的永久化。这就把这种社会主义同新自由主义关于无管制的市场经济的幻想区分开来，但是并不足以使这种社会主义具有一种超越资本主义视界的前景。此外，按照那种标准，在应对放纵的新自由主义所带来的危机时，包括美国在内的整个世界目前可以说处在社会主义的边缘，各国政府匆忙地管制资本的运作，即使没有接管资本的机构和机器，也是在控制它们。这显然并不具有任何重要的意义，恰恰相反，顽固的新自由主义空想家们抗议说，对市场的任何干预都是走向社会主义的步伐。

更重要的是为资本主义寻找一种替代的持久冲动。即使在中国的经济融入全球资本主义之后，这种替代仍然具有生命力。这种信念的持久性可以解释一些令那些期待社会主义消亡的人感到困惑——即使不是恼怒——的矛盾。当中国的领导人试图调和这种信念的要求与融入全球资本主义的现实时，这也向他们提出了种种挑战。

革命的遗产

我们可以从两个意义上来理解中国革命的遗产。第一个意义更为明显，就是革命作为价值观念、志向和政策——它们为当前的政策制定提供了灵感和例证——的宝库的意义。此外，在这个意义上，革命的历史也是包括帝国和前帝国历史乃至非中国历史在内的更漫长历史的一部分。尽管中国的领导人和思想家为中国的闭关思维辩护，但是他们显然并不排斥利用不同的过去来解决现在的问题。中国当前的领导人就是如此，就像毛泽东等以前的领导人那样。不同的领导人或思想家利用不同的过去，这仅仅表明对当代问题的不同认识和不同的未来理想。革命历史成为像其他历史一样的一种历史，既不表明否定了革命，也不表明保守地逃向革命之前的儒家历史——就像国内外的儒家理论家所认为的那样。毋宁说，现在恰恰是透过革命历史的棱镜来观看之前的儒家历史。一方面，在中国人和外国人否定"欧洲中心论"的背景下，革命历史代表着对革命前历史的肯定；另一方面，它利用过去来为那些恰恰是革命本身的产物的志向服务。

革命遗产的第二个意义虽然与第一个意义相关，但却更为复杂，而且必定具抽象的性质。这个意义是指一种思维方式，它是中国革命过程——尤其是作为长期游击战的共产党革命——的产物。从20世纪30年代到现在，中国共产主义革命的最突出的特点之一是它不断进行的政策试验：从20世纪30年代灵活的社会和经济政策到"漫长的20世纪40年代"的新民主主义，再到"大跃进"和"文化大革命"，再到80年代以来的改革开放。毛泽东公开承认试验政策，提出了"进两步，退一步"等口号。他是一位"伟大的试验家"，但绝不是唯一的一位。邓小平同样信奉这种政策试验，因而是毛泽东的继承者。确实，多年来，以一种有限的方式在某些地区进行政策试点，然后再最终决定政策的转变，就体现了这种对试验方法的信奉。我们或许可以合理地认为，中国社会主义革命的历史就是一部以社会主义和革命进行试验的历史。

从理论上说，这样的试验并不是无限制的，而是受到建立一个社会主义社会共同目标（不可避免地与富强中国的目标连在一起）的限制。然而，除了在"文化大革命"的高潮期间，这个目标并不会僵化成一个严格的乌托邦。换句话说，与"文化大革命"的宗教式乌托邦主义相比，共产主义革命中的乌托邦主义大多数时候是一种世俗的乌托邦主义，以对未来的想象来指导现在。而在现在，这种终极的想象依然发挥着同样重要的作用——只要对未来的想象保留了对国家的发展和独立目标的基本信念。

现在的活动与未来的目标之间的关系归根到底相当于中国马克思主义的理论和实践之间的关系。"中国马克思主义"的最精心表述可能是毛泽东所说的马克思主义"中国化"："马克思主义的普遍真理与中国社会的具体现实相结合"。不管毛泽东在不同时期制定的具体政策命运如何，毛泽东思想仍然是中国共产党意识形态的核心组成部分，这是因为它不仅代表毛泽东本人的思想，而且代表全党的集体经验，更重要的是，它的核心冲动具有持久的意义：马克思主义与中国经验相结合。由于相同的原因，我愿意在这里表明，毛泽东思想中的马克思主义与中国经验相结合，为解读后毛泽东时代的意识形态转变提供了一个重要的理论工具。

毛泽东阐述了在马克思主义中国化的过程中其马克思主义的哲学前提，并且他的马克思主义也是这一过程的一部分。他的《实践论》和《矛盾论》分别是 1937 年 7 月和 8 月发表的演讲，恰巧当时他呼吁共产党为了抗击日本的全面侵华而改变自己的革命战略。在最根本的具体化层面（使马克思主义具有中国作风和中国气派）上，马克思主义中国化是中国革命问题（尤其是在农业社会的中国——理论准备并不充分——进行马克思主义革命的问题）的产物；在应对这些不同于民族问题的问题的过程中，"中国化的"马克思主义的一些形成要素已经清晰地被提了出来。① 早在1936年，民族问题既是马克思主义中的一个问题，也是中国知识分子激烈讨论的主题。② 然而，只有在1937年到1940年间，毛泽东才明确地提出和实施马克思主义中国化的计划：在《实践论》和《矛盾论》对毛泽东哲学的理论阐述与1940年毛泽东在《新民主主义论》中提出的马克思主义中国化战略背后的推理之间有一种直接的联系。在这两篇论文中，毛泽东最全面地论述了他重新阐释马克思主义理论背后的哲学思考。然而，尽管具有突出的实践和策略意图，但这两篇论文仍然试图把中国革命的问题置于马克思主义理论之中。

矛盾概念是毛泽东思想的核心概念。这个概念在毛泽东的最初论述中具有核心的地位，是通过对马克思主义的重新阐释来解释中国历史形势的直接产物。各个历史时期的矛盾以及把这种矛盾阐释为理论

---

① 确实，关于把马克思主义转换成大众语言的必要性，最早和最重要的讨论者并不是毛泽东，而是早期的总书记和文学理论家瞿秋白。关于对瞿秋白思想的讨论，参见 Paul Pickowicz, *Marxist Literary Thought in China：the Influence of Ch'u Ch'iupai* (Berkeley：University of California Press,1981)。关于瞿秋白和党在农民革命的初期通过文学手段来完成这一转换的努力,更直接的讨论,参见 Ellen Judd, "Revolutionary drama and song in the Jiangxi Soviet," *Modern China* 9(1)(January 1983)。

② 这些讨论发表于夏征农：《现阶段的中国思想运动》（1937年，一般书店）一书。

和实践之间的矛盾从结构上决定了这一点。尽管民族革命的必要性与社会革命的必要性之间存在最明显的矛盾，但是在一种理论未曾预见到的社会状况中，这一问题成为更深层的革命实践问题：中国是一个农业社会，在这样一个社会中，社会主义革命不得不脱胎于那些理论没有解释的要素；革命者本身是社会形势的局外人（因而与之相冲突）。在民族斗争之外，恰恰是这种社会状况使马克思主义"中国化"成为一项总体的理论工程，因而要求从革命实践所面临的多种矛盾来重新阐释理论。

《矛盾论》描绘了一个以关系而不是事物为核心的世界（及其理解方式）。这些关系是相互对立以及转化、差异和同一的关系。此外，这些关系并不是随意地共同存在，而是构成了一个被它们的许多相互作用所制约的总体，这个总体仍然处在不断的转化状态之中，因为整体与构成它的部分之间的关系以及各个部分之间的关系不仅是功能性关系，而且还是（并且更重要的）对立的关系。矛盾观念包含着功能性和对立性（"对立面的统一"）；"矛盾"作为世界（和宇宙）的构成原则产生出一个每一事物（各个部分和整体）包含着其他一切事物的总体，然而任何事物决不可以因此而被归结为其他事物。

作为一篇哲学论文，《矛盾论》致力于阐述那些包含着这些一般观念的"矛盾"的特性。但《矛盾论》同时是一种革命解释学，一种阐释战略。换句话说，它的前提是"发动革命"。这揭示了一种除了马克思主义外或许还包含本土哲学内容的人生观，但是这些本土哲学内容都被归结到这个根本问题之下，并且通过它折射出来。

在某种程度上，《矛盾论》可能被简单解读为在1937年中国社会的具体环境中对革命具体问题的抽象论述。《矛盾论》的论述与对中国当代发展的评论交织在一起，而当代中国的发展则被用来揭示毛泽东的各种抽象。①《矛盾论》的根本目标是从理论上证明革命政策因为日本的全面侵华（这使"主要"矛盾从阶级斗争转变为民族斗争）而发生的变化。这也解释了《矛盾论》的主体部分为什么致力于讨论矛盾的"特殊性"（包括讨论主要矛盾/次要矛盾和矛盾的主要方面/次要方面）。正是在这种为政策变化提供合法性的过程中，毛泽东阐述了实践相对于理论的优先性。正如他所说：

　　教条主义者——不了解诸种革命情况的区别，因而也不了解应当用不同的方法去解决不同的矛盾，而只是千篇一律地使用一种自以为不可改变的公式到处硬套，这就只能使革命遭受挫折，或者将本来做得好的事情弄得很坏。②

----

　　① Schram and Knight 的文本分析表明（与以前的观点相反），《矛盾论》和《实践论》以及《辩证法唯物论提纲》写作于 1936 年至 1937 年，都代表了"一项单独的思想事业"。Knight，"Mao Zedong's On Contradietion and On Practise：Pre-liberation Texts，"*China Quarterly* 84（1980）；参见 Stuart Schram，*The Political Thought of Mao Tse-tung*（New York：Praeger Publishers，1971）。事实上，Wylie 认为，"马克思主义中国化"是反对党内"教条主义"的组织斗争的产物。参见 Raymond Wylie，*The Emergence of Maoism：Mao Tse-tung，Ch'en Po-ta and the Search for Chinese Theory*，1937 – 1945（Stanford，CA：Stanford University Press，1980）。尽管这种观点具有许多合理性，但是确实需要将其放到更广泛的革命环境之中来看。我之所以关注前两者，是因为与《辩证法唯物论提纲》不同，《矛盾论》和《实践论》代表了毛泽东的原创性贡献。此外，尽管这些论文是在日本入侵前已经进行的哲学努力的一部分，但是它们仍然来源于对实践的思考，并且明显是为了把应对"新形势"而作出的政治政策变化合法化。
　　②《毛泽东选集》第 2 版第 1 卷第 311 页。

然而，尽管毛泽东认为实践问题具有优先性，但是把《矛盾论》简单解读为对实践问题的讨论，忽视毛泽东为实践提供的证明对理论所产生的后果，可能是一种还原论的做法。法国马克思主义理论家阿尔都塞在讨论《矛盾论》时抓住了这个问题的重要意义：

> 毛泽东的文章是针对中国党内反对教条主义的斗争而写出的，总体来说是描述性的，在某些方面是抽象的。"描述性的"：他的概念与具体经验相适应；"在某种程度上是抽象的"：这些意义丰富的新概念主要是对一般辩证法的具体说明，而不是马克思主义社会观和历史观的必然蕴涵。①

阿尔都塞告诉我们，尽管毛泽东的阐述并不具有充分的理论化，但它们仍然具有突破性的重要意义（因而不可归结为描述性的抽象）。前者显而易见。虽然毛泽东试图对革命实践的特殊性进行理论化，但是他自觉地降低了理论的地位："理论和实践的矛盾，实践是主要的。"② 这还导致了对理论地位的重新阐述：毛泽东认为理论主要是一种对革命具体实践的抽象，并且作为对社会运动"规律"的抽象表述只具有次要的地位。毛泽东没有否定理论或者理解它的必要性。设想一个听众，他认为，那些进行"本能上的"辩证活动的人并不需要读书才能理解理论。对于这样一个虚构的听众，毛泽东重新肯定了学习理论的重要性，因为不经过这样的学习，就不可能对革命面临的复杂现象进行综合。毛

---

① Mao, "Bianzhengfa weiwulun" (Dialectical materialism) , in *Mao Zedong ji* (*Mao Zedong Collection*) , ed. By Takeuchi Minoru (10 vols) (Hong Kong：Bowen Book Co. , 1976) , Vol. Ⅵ, pp. 265 – 305, pp. 302 – 303.

② 《毛泽东选集》第 2 版第 1 卷第 325 页。

泽东相信列宁所说的一句话："没有革命的理论，就不会有革命的运动。"① 确实，就毛泽东的革命解释学而言，理论在他的思维中重新成为革命者判断革命方向的主要指南。

毛泽东赋予实践的优先性意味着，与阿尔都塞不同，他对抽象公式的理论化并没有多少兴趣。我们甚至可以认为，《矛盾论》仅仅是"部分的抽象"，因为毛泽东的历史主义（我所指的是他对具体性和特殊性的强调）并不允许超越某种程度的理论化。它所产生的是一种解释学：革命实践不再具有理论上的可预测性；毋宁说，理论变成了一种在发动革命的活动中"解读"历史形势的指南。在他赋予理论既是指南又是工具的双重意义上，毛泽东对理论的评价本身是"矛盾的"：它既是革命长期方向的"指南"，又是直接分析的"工具"。换句话说，理论恰恰是它想要揭示和解决的矛盾的一部分。这就是毛泽东理论重组的关键。

《矛盾论》的世界是一个对抗和冲突永不停息和结束的世界。在那里，统一本身只有从每时每刻的矛盾性出发才可以理解；没有任何实体是永恒的，因为它只存在于它的矛盾以及它与其他矛盾的关系之中。整个马克思主义可能是一种根据冲突而对世界进行的概念化。但是，无论马克思主义者对冲突的结构化或对社会结构的组织化多么不同，马克思主义的大部分解释都是从数量有限的社会范畴（生产、生产关系、政治、意识形态，等等）来构想冲突的，并且它们始终有一种根据这些范畴在社会结构中的有效性来将其等级化的冲动。毛泽东提出的许多矛盾抵制了这样一种等级化，更重要的是抵制了向少数范畴的还原。在决定

---

① Althusser, *For Marx*, (The Pengu in Press, 1969), p. 94n。毛泽东在这两篇文章中都引用了列宁的这句话，参见《毛泽东选集》第 2 版第 1 卷第 292 页和第 326 页。

社会结构或历史方向时，一些矛盾比另一些矛盾更重要，但是毛泽东反对否认那些看似最微不足道的矛盾在社会动力中的作用（因而拒绝把它们消解在更广泛的范畴中），也拒绝把它们等级化。因为就它们在结构中的地位而言，它们在互动的过程中处于不断的变化之中。对于马克思主义的主要范畴，毛泽东指出：

> 例如，生产力和生产关系的矛盾，生产力是主要的；理论和实践的矛盾，实践是主要的；经济基础和上层建筑的矛盾，经济基础是主要的；它们的地位并不互相转化。这是机械唯物论的见解，不是辩证唯物论的见解。诚然，生产力、实践、经济基础，一般地表现为主要的决定的作用，谁不承认这一点，谁就不是唯物论者。然而，生产关系、理论、上层建筑这些方面，在一定条件下，又转过来表现其为主要的决定的作用，这也是必须承认的。①

在这里，因果关系是情境性的和多元决定的：社会事件和历史事件是多种矛盾共同作用的结果。对毛泽东的矛盾观念来说，关键是革命主体的作用。第一，一个"多元决定的结合"表明革命的替代是一种寓于其他可能性之中的可能性，因为这样一种形势本质上是开放的，即对解释来说是开放的。按照革命的目标来解释它，是革命者的任务。这也是抽象理论作为行动指南展现出重要性的地方；因为没有理论的帮助，革命者无法做出符合长期目标的选择。第二，尽管本身是矛盾的产物，但是革命实践是矛盾结构的一部分，并且它的作用是以一种最符合革命目标的方式来对矛盾进行重新组合。革命斗争在把不利形势转化为有利形势中的作用，属于毛泽东矛盾分析的一部分；这一点在他讨论革命斗

---

① 《毛泽东选集》第 2 版第 1 卷第 325 页。

争的军事战略的其他文献中最为明显。

作为《矛盾论》的姊妹篇，《实践论》从认识论的角度更直接地论述了解释是革命活动的主要内容（或者夸张地说，论述了作为解释活动的革命活动）。从表面上来看，《实践论》提出的认识论是一种经验主义认识论。正如毛泽东所说，人的认识始于感性认识，即"感觉和印象的阶段"。随着感性认识重复了多次和积累下来，"人们的脑子里生起了一个认识过程中的突变（即飞跃），产生了概念。概念这种东西已经不是事物的现象，不是事物的各个片面，不是它们的外部联系，而是抓着了事物的本质，事物的全体，事物的内部联系了"①。（毛泽东也把这称为"理性认识"的阶段）于是，由此获得的认识通过现实的实践来检验它的有效性，从而在感觉—概念—实践—感觉的循环往复过程中带来更深入的感性认识、概念的修正和再实践。

然而，如果毛泽东的认识论是经验主义的，那么这是一位实践家的经验主义，他在以革命目标重组世界的过程中建构了认识。毛泽东首先讨论了感性阶段的认识，但这不意味着大脑是一张感觉可以把自身重组为概念的白纸，因为大脑已经拥有组织感觉的概念工具（暗含在知识的阶级特征中）和阐述它们的理论工具（辩证唯物主义）。进一步来说，他的认识论把某些活动（生产斗争和阶级斗争）在获得知识过程中的作用置于其他一些活动之上，并且知识具有一个明确的目标："发动革命"。最重要的是实践的地位，而毛泽东一贯在如下意义上使用实践概念：改造世界的活动。《实践论》的目标并不是为庸俗的经验主义（"实事求是"）辩护，而是反对那种忘记了革命具体环境的理论教条主义，肯定实践在认识中的优先地位。毛泽东引述斯大林的话说："理论

---

① 《毛泽东选集》第2版第1卷第285页。

若不和革命实践联系起来，就会变成无对象的理论，同样，实践若不以革命理论为指南，就会变成盲目的实践。"①

《实践论》可以视为对一个月后毛泽东在《矛盾论》中所阐述的革命解释学的呼唤。作为一项计划的组成部分，《实践论》和《矛盾论》在它们的互文性中揭示出了彼此。下面的一段论述表明，毛泽东虽然把知识理解为解释，但不愿意把知识仅仅视为解释：

> 要完全地反映整个的事物，反映事物的本质，反映事物的内部规律性，就必须经过思考作用，将丰富的感觉材料加以去粗取精、去伪存真、由此及彼、由表及里的改造制作工夫，造成概念和理论的系统，就必须从感性认识跃进到理性认识。这种改造过的认识，不是更空虚了更不可靠了的认识，相反，只要是在认识过程中根据于实践基础而科学地改造过的东西，正如列宁所说乃是更深刻、更正确、更完全地反映客观事物的东西。②

毛泽东的思维中存在一个深刻的矛盾。作为一名马克思主义的唯物论者，毛泽东相信，有一种"客观的现实"，由此可以判断各种相互竞争的知识形式的有效性；因此，他一再把认识称为世界在心灵中的"反映"。同时，正如《矛盾论》清楚地表明的那样，毛泽东把客观现实（或者思想的环境）本身视为矛盾的产物，使之变成解释和"重构"的对象。毛泽东对"真理"的突然讨论揭示了这一矛盾，因为他一方面主张真理——乃至革命真理——的"相对性"，另一方面相信"绝对真理"的可能性：

---

① 《毛泽东选集》第 2 版第 1 卷第 293 页。
② 《毛泽东选集》第 2 版第 1 卷第 291 页。

　　马克思主义者承认，在绝对的总的宇宙发展过程中，各个具体过程的发展都是相对的，因而在绝对真理的长河中，人们对于在各个一定发展阶段上的具体过程的认识只具有相对的真理性。无数相对的真理之总和，就是绝对的真理。……马克思列宁主义并没有结束真理，而是在实践中不断地开辟认识真理的道路。①

　　绝对真理与相对真理之间的矛盾表现为一个无法解决的矛盾。这个矛盾应该诉诸"实践是真理的标准"②来解决。在毛泽东的思维中，实践作为改造世界的活动与矛盾观念密切相关：也就是说，改造世界是解决矛盾的过程，矛盾的解决又产生了新的矛盾，新的矛盾又带来了新的实践，如此循环往复，以至无穷。然而，这一点本身是一个问题，因为正如对"矛盾"的讨论所告诉我们的那样，实践并不会凭借自身和自动地提供历史的指南，而且除了"发挥作用"外也不会提供任何对有效性的判断。换句话说，"绝对真理"的假设变成了一种对变化的现实——这种现实并不是"客观的现实"——意识形态封闭，但本身却是人类活动的产物。人类活动在改造世界的过程中建构了它对世界的认识：

　　无产阶级和革命人民改造世界的斗争，包括实现下述的任务：改造客观世界，也改造自己的主观世界——改造自己的认识能力，改造主观世界同客观世界的关系。③

---

① 《毛泽东选集》第 2 版第 1 卷第 295—296 页。
② 《毛泽东选集》第 2 版第 1 卷第 293 页。
③ 《毛泽东选集》第 2 版第 1 卷第 296 页。

这种把世界视为正在进行的革命解释和建构的表述打破了意识形态的封闭性，并且揭露出这种封闭性是理论和实践之间以及绝对真理与相对真理之间的矛盾。只有革命的干预才可以解决这种开放性的矛盾。只有通过革命的意志和对其他解释的压制，毛泽东的马克思主义才最终能够恢复为历史的指南。

现在之中的过去

理论既是革命实践的强大工具，也是它的产物。尽管如此，但是毛泽东的思想把理论转变成一种解释学，从而提出了两个具有持久意义的问题。第一，不论是否是革命的形势，任何形势都可能赞同不止一种解释（或对矛盾的解读）。如果只有解释的后果才能评判解释的有效性，那么任何一种解释的正确性都不可能有一种先在的判断方式。这样一来，解释之间的冲突容易蜕变成永无休止的斗争或对异己的暴力镇压。第二，由于同样的原因，就无从判断哪一种选择最有利于社会主义的长期目标，尤其是当社会主义作为一种乌托邦的目标已经世俗化和历史化的时候。让理论接受检验所带来的自由，迫使社会主义的意义及其实现方式付出了不确定的代价。

毛泽东思想赋予矛盾的地位表明了一种把冲突抬高为普遍存在的世界观（和宇宙观）。具有讽刺意味的是，矛盾论在具体历史环境下的直接目标是证明如下行为的正当性：结束同国民党之间的冲突（阶级斗争），建立一个反日本帝国主义的联盟。这使解释容易被许多人——即使不是所有人——接受，特别是党内那些不赞同篡改理论的更正统的马克思主义信徒。在随后的数年里，解释上的冲突可能变得更加严重，特别是在 1956 年之后，当时革命后的领导层必须对哪一条道路最适合前进到社会主义作出决断。选择似乎要么是快速发展生产力，建立社会主义的经济基础，要么是通过进一步改造生产关系来深化革命，消除建国初期发展政策所带来的各种矛盾。这还有可能推动生产力的发展。正如有时所建议的那样，选择并不是在发展与革命之间，而是在不同的发展道路之间：技术的对政治的。这两种选择从理论的角度来看都有其合理性。

政治的选择对技术的选择可能主宰了后来 20 年的政策。在这一选择上的分歧的最终解决方法，是把冲突提升为一种注入了日常生活的形而上学原则，把革命本身乌托邦化，因而革命的主张凌驾于集体智慧和组织慎思之上。这一次，在抛弃贯穿于其中的解释的过程中，试验给社会带来了重大的损失。

1956 年所否定的选择证明了 1978 年后进行改革开放的正当性：快速发展生产力。与之相随的是否认深层的社会冲突——尤其是阶级斗争——是走向社会主义的必要条件。宽泛地说，当时的迫切任务是完成由于"文化大革命"而流产的资产阶级革命。从中国的国情来看，这意味着回到指导 20 世纪 50 年代政策的新民主主义，强调阶级的联合，鼓励私人推动经济发展的行为，并且似乎需要解散以前建立的集体组织。

同样激进的行动是"开放"。"开放"意味着抛弃了此前 20 年里的自给自足政策。恰巧这时世界尤其是东亚的经济正在进行从进口到出口导向的重要转变。20 世纪 90 年代，这一转变在新自由主义的全球化中达到高潮。有效的开放——吸引外国资本的必要性——带来了进一步削弱那些与社会主义相连的集体组织。到 20 世纪 90 年代，80 年代犹豫不决的开放让位于对全球资本主义的全面融入，中国的经济将走上"全球化"的道路。

当前的中国是这些政策的产物，并且国内外基本上都认为它延续和实施了 1978 年提出的那些政策。然而，最新的研究表明，我们需要更细微地认识 1978 年以后的时期。有人曾经把最近的 30 年描绘为一种走向资本主义和全球资本主义经济的必然进步（或者退却）。我提出了一种历史分期：20 世纪 80 年代模棱两可的开放；90 年代的全面开放；最近 10 年重新担忧社会主义的未来。这些担忧之所以产生，是因为之前 10 年的快速发展政策造成了生态和社会问题。这些政策如果不加以限制的话，不仅会威胁到进一步的发展，而且还会威胁到社会主义的主张——正是从这些主张中它们至少汲取了自身的一些合法性。毫无疑问，发展使大量的人口摆脱了贫困，大大提高了国家的声望和实力。但是，发展也造成了巨大的社会和地区不平等，严重破坏了环境，培育了消费主义、不关心公共问题与似乎永远容忍不平等和不公正的大众文化——也造成了领导人自身所主张的革命文化与一般公众尤其是城市公众之间的鸿沟。1956 年在《论十大关系》中，毛泽东分析了阻碍走向社会主义的社会矛盾。①最近 30 年的发展再次凸现了其中的许多矛盾，不过它们与 20 世纪 50 年代相比稍微不同。正如当前的领导人非常乐于承认的那样，解决这些矛盾是当前的主要挑战。然而，有趣的是，像过去一样，对这些矛盾及其解决方法的解释仍然受到相同的两个彼此替代方案的制约：这些矛盾是那种随着发展的深入而消失的落后性的产物，或者它们是发展政策的产物，因而解决它们需要社会和政治的改造。

---

① 这"十大关系"是：（1）重工业和轻工业、农业的关系；（2）沿海工业和内地工业的关系；（3）经济建设和国防建设的关系；（4）国家、生产单位和生产者个人的关系；（5）中央和地方的关系；（6）汉族和少数民族的关系；（7）党和非党的关系；（8）革命和反革命的关系；（9）是非关系；（10）中国和外国的关系。

在中国的政治和思想辩论中，有一种接受在解决这些矛盾时进行社会和政治改造的必要性的持久意愿。这种意愿是中国和其他具有类似问题的国家之间的不同之处，也证明了"后社会主义"视角的合理性。对于这样一些改造的内涵或许没有任何分歧。所思考的可能性随着对世界和过去的开放也不断增多，但是思考本身的重要意义在于揭示社会主义革命遗产的持续性。在"小康社会"、"和谐社会"、"生态文明"等术语的传播中，社会主义本身获得了新的维度。这些术语试图保持对超越过去和现在的理想主义信念的活力，但又不落入正统语言的陷阱。与这些概念创新相伴的是试验新的治理形式。同时，中国的领导人从未放弃对马克思主义的理论信奉，就像重新激起马克思主义的活力的努力所表明的那样。这些努力是通过重新解释马克思主义来应对变化的世界形势而完成的。

按照一位理论家的观点，中国当代的政治理论和组织试验无疑是改良主义和增量的。① 这也预设了如下认识：社会主义并不是一种乌托邦，而是一个未知的领域；在那里，未来的东西远不如现在要加以克服的东西（即上文所描绘的那种不同于宗教乌托邦主义的世俗乌托邦主义）那样确定。与过去相比，对中国社会矛盾的分析目前更为复杂，这是因为中国已经融入了全球资本主义。能否解读这些矛盾以及判断哪一种解读会更符合长期抱负的困难也更为复杂。解决这个困难的方法之一是，以走向所渴望的未来的连续的短期目标来取代遥远乌托邦的目的论，同时防止这些解决当前危机的方法会给未来设置障碍。

---

① Yu Keping, "Toward an Incremental Democracy and Governance: Chinese Theories and Assessment Criteria," in Yu Keping, *Globalization and Changes in China's Governance* (Leiden: EJ Brill, 2008), Chapter 9.

走向未来——如果有一种未来

最后，我将对为了这个目的而需要克服的矛盾进行一些评论。我首先解释一下"如果有一种未来"这个副标题。当前的生态危机和资源危机是如此严重，因此我们可能想知道人类是否拥有未来。这似乎也使对社会主义或任何"主义"的讨论失去了意义，因为从人与自然的关系这个更广泛的视角来看，政治的事业似乎是微不足道的。但恰恰相反，我认为，正是这一问题使得对政治问题以及那种最能促进人类生存和福利的制度的讨论变得比以前更加重要。

过去 60 年来，中国社会主义的动力既是实现国家富强和安全的相关目标，又是分配的正义。20 世纪 50 年代初，优先性给予了重工业基地建设，同时农业实施了集体化，以便增加产量和扩大农村社会的平等。在接下来的 20 年里，重点转向了激进的平等主义，与此同时又鼓励社会各个层面——包括国家——的自力更生，而国家的自力更生意味着尽可能少地接触外部的世界。所实施的政策类似于战争经济，过多地关心安全，通过为了集体利益的自我牺牲来对消费进行禁欲主义的控制。20 世纪 80 年代，世界——政治和经济——形势开始发生的变化使改革开放的政策成为可能，这就把发展的方向与当代资本主义世界经济的变化密切地联系了起来。国家的福利和安全仍然是最主要的关切，但是对平等的寻求则把以快速发展生产来消除贫困放到了优先的位置上。在这一过程中，分配的正义逐渐弱化，从而将实现社会主义推向不明确的未来。

这种方向的变化造成了它自身的矛盾。我已经指出这些矛盾的政治、社会和文化维度。中国的领导人和知识分子都认识到了这些维度。

然而，一个未曾得到充分关注的问题是"发展"观念本身。例如，科学发展观所提出的计划注意到了调整发展政策的重要性，走向更具有持续性的发展带来了生态和社会问题，这些调整的目的就是缓解上述问题。但是，科学发展观并未怀疑发展观念本身。换句话说，中国和世界目前面临的根本问题是：20世纪尤其是1945年以来的发展观念是否是可持续的。我认为，这应当是目前所有讨论——包括社会主义的现在和未来——的起点。

在论述科学发展观时，胡锦涛主席指出：人是发展的根本目的。从许多方面来看，这即使不是社会主义的实践内容，也是它的理论内容：建立一个人民能够生活在幸福、正义和尊严之中的社会。但是，这是当代所要实现的发展吗？如果不是的话，我们能够希望在否定这些目标的发展计划中更接近一个社会主义社会吗？进一步来说，当对自然的破坏使我们痛苦地意识到，我们的发展具有种种生态的限制时，我们应当如何理解这些目标和实现它们的方式？

这些生态上的限制自始至终都存在。随着资本的全球化以及生产和消费实践的全球扩散，它们的威胁变得越来越清晰。对自然的破坏并非始于资本主义，但是资本所拥有的先进技术让人类"征服自然"，拓展人类发展的物质界限，因而也使人类释放出前所未有的破坏力。由于资本的全球化及其无限物质进步的前景，这些破坏力变得更强大。

我曾在其他地方论证过，从马克思那里开始，社会主义分享了资本主义的发展主义假设。马克思清楚地意识到资本主义的破坏性。然而，他仍然迷恋人类的创造性和资本主义所释放出的生产力，并且指望它们满足作为社会主义基础的人类需要。把资本主义变为社会主义的前提，由此会证明如下观点的合理性：社会主义过渡必须等待生产力的全面发展——尽管何种发展构成全面发展以及全面发达的资本主义社会是否赞同社会主义改造并不清楚。同样不清楚的问题是：在生产力的发展过程中，什么时候新的生产关系才会表明社会主义的降临。

另一方面，通过所创造的财富、克服人类问题的技术创新能力的前景以及更公平的财富分配，资本主义社会一直能够维持无限普遍发展的神话。这一神话还有一个合理性来源：自觉地把贫困描绘为绝望的贫困者的条件，而且还将其说成是那些得不到资本的产品、因而不必为了生存而这样做的人的条件。换句话说，资本主义的扩张不仅依靠生产出满足人类需要的物品，而且还依靠创造出对那些人类生活离不开的物品的需求。在这一过程中，资本主义掩盖了获得资本产品的机会的不平等，因为它承诺所有成功的参与者在资本的运作中都能够获得它们。我们还要补充说，不论是在国内还是在国家之间，这样一种不平等都是掩盖发展的生态限制的因素之一，而这些生态限制已经变得更为清晰可见，因为资本的全球化为那些以前被排斥的人也提供了生产和消费机会。那些加入资本主义市场的国家之间的竞争导致了生产过剩。为什么这会造成资本主义世界经济目前的危机？除了偶然的因素（包括明显的盗窃和抢劫事例）外，这个问题仍需进一步研究。

如果这些论证具有一定的合理性，那么我们由此得出结论说（回答上文提出的问题），那些与资本主义全球化相关的发展政策并不是可持续的，即使所谓的"可持续发展"竭力把生态的维度引入到发展之中，也没有解决它所提出的最根本的问题。这不仅需要反思发展的意义，而且还要反思贫困问题。这样一种反思不可能在单个国家的基础上进行，因为那些唤起这一反思的问题是全球化的产物。但是，一些国家由于它们在全球化中所扮演的角色，因而比其他国家处在更好的战略领先的地位上。

中国就是这样一个国家。这不仅是因为它目前在全球经济中的重要性，而且是因为它努力为资本主义世界体系提供一种替代经验。理想主义是革命的遗产，仍然出现在领导人对"人是发展的目标"的肯定之中。同样重要的是，中国愿意按照新的条件来重新命名过去。"和谐社会"或"生态文明"所表达的理想不仅利用了过去的社会主义信念，而且还承诺摆脱与之相关的思想和政治包袱。首先，这些理想表明了为现在提供替代的持久意愿。

中国领导人的纲领性陈述中的理想主义是否会实现，或者是否拥有超出现在的持久力量？这个问题仍需拭目以待。当前，中国与全球资本主义之间——不管是内部还是外部——的两可关系也可能有利于领导人为现在寻找替代的角色。当经济全球化影响到了中国社会各个方面的时候，尽管大多数人承受了全球化的后果，但是他们却没有从中获益。当前的领导人深刻地意识到并已经开始解决这一问题。具有讽刺意味的是，全球经济危机进一步推动了中国对改善中国人民尤其是内陆农村人口生活的投入。阻止农村人口的转移，加强农村的重建，并在国内分配全球化所带来的好处，这些或许很久才能消除全球化造成的一些不平等，从而建立这样一种经济的基础：把人民的需要放在脱离人类生活的全球经济的需要之前。

这决不意味着重归经济上的孤立。全球化下的经济"起飞"几乎实现了资本主义经济的基本前提，即交换控制地方需要，消费者脱离直接生产者，并且服从于金融积累的需要。由此所创造的财富只惠及世界上的少数人，却让大多数人任由资本的流动来摆布。由于资本的流动摆脱了日常的生产、消费和交换，因此它越来越容易遭到无耻的操纵。当前的任务是把经济的基础重新建立在满足国内的需要和创造国内的经济之中。尽管这并不是要脱离世界经济，但仍然是把人民的需要和可持续的未来放在优先的位置上。

挑战不仅是经济上的，也是政治和生态上的。经济的基础之所以要重建，也是要更关注人民的需要，而不是以无限消费的幻梦来操纵他们。这必须成为任何国内治理的必要起点。就像在其他地区一样，在中国，民主是一个复杂而充满争议的问题。这一问题由于美国前总统布什这样的人将其用于政治目的而变得更加复杂。他们在国外倡导民主，却在国内毫不犹豫地遏制民主。中国和其他国家的一些善意的知识分子就针对欧美民主普世化的做法提出了一些严肃的看法。①不仅在不同的社会中，而且即使在各个地方情况不同的同一个社会中，民主治理都必须采取不同的形式。另一方面，民主还有一个关键的功能，即建立治理者与被治理者之间的沟通渠道，从而对遏制腐败和权力滥用发挥重要的作用——这也是在官僚资本主义条件下的一个重要考虑因素。如果发展政策要真正地关注当地的需要和经验，就必须作出彻底的改变，动员人民

---

① 参见俞可平的论文集《民主是个好东西》，尤其是同名文章。也可参见他为《让民主造福中国》（社会科学文献出版社，2009 年）一书所写的序言。在最近的讨论中，著名作家韩少功在《民主：抒情诗与施工图》中提出了中国人是否为民主做好准备的问题。Barbara Foley 对王逢振和谢少波的访谈也讨论了这个问题及其与社会主义的诸种可能性之间的关系，参见 "Crossroads: China's Future Under Debate," in *Science and Society*, 73. 2 (2009): 193 – 210。印度著名知识分子 Harbans Mukhia 进行了充满思想的讨论，参见 "Liberal Democracy for Asia and the World: Problems and Prospects," Valedictory Speech to the 20th Anniversary Meeting of the International Association of Historians of Asia, Jawaharlal Nehru University, Delhi, November 14 – 17, 2008。关于地方治理试验的案例，参见《中国地方政府创新：2005—2006 年》（中央编译局比较政治与经济研究中心编，2007）。治理形式和民主实践要想奏效，就需要适应国家和地方的情况。尽管认识到这一点非常重要，但同样重要的是，就像过去百年来中国的知识分子多次论证的那样，我们必须随时提醒自己，民主的学校可能是民主实践本身。

来推动这样一种改变；不是把他们当作消极的对象，而是当作积极的参与者，他们的经验必须成为政策制定的一种资源。民主也可能是这样一种转变的前提。要赋予日常生活相对于抽象前景的优先性，还要考虑到生态因素是生存的条件，而不是经济的算计。

就中国经济在全球经济中开始发挥的战略作用而言，中国经济的任何变化都会对全球产生重要的影响。我们在这些天里经常听到有人说，中国在遏制全球衰退的过程中发挥了主要的作用。通常，这种说法的言外之意是中国可以帮助全球经济回到衰退前的状态：不可持续的全球资本主义。恰恰相反，我们建议，中国可以在有效地改变全球经济实践的方向时发挥重要的作用：重建全球经济的基础。中国在崛起成为经济大国的过程中受益于全球化，但也推动了全球化，因为中国不仅充当了"全球工厂"，而且还提供了发达资本主义社会和南方国家使其无限消费的持久幻想得以可能的信贷。

中国经济实践的任何重大转变都可能迫使其他社会迫切地反思发展。在这个方面，尤为重要的可能是中国在非洲和拉美扮演的领导角色。近年来，对于中国在南方国家的密集活动，其他国家一直怀有某种爱恨交织的心情。我们会轻易地看到前殖民大国代表对中国的指责，因为他们憎恨中国入侵自己以前的殖民地。但是，怀有这些憎恨心情的不只是他们，还有前殖民地的国民——他们在中国的活动中感觉到了一个新兴世界大国的殖民主义。

但另一方面，中国也是一个发展中国家，从而为南方的其他国家提供了一种亲密感。同样重要的还有对欧洲殖民主义压迫和剥削的共同记忆以及以前的"第三世界"认同。这些共同性不仅提供了合作的基础，而且还为制定满足不同社会具体需要的替代发展战略提供了基础。中国发展观的特点是关注差异和特殊性，反对普世性的大全哲学——这种哲学指导了那些受到资本主义启发的（并且社会主义社会过去也遵循的）现代化战略。①

然而，中国和南方国家对发展的重新定义或许对美国和欧洲——尤其是前者——的影响最大。发达的资本主义社会继续直接和间接地消费更多的世界资源，成为环境退化的元凶。对包括中国和印度在内的南方各国的生产输出造成了这些国家的资源枯竭和环境退化，至少在某种程度也是因为它们在满足发达资本主义社会消费需要中所扮演的角色。这些国家作为不可持续的经济实践的典型和出口商也发挥了同样重要的作用。

这些国家面临着许多困难，其中最大的困难可能是如果世界经济要具有可持续性，它们就必然降低自己的生活标准。不论是在发达国家或发展中国家中还是在各种国际论坛上，对发展的讨论总是集中于提高各国穷人和穷国的生活标准。"二战"后，欧洲近代的发展信念走向了全球。就此而言，我们似乎不得不承认，世界人口的生活水平从自然和社会的角度来看有可能提高到发达资本主义社会中产阶级（更不用说富人了）的水平上；尽管全球的资源压力不断加大，但是发达社会的中产阶级并不会降低自己的生活标准。已经有某种证据表明这就是目前正在发生的事情。发展的思维和政策要承认这一点，就不得不克服反思发展所存在的主要意识形态困难。

———————————

① 关于其中一些可能性的讨论，参见 Edward Friedman，"How Economic Super-power China Could Transform Africa，" *Journal of Chinese Political Science*，No. 14，2009，pp. 1 – 20。关于对中国在非洲活动的有用调查，参见 Richard Behar 的 2008—2009 年系列报告，www. fastcompany. com（这是哈佛商学院的一份网络出版物）。正如该报告所言，这种活动是全球化的直接产物：中国寻找维持生产的资源，满足美国和欧洲的消费。

　　中国在此作为发展中国家也可以扮演领导者的角色，仍然有可能区分开削减贫困和对发达资本主义社会中产阶级生活的效仿。然而，要做到这一点，不仅必须质疑全球主义的幻想，而且还要批判社会主义观念中那些使社会主义的可能性交付给资本主义的发展主义的历史遗产。在人类历史这个特殊的关头上，尽管社会主义继续从未来那里汲取诗意的想象，但是正如马克思所说的，它还必须从过去中寻找创造未来的线索。

（吕增奎　译）

中国的后社会主义转型：作为文化
变迁的制度变迁*

〔法〕 伊利斯·埃勒·卡鲁尼

[摘　要] 一个社会的文化变迁反映了其社会价值。通过中国的经验，我们可以看到，制度变迁不仅是经济的和政治的进程，而且从根本上说是文化的进程。所以，它是以价值和心态的变化为基础的。就像在化学反应中一样，我们看到，触动这场变迁的内在条件是由各种催化剂和因素综合形成的。中国的制度变迁从本质上来源于由中国的经济、政治和文化开放等一系列连锁反应所导致的文化震荡。同时，本文也探讨了这场变革的其他因素。

截至 20 世纪 70 年代末，中国共产党把国家推上了改革之路。这场经济体制改革所带来的结果令人印象深刻。中国的案例为制度分析提供了一个绝好的主题，它所展现出来的一切促使社会科学的研究者们去思考，当然首先是探索制度的变迁之路。转轨的进程也是一种制度变迁。我们如何在这种视角下解释中国渐进改革的变化？我们的看法是：文化变迁在这一进程中扮演着重要角色。因此以中国为例，本文将试图表

* 本文选自《马克思主义与现实》2011 年第 4 期。作者伊利斯·埃勒·卡鲁尼 (Ilyess EL Karouni) 系巴黎第八大学经济与管理系教师、经济学博士。

明，制度变迁不仅是一种政治现象、经济现象或社会现象，而且也是一种文化现象。更重要的是，我们将通过文化的起源阐明文化所扮演的这种角色。因此，中国的经验可以作为引起制度变迁的文化变迁的例证来说明。文化被经济学家们忽视和低估。特别是，虽然它可能对偏好形式有重要影响，但是新古典主义理论没有提及它。在这里，我们将论证，如果引入文化因素，将会显著地改善对制度变迁的研究。我们不认为中国的后社会主义转型只是文化变迁的结果，其他因素在这一进程中也发挥了重要作用。但是，它们的影响不应该使我们忘记文化因素。

本文对变迁的结果依次进行了理论展望。当然，中国是必不可少的，只是我们强调的是阐述这种变迁的理论概括。所以，为了更好地理解变迁的进程，我们认为首先应对中国的经济改革进行一个总体的评价。然后，我们将突出其本质。最后一部分将描述后社会主义转型的原因。

一、对中国经济改革的总体看法

中国的改革发动于 1978 年的中共十一届三中全会，是"有中国特色的社会主义"改革规划的一部分。这场改革从本质上来说是包括有限的政治改革在内的政策改革。然而，我不同意巴里·诺顿（Barry Naughton）将这个规划表述为"双轨战略"。相反，我认为，最早的改革并非一个战略的结果，而是对某些紧迫问题的回应。因此，自从中国经济成为以农业经济为主的经济以来，改革就开始在农业中展开，比如家庭联产承包责任制。它由家庭与政府之间签订的承包合同构成。农业因此开始自由化，虽然土地仍然没有私有化。农民家庭根据合同承包并耕种一块土地。自 1982 年之后，农民被允许以市场价格出售余粮。

这一早期的改革是以双轨制为特征的，主要是（但不仅仅是）在价格上对某些商品实行市场价格，而对另一些商品实行计划价格。同时，也开始学习市场行为。在工业方面，就像对待农民一样，国有企业被允许以市场价格出售计划外产品。因此，国家在资源配置方面的作用减少了（1992—1993 年，强制性计划被取消了）。至于所有权，在改革期间，我们见证了一种"自下而上的私有化"，即新的实体的产生。此外，根据开放政策，中国向世界打开了贸易大门。

最后，改革和转型的步伐自 20 世纪 90 年代以来不断加速，中国正在日益形成真正的资本主义经济。

二、作为文化变迁的制度变迁：变迁的本质

谈到"制度变迁"，我们要先提及（正式的或/和非正式的）规则的变迁或实施机制的变迁。① 在中国，这一变迁构成了社会主义转型。虽然某些改革进行得很迅速，比如农业中的家庭联产承包责任制，但是

---

① 近年来，经济学家们都是在一个相当宽泛的意义上使用制度（institution）的概念。虽然对制度一词可能很难做出一个一般性的界定，但是我们在这里还是借助道格拉斯·诺斯来对制度一词作出界定："制度是人为设计的构成政治、经济和社会的相对的约束。它们由非正式的约束（同意、禁止、习俗、传统和行为准则）和正式的约束（宪法、法令和财产权）构成。"（D. C. North, "Institutions", *Journal of Economic Perspectives*, vol. 5, no. 1, 1991: 97）我们可以增加正式的和非正式的规则的实施机制。用一个有关运动方面的比喻，我们可以这样说，在制度博弈中，组织是博弈者，制度是博弈规则。

改革进程还是渐进的。① 理解中国经验的一个关键因素是党的意识形态。中国共产党的确从内部发生了改变。它现在开始允许资本主义，鼓励积累财富。这里要阐述的是文化变迁，即价值观的转变。

1. 中国共产党的第二次文化革命

制度变迁是（政治或经济意义上的）企业家们为了能够制定政策、改变体制以符合他们的利益而自愿实施的。在中国，首先，这些企业家都是属于中国共产党的政治企业家，它们是基于政治目的发动这次制度变迁的。正是在这个意义上，邓小平提出了"两手抓，两手都要硬"的战略，一手抓政治，一手抓经济。一方面，中国共产党做每一件事都要努力保持治国的连续性；另一方面，又必须推动经济增长。中国共产党把经济作为掌控中国的一种方式。通过改革，意识形态成为中国共产党所掌握的第二种工具。因此，自 20 世纪 70 年代末以来，中国共产党必然要推行实用主义的政策。改革之前，在毛泽东时代，我们可以说中国领导人是"正统主义者"（purists）。他们过分重视意识形态。自中国共产党提出了经济增长的战略并把它作为维持政权稳定的目标以来，意识形态不再属于这种情况。如今发展比意识形态更为重要，而实现这些目标的方式相对来说不再重要。如果需要的话，意识形态可以进行调整，就像 2007 年 3 月通过的《中华人民共和国物权法》一样。

---

① 渐进主义与休克疗法的对垒在 20 世纪 90 年代初开始出现，当时前苏联和东欧诸国选择转向资本主义。应以什么样的速度向资本主义过渡才是适当的？休克疗法只是从社会主义向资本主义过渡的一个阶段。相反，渐进主义选择了一种更为进步的方式，中国的经验可以对此做出详细的说明。

作为一种结果，"社会主义"一词在后毛泽东时代被给予了新的界定。如今，在中国，社会主义不是一个产权问题或资源分配机制问题。因此，它与生产资料的所有权（被认为是马克思的或马克思主义的界定）或福利国家都没有任何关系。邓小平对社会主义的界定，即共同致富，是完全不同的。正如 2005 年钱颖一和吴敬琏在《中国的转型》一文中所说："让一部分人先富起来，并逐步达到共同富裕。"① 所以，邓小平承认不平等的出现，因为它是共同富裕的前提条件。库兹涅茨曲线（Kuznets' curve）对此作了图解。在类似于一个倒 U 的图表曲线中，Y 轴表示不公平，X 轴表示经济发展、时间或人均收入。库兹涅茨认为，发展与不公平最初是一起生长的，但是随后，不公平开始减少。② 这种观念上的改变是一场真实的文化革命（第二次"文化革命"），是在毛泽东发动了第一次文化革命之后。这就是我们认为中国的发展进程是一种文化发展进程的原因。

2. 文化变迁

我们用文化描述的是什么？经济学家和其他社会科学家经常在很多意义上使用这一概念。由于文化一词含义混乱，对文化的研究也常常令人疑惑。我们选择使用诺斯的界定："一个社会的文化是我们从过去继承的惯例和规范（和信任）的累积结构，它构成我们的现在并影响我

---

① Y. Qian, & J. Wu, (2005), "Transformation in China", Paper for the 14th Congress of the International Economic Association, Marrakech, Morocco, August, p. 48.

② S. Kuznets, (1955), "Economic Growth and Income Inequality", *American Economic Review*, vol. 45, no. 1, pp. 1 – 28.

们的未来。"① 这一定义是非常有用的，因为它并未把文化理解为一幅图画和一张照片，即文化不是凝固的和静止的。相反，它是动态的而非静态的。此外，这一界定坚持一种信仰（比如意识形态），这种信仰是文化的基础。因此，我们可以大致把文化理解为"认知"（perceptions）。② 此外，如果我们要研究制度变迁的话，文化是我们必须考虑的最重要的因素。③

我们为什么强调文化？曼瑟尔·奥尔森认为，由于"搭便车"问题，共同利益的存在并不必然导致集体行动。④ 即使一个人不参与集体行动，"搭便车"也可以使他获得集体行动带来的好处。在一个大型团体里尤其是这样，而在小型团体里这种情况则比较少见。道格拉斯·诺

---

① D. C. North, (2005), *Understanding the Process of Economic Change*, Princeton U-niversity Press.

② 既然文化与信仰和认知相关，我们就应该想到在文化与认知现象之间存在着一种联系。这种联系可以通过有限的理性和感觉的秩序来发现。哈耶克认为，我们的认知是通过我们的感官即所谓的感觉的秩序的分类而对刺激的重构。所以，我们对现实的认知总是并且确实是一种描述。至于有限的理性，则可以溯及下述思想，即人的认知能力是有限的。所以他不能使他的效用函数最大化。他宁愿使效用达到一种"令人满意的"水平。分别参见 H. A. Simon, (1945), *Administrative Behavior. A Study of Decision-Making Processesin Administrative Organization*, New York: The Free Press, third edition 和 F. A. Hayek, (1952), *The Sensory Order. An Inquiry into the Foundations of Theoretical Psychology*, Chicago: The University of Chicago Press。

③ 我们应该搞清楚，文化的概念与制度的概念不能混为一谈。更确切地说，我们认为制度是"浸于"文化之中的。从这一点来看，一个社会的制度整体只反映对它的主流认知。

④ M. Olson, (1965), *The Logic of Collective Action. Public Goods and the Theory of Groups*, Cambridge-Massachussets/London-England: Harvard University Press.

斯给出了解决所谓的奥尔森困境的方法——意识形态。① 如果参与者赞同一种共同的意识形态，那么共同的利益就会导致共同的行动。此外，新古典主义经济学不适合理解变迁。为此，诺斯阐发了一种以制度为基础的理论框架。他把制度变迁解释为一种包括意识形态变迁的文化变迁。诺斯把制度变迁的进程描述为以下序列：信任→制度→政策→改变认知的现实，等等。② 换句话说，这一进程中的关键因素是参与者的信任。他们决定这一制度矩阵（institutional matrix）③，而这一制度矩阵确定一种经济的激励机制（关于这一点，可参见诺斯 1990 年的著作《制度、制度变迁和经济表现》④）。因此，制度变迁是由信任的改变引起的。

重视文化这一点显著地改变了我们对制度变迁现象的看法和理解。文化与政体之间的联系在民主政体中是十分明显的，因为政府是通过选举被解散的。然而，即使是通常通过革命建立起来的社会主义，我们也应该认为其最重要的因素仍然是文化，因为文化是确保整个制度具有凝聚力的最重要因素。当然，如果我们考察资本主义和社会主义，就可以说这两种制度都有赖于文化的类型：前者是个人主义的文化，后者是集体主义的文化。换句话说，我们不认为社会主义是仅仅由共产党来管理的一种制度，但它却是由一种集体主义文化来巩固的。

---

① D. C. North, (1981), *Structure and Change in Economic History*, New York：W. W. Norton & Company Inc.

② D. C. North, (2005), *Understanding the Process of Economic Change*, Princeton University Press.

③ 所有制度的总和。

④ D. C. North, (1990), *Institutions*, *Institutional Change and Economic Performance*, Cambridge：Cambridge University Press.

在毛泽东时代，中国以集体主义文化为特征，这是毛主义的意识形态。这种集体主义文化与马克思主义的阶级理论是基本一致的。在个体的层面上，现实通过马克思主义得到解剖，马克思主义就像一个文化过滤器。而且，马克思主义意识形态是文化板块与政治板块之间的联接物。毛主义担当着政府行为的意识形态基础的重任，它广泛深入到中国的所有（至少是大多数）制度之中。因此，后社会主义转型是一种文化转型，因为制定规则的政治权力已经日益成为个人主义的或至少是日益缺少集体主义的权力。

通过"个人主义者"与"集体主义者"，我们要谈及人类各集团之间的（相对的）文化趋同，这些文化趋同可以通过某些社会文化因素得到解释。这两种文化是格瑞夫（Avner Greif）在他关于文化与制度结构之间的联系的比较性历史分析中提出的。[①] 格瑞夫分析 11 世纪和 12 世纪的地中海贸易时，解释了热那亚成功的原因，他对比了马格里布商人（生活在穆斯林世界的犹太人）与热那亚商人，在这些商人之间形成了一种更具集体主义色彩的文化。如果再次分析格瑞夫的这种观点，我们则可以说它涉及这一问题：哪一种文化能适应市场交易？格瑞夫得出的结论是：交易领域的范围越广大并且变得越与个体无关，建立在个人文化基础之上的社会组织的局限性就会越明显。按照他的说法，这就是热那亚商人之所以获得了对马格里布商人的优势的原因所在。因此，

---

① A. Greif, (1994), "Cultural Beliefs and the Organization of Society: A Historical and Theoretical Reflection on Collectivist and Individualist Societies", *Journal of Political Economy*, Vol. 102, No. 5, pp. 912 – 950.

个人主义文化是一种更能与市场兼容的文化。①

当佩杰威齐（Svetozar Pejovich）认为中东欧的转轨是一次文化进程而不是一次技术进程时，他给出了一个类似的观点。② 他认为，正式规则与非正式规则之间必须具有一致性，以便减少转轨的交易成本。按照他的说法，资本主义的特征表现为像"可信的和稳定的私人财产权、订约自由、司法独立以及宪制"③ 等正式的规则。但是，这些制度的最终结果有赖于这个国家的文化。正如佩杰威齐所说："资本主义的基本制度需要一种文化，这种文化鼓励个人去获取私人利益……这种资本主义或自由市场的文化、私有制经济……鼓励基于自利、自主、负责和自由市场竞争的行为。这种资本主义文化是以有没有价值为导向的，它奖励绩效，鼓励风险承担，提倡企业家精神。这种自由市场的、私有制的经济因此不只是资源配置的一种替代性方式，更是一种生活方式，其中每一个个体都要承担他或她的决定所带来的价值后果。"④ 因此，仅有正式的规则是不够的，这些规则必须得到意识形态、文化或非正式规则的支持。所以，渐进主义通过一种文化变迁来确保中国人改变他们的价值观。

----

① 不可否认的是，这种特征是非常单纯化的，我们完全可以了解它。复杂的社会是没有这种文化趋同的，其特征表现为集体主义文化与个人主义文化的混合。然而，在研究后社会主义转型时，即使这些概念有助于理解变迁过程，也是一种还原论的（reductionist）。此外，这不是想就最好的文化模式这一问题表明立场，或是通过贬低其他模式而高度赞扬一种模式。在这里，我们只是想表明制度变迁是由一种文化变迁引起的（并且导致了文化变迁）。

② 这里应该注意，佩杰威齐将文化限定为非正式的规则。

③ S. Pejovich,（2003）,"Understanding the Transaction Costs of Transition: It's the Culture, Stupid", *The Review of Austrian Economics*, vol. 16, no. 4.

④ S. Pejovich,（2003）,"Understanding the Transaction Costs of Transition: It's the Culture, Stupid", *The Review of Austrian Economics*, vol. 16, no. 4, pp. 349 – 350.

三、作为化学变化的文化变迁：变迁的原因

1. 因果关系问题

我们比较了中国发生化学反应的过程。很少有仅用一种原因就能得到解释的现象。但是，所有这些原因是如何相互影响的呢？跟随约翰·斯图亚特·穆勒（John Stuart Mill，1851），我们可以洞悉来自"化学"的（各种原因的）相互作用所带来的附加影响。在第一个案例中，因果关系是机械的，就像一种物理的过程。它被称为"原因的合成"（Composition of Causes），因为这种"几种原因的联合效应等于它们的各种独立效应的总和"[1]。E. 施利特（E. Schlicht）以对雨伞的需求受价格和气候的影响为例阐述了这一思想。在这一案例中，他假设，在其他情况均相同的情况下，要使价格效应不受气候效应的影响相对比较容易。但是，各种原因经常相互作用，从而产生一种结果，但这种结果的形式不能从诸原因中推断出来。例如，我们来看一下水，虽然它的分子式是 H_2O，但我们不能把它分离为两个氢原子和一个氧原子。这个例子是穆勒给出的："两种物质的化学作用产生……第三种物质，它的性质既不同于这两种物质中的任何一种，也不同于这两种物质的总和。氢或氧的性质在它们的混合物——水中无迹可寻，这是显而易见的。"[2] 同样，当我们研究经济和社会现象时，一些主要原因经常会产生非常复杂的后

---

[1] J. S. Mill,（1851）［1996］,*A System of Logic Ratiocinative and Inductive*, in Collected Works of John Stuart Mill,vol. 7,p. 371,London：Routledge.

[2] J. S. Mill,（1851）［1996］,*A System of Logic Ratiocinative and Inductive*, in Collected Works of John Stuart Mill,vol. 7,p. 371,London：Routledge.

果。就像水一样，它们既不能分解为两个元素，也不能分解为更多的元素。①

2. "文化震荡"和中国制度变迁的催化剂

当我们使用化学变化的比喻时，我们必须了解触发这种反应的初始条件、要素、催化剂和各种综合因素。通过初始条件，我们就可以了解毛主义的社会经济制度的内涵。这些因素之合成就是后毛主义经济体制的新制度。现在的问题是要确定什么触发了这一进程和这些催化剂。

我们认为，中国的后社会主义转型实际上是由我们所说的"文化震荡"（cultural shock）所触发的。文化震荡并非一种"文明的冲突"，后者是埃尔曼杰拉（Mahdi Elmandjra，1991）和亨廷顿（Samuel Huntington，1996）所建立的理论。这两位学者认为，自冷战结束以来，国际关系的特征表现为文明的"冲突"，换句话说就是不同文化之间面对面的碰撞。然而，我们并不是在这个意义上使用这一表述。在这里，文化震荡从本质上是一种现实化，是对感知（个人的和集体的）和确定之事的重估，而这些感知和确定之事是由于外部刺激引起的。在中国的案例中，文化震荡带来了这个国家封闭几十年之后的经济开放，导致了各种制度因素的重组。

---

① 然而，必须强调的是，化学反应的比喻不能与哈耶克所谓的"科学主义"相提并论，因为它只是一个比喻。参见 F. A. Hayek,（1952），*Scientism and the Study of Society*,Glencoe,Illinois；The Free Press。我们并非要求像分析化学那样去分析经济学，前者是一门硬科学，而后者是一门社会科学。化学变化的比喻很方便，因为它涉及元素，而元素像包含经济、社会、文化和政治元素的制度变迁一样是短暂易逝的。

至于催化剂，则属于中国的记忆。"催化剂是一种加速或减缓而不是消灭化学反应的物质。通常，一种催化剂是通过减少反应的活化能而产生效果的。"① 这里，我们还可以将一些催化剂进行分类。它们可以分为两种类型：内部的和外部的。在某种程度上，它们都与中国的记忆相联系。

两种内部催化剂分别是"大跃进"（1956—1958）和"文化大革命"（1966—1976）。在中国与苏联意识形态冲突的背景下，中国的道路首先是超越过去的盟国。这在中共九大二次会议上得到批准。"大跃进"的目标是跨越式发展，尽可能以最快速度赶超资本主义国家。这一阶段的口号正好是"50 年内赶超英国"。中国的政权有赖于其获得大众支持其计划的能力。"大跃进"的特征还在于不要除苏联以外的任何外部援助，而是依靠自力更生、自觉自愿。但是，这只是一种一厢情愿的想法（客观事实证明是不切实际的），"大跃进"的失败证明了这一点。由于恶劣的天气和农业被忽视的事实，1958 年冬季出现了饥荒。这一段中国历史对毛泽东而言是一个重大倒退，1959 年毛泽东不再担任国家主席。几年之后的 1966 年，他决定发动"文化大革命"。

"文化大革命"于 1976 年毛泽东逝世时结束。作为一场反右运动，"文革"试图纠正中国社会的右翼倾向。红卫兵们（15 岁至 19 岁的年轻人）反对特权，他们将这种特权看作是这个社会的资产阶级化。"文化大革命"试图通过反对苏联的"修正主义"来恢复革命的热情。教育被废除。红宝书，即毛主席语录，于 1966 年在中国出版，随后被翻译成多国语言。它被用于建构对毛主席的个人崇拜。在这一阶段，中国进入无序状态。

---

① E. Kostiner,（1992）,*Chemistry*, p. 109, Barron's Educational Series, Inc.

外部的催化剂是与中国同属一个地理范围并且在某种程度上具有相同文化背景的那些国家的经济复兴。当中国的经济濒临崩溃时，这些国家却走在西方的道路上，并且它们的战略也很成功。由于中国民族主义的特殊性，这一点是非常重要的。民族主义和沙文主义在世界上的每一个国家都存在。在大多数社会中，人们在这个方面有着过多的一致。在这个方面，中国也不例外。然而，中国的民族主义不同于其他国家民族主义的一个地方是它渴望为19世纪的"世纪耻辱"复仇。中国的文明是几千年的古老文明。在16世纪和18世纪之间，它在经济上统治着整个亚洲甚至部分世界。因此，目前的经济发展只是其过去成就的复兴。例如在宋朝（11世纪和12世纪），中国毋庸置疑是当时世界上最先进的国家。在1750年，中国的工业生产占世界生产的将近三分之一（32.8%），而同时代的欧洲则低于四分之一（23.2%）。然而，中国在20世纪的前半个世纪中却引人注目地衰落了，并因此导致了整个国家的危机。毛泽东的共产主义或许可以为过去的耻辱提供解决方案。而当前，通过另一种发展方式，中国试图恢复并开拓其在世界特别是亚洲国家中的地位。

四、结　论

要解释制度变迁是非常困难的，因为它是一个复杂的综合现象。它仍然具有中国变迁的神秘特点。为什么中国在后社会主义的道路上成功了，而其他国家却没有？我们不能（并且不应该）用一种原因来解释。本文的目的不是对中国后社会主义转型之根源给出这样一种解释。在这里，我们只是想把重点放在被经济学家们所忽视的一个因素上，这个因素就是文化。通过意识形态的变迁，文化在变迁过程中是具有决定性影响的一个部分。因此，中国的后社会主义转型是由几种因素的联合作用所导致的：国家的开放带来了"文化震荡"，"大跃进"、"文化大革命"和多数亚洲国家的复兴成为内部和外部的催化剂。这一进程更多地被描述为是文化的而不是政治的。以这样的视角来看，政治变迁只是文化变迁的一个征兆。

[原载 *International Journal of Social Economics*，

2009 年第 7 期（总第 36 卷）]

（孟秋 编译）

论中国特色社会主义研究的问题架构[*]

〔法〕让－克洛德·德洛奈

[摘 要] 对中国社会主义的研究，可以从经济和政治这两个能够比较准确地反映社会主义问题特征的领域入手考虑。中国一方面要依靠资本主义经济的外在刺激，抱着社会主义的目标实现经济现代性，另一反面还要利用源自内部传统和历史的政治工具实现现代性。本文认为，中国的社会主义是一种革命的社会主义，而非改良主义的社会主义。经济上，中国经济是一种受到国家有力影响的混合型经济，而非简单的资本主义经济；政治上，西方的民主价值观并不能在中国社会中轻而易举地解决适应性、社会凝聚力和社会保障等问题，中国政治的当务之急是在允许个人追求物质产品的同时，更好地保证广大群众的集体福祉。

---

* 本文选自《马克思主义与现实》2009 年第 4 期。作者系法国经济学家、弗朗索瓦·佩鲁理论研究中心主任、马恩河谷大学教授。本文译自让－克洛德·德洛奈（Jean-Claude Delaunay）教授为本刊发来的关于社会主义特别是中国特色社会主义的研究计划的第一阶段成果"Projet de recherche sur la socitchinoise socialiste"。

若欲推进对中国特色社会主义的研究和理解，离不开对社会主义整体情况的思考。因此，笔者首先力求通过本文的第一部分对中国特色社会主义研究的问题构架及构建该研究将涉及的主要概念做一个全面的界定。随后，本文的第二部分将进一步探讨中国特色社会主义的本质，通过对经济领域和社会政治领域的区分具体剖析所要研究的问题，然后试着揭示出矛盾的原动力。正如大家将会看到的，中国特色社会主义可以被理解为一条轨迹、一种"转型"，它是在一个经济领域和政治领域之间的矛盾体系的框架内进行的。

一、对社会主义和中国特色社会主义研究的整体问题构架

一个问题的构建取决于对一个问题以及解决该问题的理论方法的阐述，研究者应尽可能清晰地阐明与之相关的整个社会价值。笔者认为，包含在社会主义概念中的问题，就是发达工业资本主义体制的成熟及其引发的机能障碍问题。使用社会主义概念的研究者首先应该研究一下发达的资本主义社会是如何运转的，然后还要提出有哪些困难（约束、矛盾和退化），还有哪些失败之处。社会主义是涉及社会、经济、政治、文化的体制，能够跨越并克服经济上相当发达的资本主义（成熟资本主义）所遇到的最为严重的困难。

马克思主义首先为该问题提供了理论框架和概念。那么，社会主义问题涉及哪些概念呢？

1. 第一个概念是社会形态，这是有别于生产方式的概念。20 世纪上半叶，以苏联经验作为考察基础的马克思主义的理论化为社会主义的生产方式提供了定义，事实上，采取这一概念是不合适的，也使人们对社会主义的理解变得模糊不清。社会主义生产方式的概念促生了这样一

种想法：社会主义应该具有作为标准的主要特征，由此成为了一种向共产主义过渡的模式。

马克思的理论为其使用者提供的如下悖论：社会主义在创立之初考虑的是发达的工业资本主义的问题，因此才会提出最终会超越社会主义，实现共产主义，然而 20 世纪的社会主义却是落后国家的社会主义。社会形态的概念指的是具体的社会，可以将这一悖论纳入出现在整个发达资本主义体制空间内的多种"社会主义"的多样性和相对性的思想中。

由于存在多种社会主义的范畴和级别，因此另一个概念应运而生，并被用作社会主义轨迹。具有既定的社会形态的社会主义应当根据时代背景，被当作社会主义轨迹（发展的方向、动力的目标、变动的速度、可能的逆转性）进行分析，这需要考虑到一系列因素，笔者将在下文中明确指出。

接下来，在对社会主义给出一个初步的定义之后，笔者将对当今世界中的两大社会主义级别进行区分，这样做的目的在于对发达工业资本主义的早熟情况及其特有的矛盾和各种社会形态有个了解。其早熟的情况备受质疑，并且涉及两大社会形态：（1）发达资本主义的社会形态。这些社会是从内部成熟起来的。（2）边缘社会形态。发达资本主义以商业和金融的方式对其进行渗透，但是这些社会本身从经济上看是欠发达的，无论从生产的角度还是消费的角度。

只要能够实现政治条件，那么下述两种情况就可以促生两大社会主义"范畴"：

一种是改良主义的社会主义，这是经济发达的社会形态所特有的范畴。尽管这种社会主义源自资本主义体制的深层矛盾，但是由于一些政治原因，该社会主义范畴更多地延续了发达资本主义及其国家政体。这种社会主义使用的是创建于资本主义框架内的政治形式，目的是对资本主义进行改造。但是一般情况下，这会造成"通过其他方式维系资本主义的生命"。当前，在资本主义国家内的社会主义运动越来越顺从于资本主义，欧洲社会主义力量的所作所为就是很好的例子。

另一种是革命的社会主义，这是经济欠发达但人民群众渴望政治独立和从技术生产进步中获益的国家所特有的范畴。事实上，由发达资本主义从外部引起的深层矛盾以一种内在的方式（商业渗透和自然资源控制）作用于一些非常落后的国家。换言之，这些矛盾源自外部（资产阶级主导的其他社会形态）。由此产生的冲击使得存在于国内外之间以及该国内部的巨大的财富差距消失了。

因此，符合这种情况的社会主义具有三重决裂：（1）与处于统治地位的外部力量彻底决裂；（2）随着时间的推移，逐渐与内部的经济落后决裂；（3）与资本主义的社会关系进行部分决裂，这一点或多或少要视情况而定。革命社会主义的名字也就由此得来。

后一种社会形态所特有的决裂导致这样一种观点的产生：一种新的生产方式出现了。事实上，应当把这种社会主义当作成熟资本主义向另一种社会经济体制转型的模式之一进行分析。将今天的社会主义置于社会主义的普遍性中进行思考，无论是对于发达资本主义国家还是发展中国家而言，这都是找到上述两种情况的共同分析点的前提。

笔者在此所做的研究不仅是对这种或者那种社会形态的社会主义轨迹的研究，同时也是随着资本主义结构改变的进程，对社会主义最根本的社会关系的转型和变化的研究。根据观察，全球两大发展中国家——中国和印度，在社会关系的变化问题上，印度选择了资本主义，而只有中国明确地选择了革命的社会主义。

2. 社会现实就是劳动，其成形过程在这种变化转型和这种轨迹中是至关重要的。劳动是马克思和恩格斯理论的核心概念。我们在他们的理论框架内对社会主义进行分析的时候，首先要谈到的就是劳动。因此，劳动是我们为研究社会主义特别是中国社会主义而必须引入的第二个概念。社会主义旨在解决发达资本主义所产生的困难，对这一观点的陈述意味着当社会成为社会主义性质时，劳动就会以不同的方式在社会中发挥作用。

劳动必须被视为在一种既定的社会形态中进行社会主义研究的基础。这种概念上的选择似乎比价值观的选择更加稳固，从这一点看来，社会主义的本质或者说是这种社会形态的本质是很值得赞赏的。

首先，对价值观的记录构成了一份从一名研究者到另一名研究者的变化无穷的名单。其次，将"价值观"置于社会主义研究的问题框架的核心位置，意味着社会主义很可能是一种伦理选择的结果，该选择如今正趋向于同"特殊的价值观"——人权和民主——的统一。笔者在此并不是忽视人权或者民主，而是认为价值观只能够进行价值观的判断。社会主义的特点难道就是件价值观判断方面的事情吗？

3. 需要引入的第三个概念显然是社会关系的概念。只有源于矛盾和机能障碍的社会关系得到改变，才会出现持久的社会主义，至少从理论上看我们可以这么认为。当关于资本主义的这种深层改变无法发生时，资本主义制度的领导者能够（经过一段很长的凯恩斯社会主义的阶段之后，如今这种情况已经在欧洲出现）在任何时候收回以前退让出的好处，并使劳动退回到一种与过去相同甚至比过去更糟的状况中。这正是我们通常对改良主义的社会主义所进行的谴责，他们一方面想要长期改善劳动者的境遇，但另一方面却不触及最根本的社会关系。结果就是，最初的"社会关系"很快重占优势。

4. 需要引入的第四个理论要素是生产与最终消费、个人与集体之间的现有关系。这种关系可以使我们引入社会阶层及其动力的因素进行分析。

事实上，一方面，社会阶层位于生产之中，它们可以从生产中提取收入；另一方面，收入也能够使它们以最终消费的名义消费物质产品、服务或者其他要素。除了个人的最终消费之外，还必须考虑集体消费。"个人消费"与"集体消费"这对概念是分析社会主义社会形态的阶层动力的首要指标。总而言之，社会形态、劳动和社会关系的改变这三个概念，是进行社会主义研究的基本概念。笔者认为除了这三个概念之外，还应该加上对最终消费（个人和集体）中社会阶层关系的认识。

然而，为了使分析更加清晰，必须对某一个国家——比如中国——进行更为详细的研究，并展现出社会运转过程中两个相互矛盾的领域，即经济领域和政治领域。在一种经济上欠发达的社会形态的框架内，我们可以清楚地看到以下矛盾：一方面，经济领域是一个颇具现代性的领域，然而对于中国而言，该领域是在外部因素的作用下形成的，并在很大程度上受到资本主义关系的操控；另一方面，政治领域是以中国悠久的历史、长期的传统以及抗变化能力为基础，在内部因素的作用下形成的。不过，在国家的传统和历史的作用下形成的内部领域，必须在作为现代性载体的外部领域面前树立威望，并掌握控制权。

因此，在像中国这样的国家中，这两个领域（经济和政治）能够比较准确地反映社会主义问题的特征。这个问题的关键在于，一方面，依靠资本主义经济的外在刺激，以社会主义的目标实现经济现代性，另一方面，还要利用源自内部传统和历史的政治工具实现现代性，即使以中国为例，像共产党这样的特殊形式已经对这些政治工具进行了改造加工并加以现代化。

由矛盾总结出的问题如下：通过高效的社会主义的统领，政治工具（内部）是否能够管理、控制并改变经济现代性的工具（外部）？

二、中国的经济领域与社会主义问题构架

假设我们想要根据各国的发展程度和政治制度（社会主义制度、非社会主义制度）对所有的国家进行分类，分类的标准简单且具有二元性。我们可以通过下图表示。

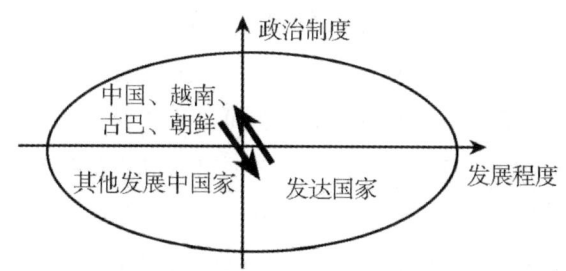

图表 1：通过交叉发展程度与制度性质，对不同的国家进行分类

整个椭圆代表所有国家，被分成了四个部分。右上部分是空的，这代表在革命社会主义道路上的发达国家。没有这样的国家存在。既是社会主义又是发展中的国家有四个（中国、越南、古巴、朝鲜）。其他的发展中国家都不是社会主义国家。换言之，从人口数量上看，社会主义的发展中国家在世界活动中占据着非常重的分量，这是由于中国归属其中。

正如图表所显示的内容，在社会主义国家（发展中）和发达资本主义国家之间存在着双向的经济关系。一方面，后者需要前者提供廉价

劳动力、新的销路，以对抗 20 世纪 70 年代中受到资本主义经济影响的利润率下降。另一方面，中国自 1978 年起采取了对外开放政策，收益颇丰。

以该图表为基础，我们可以做出以下几点评论。

1. 第一点涉及经济开放政策的选择。一些欧洲（法国）共产党员认为，如果向资本主义世界开放，那么中国的发展就只能是资本主义性质的。但是，一方面中国除了"开放"别无选择，另一方面中国如今的发展并非资本主义性质的。这是一种复杂的经济形式的组合，应该对其进行更加精确的研究，简单地将其称为"资本主义"未免过于肤浅。中国除此之外别无选择，这很明显。自 20 世纪 50 年代起，中国就开始探求一条属于自己的社会主义道路。但是这种以完全的政治意志主义为基础的探索酿成了一场巨大的悲剧。然而，社会主义在贫困的基础上是不可能获得发展的。当代的社会主义必须以一定的发展水平或者对这种水平的追求为前提。由于社会主义想要克服发达资本主义的矛盾，因此社会主义必须至少达到与资本主义相等的发展程度。

2. 为了在马克思的理论框架内对上一条评论进行论证，必须认识到，消费关系是社会主义实践与分析中最为重要的因素。对一个社会进行研究，我们不能仅仅考虑到生产关系。俄国的失败是由于该国的社会主义制度不能够令物质产品和服务的最终消费的需求达到当时消费模式的推广所要求的水平。集体消费也是如此。当美国（里根总统）在军事集体消费领域内（星球大战）向社会主义发动战争时，苏联在有利于资本主义的政治背景下迅速败北。它在医疗卫生等集体消费领域内的情况也每况愈下。

3. 然而，社会主义在没有达到一定的生产水平、没有掌握最有效的生产技术的情况下，也是不可能成形并稳定下来的。由于法国共产党的成员中有相当一部分人是经不起政治意志主义考验的，所以他们很难接受资本主义从过去到现在一直都是一个进步的制度这样一种观点。但是，在资本主义这样一种社会政治制度中，物质资料生产（以及个人最终消费）曾经在欧洲极度发达。资本主义相对于传统社会而言得到了飞速发展，其发展速度令人惊讶。中国共产党的领导人通过实行经济开放政策，力求提高中国工业生产力的水平和程度，同时提高人民群众的消费能力。

4. 一些法共成员由于对中国的现实情况缺乏了解，认为经济开放政策是那些对资本主义思想特别敏感的人提出来的。他们不承认"改革开放"的总设计师邓小平自 20 世纪 20 年代以来以最高领导层一员的身份参与了中国的历史。有的时候，他和同时代的人一同保证并贯彻了毛主义的决策。但有时，他们也遭受了灾难性的影响。他们认识到寻找一条有别于社会主义意志主义道路的必要性，因为这种意志主义道路会使欠发展的程度加深，有时甚至会引起饥饿以及国家的混乱。认为中国从思想上就想参与资本主义的观点是完全不合适的。对外开放的政策是在遭遇了接二连三的失败之后逐渐从现实中总结出来的必然选择。

5. 与此同时，中国可能会变成资本主义的观点仍然具有相当大的争议。早在"社会主义"之初，社会主义与市场之间的关系就已经被提出来了，特别是在苏联，原因很明显：首先，革命的社会主义国家的大部分民众是由小农组成的，但是小农惧怕社会主义。因此，农民数量至今仍占总人口近 45% 的中国，对于这一领域的经济管理采取了商品关系。其次，主导农村经济的是传统经济，而这种传统经济正在为实现现代化进程而受到强烈的冲击。市场则是达到该结果的最快的方法。

6. 随着向全球市场开放政策的实施，最初的理论问题已经得到了扩展，并且有一部分从性质上转变成为农民问题。中国的领导者认为，中国向全球市场部分开放工业和服务，相应地，中国工业（以及服务）也能够进入全球市场。于是，中国遭遇到了全球化的金融资本主义。由此可以提出两个问题：对外开放政策的整体效果如何？该政策导致了怎样的社会关系？

7. 对外开放政策的整体有效性似乎是不容置疑的，从国民生产总值就可以看出来。如果在经历了 30 年的改革开放之后让中国重新选择紧闭国门，这是不可想象的。尽管在向全球市场开放的过程中产生了诸多矛盾，但是中国民众对此举措普遍采取支持态度。尽管中国将重点更多地放在发展国内市场上，但是经济开放政策对于中国而言仍然是必须的，因为中国要获得原材料，出口并赚取必要的外汇用以购买大型的现代化设备，与世界其他国家建立长期互利的经济关系。

8. 我们通常会引用一些数据用以指出中国社会在改革开放之后所发展的程度，而这些数据如今必然又发生了变化，需要重新统计。这是为想要对中国市场进行勘察的外国企业提供服务的咨询机构做出的评估，但是这些评估仍然不能令人满意。这些评估只是进行了大致估计，仅考虑到为各种产品提供销路的可能的收入水平，而没有考虑到商品化（marchandisation）和工资化（salarisation）的真实情况。

9. 在开放政策整体上获得了成功之后，最好对矛盾和不足进行一番思考，特别是在劳动方面。应该衡量一下改革开放之后中国社会和经济所面临的巨大压力。例如，尽管中国社会从整体上看在近几十年内富足起来，但是社会领域和地方差别依然很大，这一点是非常明显的。此外，经济开放政策尽管从整体上对企业的经营管理产生了影响，但是并没有带来渴望已久的创新浪潮和技术进步。技术转让比预期少得可怜。最后，中国进入世界市场使得自然平衡受到严重损坏。因此，经济变革的实现伴随着自然、地区、社会的严重不平衡而出现。

10. 经济开放政策一定会导致资本主义吗？首先，我们可以看到，中国经济的商品渗透与以下五个主要现象密切相关，而这些现象并不都属于资本主义的范围：（1）与国内市场相关的农村经济的商品化，是在没有实现工资化的情况下进行的；（2）工业经济的商品化主要集中在沿海地区，特别是长江中下游地区，其方向是世界市场（实行资本主义类型的工资化）；（3）外国企业大量迁入（家乐福、沃尔玛、雪铁龙等）（实行资本主义类型的工资化）；（4）在特别是从香港、台湾、新加坡等地区和国家引入资本之后（例如超市、电子产品、旅馆），民族企业得到飞速发展（实行资本主义类型的工资化）；（5）国有企业所实行的工资化是迫于市场的压力（这种工资化受到资本主义经营管理的影响，但是从理论上看，雇佣劳动者所受到的保护比资本主义领域内的雇佣劳动者更多）。

考虑到这种多样性，我们可以试着对均衡的情况和主要的特点进行分析，可以看出，中国经济是一种混合型经济。中国社会的变革是一种传统社会的变革，在这样的传统社会中，资本主义关系非常薄弱。因此，很显然，如今的变化为资本主义关系提供了发展空间。然而，我们并不能就此认为这种经济就是一种资本主义经济，因为还存在着其他关系以及国家干预。

其次，事实上，中国经济是一种国家在很大范围内（中央和地方）有力干预的经济。这种经济的主要特点无疑给予国家很大的空间。法共观察家对中国社会的评价往往是："但是，并不是说因为有了国家，中国社会就是社会主义性质的。"这种说法确实有其道理。但是如果没有国家，中国社会的社会主义程度会更低。通过国家在一些领域所发挥的作用，我们可以看出，中国经济是一种受到国家有力影响的混合型经济。

三、中国的政治领域与社会主义问题构架

首先，我们将下图作为图表1的补充。

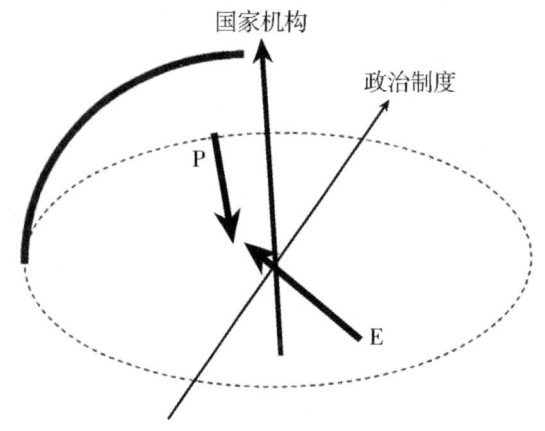

图表2：在图表1中加入政治领域的内容（增加"国家机构"轴），
并在特定空间内体现中国的情况

该图表借助一个区域（左上部分）来代表社会主义国家（中国），并展现出如今的两股对抗力量：（1）影响到经济领域的资本主义外部力量（E）；（2）负责市场外部经济力量并使其符合中国要求的内部政治力量（P）。现有的政治制度受到一些源自历史和文化的行为的强烈影响，而这两者与西方的历史和文化截然不同。现在，让我们试着通过政治方面的分析对中国的社会主义进行一番思考。以下几点是笔者认为应该考虑到的相关问题。

1. 首先涉及直接影响中国社会的外部经济力量（E）。与一些观察家的观点不同，笔者认为不能说中国已经变成了资本主义。中国距离资

本主义还很远。相反，使中国震荡不安的很可能是一股个人最终消费的强大潮流。从这个观点出发，中国正在顺应一个普遍性的变化趋势：在全世界范围内盛行一种较为普及的生产和消费模式，主要是个人性质的。该模式是工业资本主义存在的最后阶段，在个人物质产品和服务的生产方面十分出众。此后，该运动席卷了全球各个国家，包括中国在内。这种生产和消费模式对个人物品赋予特权，这些物品在企业中属于个体化的劳动生产力的范畴，在市场中可以归私人所有。

2. 与注重个人物品的工业资本主义相关的生产和消费模式的普及，导致一些符合该模式的行为的出现。对于中国人而言，就是以私人的名义获得各种类型的物品（舒适现代的住房、药品、联络工具、家用电器等），以及为孩子（如今多是独生子女）谋得某些服务（例如上重点学校）。

换言之，他们大多数人向国家提出的要求，并不是人权，而是某种集体保障以及继续寻求伴随着经济开放政策而出现的个人占有的可能性。在中国人的思想和社会关系的现实情况中，广大民众受到经济开放政策的影响，大多数人希望国家能够继续推进集体保障的任务，而并不希望政治活动投入到西方的民主形式之中。同时，中国的普通民众对于获得个人物质产品具有很高的积极性，因为这对他们而言是新兴事物。

笔者的观点与法共发布的文件中明确捍卫的观点截然相反。该文件认为，中国仍然是不民主的和专制的，例如，在农村地区，经济发展和消费进步促进了某种私人生活和个体的表现。文件的作者显然在个人物品的所有和个体的民主渴望之间建立了一种西方式的关联。

笔者认为，这种关联是错误的。以现代生产今后将会占优势作为借口，要求中国的社会主义通过"人权"，这是不考虑中国社会现实情况的做法。中国从前没有经历过各种形式的个人私有制，只是从农村家庭联产承包责任制才开始了实践。相反，中国在过去很长一段时间内一直在经历集体所有制，并为国家提供"集体资料"。尽管历史学家如今的研究工作表明，"亚细亚生产方式"的假设似乎越来越应该受到批评，但是中国的所有制历史与西欧和北美国家是截然不同的。

3. 那么，我们力求更好地了解的中国的现实情况究竟是怎样的呢？笔者认为，经济发展的现代化与保留了传统性的思想之间的矛盾造就了中国的现实情况，其特点是这种发展即为个人物质产品生产的发展。对于现有的国家机构而言，由此产生的结果具有非常复杂的作用。一方面，我们可以看到最终消费的个人主义模式的引入。但是，这是一个非常浩大的新工程，中国人希望由此能够占有所有的商业收入，尽可能少地"与国家分享"所得，尽可能少地缴纳税款。但是另一方面，我们也可以发现，中国人要求国家继续扮演传统的角色，特别是在灾难面前以及保证集体安全时国家必须发挥的作用。然而，由此产生了悖论：中国的国家并不掌握一个现代国家必须掌握的所有资源。下面让我们对这个复杂问题的主要方面进行具体分析。

一方面，中国的政治领导者应该引入新物质产品的生产和消费（因此也必须使劳动与由此产生的结果相适应）：首先，发挥使新的需求适应中国社会将来可能的发展的作用（例如，私家车的生产与销售、价格稍低的燃油的供应、舒适住房、医药）。因此，国家的经济和政治领导者必须负责建设适应个人消费的必要的基础设施（能源政策）。其次，发挥使中国的劳动适应新物质产品的生产与消费，并适应教育、求学、研究、高等级的科技和语言培训等新要求的作用。

另一方面，中国的领导者应该提供集体安全的需要，而不必掌握大量的货币资源，因为中国人对于纳税比较反感，并且中国的税收体制也不完善：首先，在面对重大危险事件时发挥对人民群众的安全保障作用

（洪水、地震、冰冻、大规模的干旱）。其次，发挥社会凝聚力的作用（提高就业和经济稳定的经济政策、社会保障政策、收入政策、地区政策、工业政策）。第三，在各个领域内发挥推动科研进步的作用，特别是对最先进的研究领域给予关注。科研是一种保护民族产业的方式。第四，发挥生态保护的作用。第五，通过和平的对外政策发挥保护中国人民群众的作用。第六，发挥增强民族自豪感的作用。第七，发挥国库的作用（央行的美元现金库存）。

很明显，要想在保留旧的集体消费模式的同时还能引入一种新的个人消费模式，就必须付出很大的努力去适应（例如，推行一种现代税收制度）。

4. 笔者认为，工业资本主义的消费模式是需求的载体，而人权和西方民主则是需求的表达方式。由于思想发生了深刻的变革，中国人的生活状况也发生了根本改变，例如，妇女在中国社会中的地位得到了真正的改善。但是我们认为，在如今的情况下，人权的价值观并不符合中国社会运转的需求。我们也不认为民主的价值观（西方观察家所理解的意思）能够在从前未经历过个人私有制的中国社会中轻而易举地解决刚才提到的各种问题，即适应性、社会凝聚力和社会保障，而个人私有制正是民主价值观的起源。在大的危险仍然存在的情况下，即使这些危险只是潜在的、不确定的，眼下最要紧的不是着手进行选举，而是在允许个人追求物质产品的同时，更好地保证集体福祉（基础设施建设、社会秩序、社会凝聚力、集体服务、科研、和平）。

在这样的条件下，国家机构根据几个世纪以来形成的并不断调整的原则运转着，首先也就是在重大灾祸或者自然灾难（中国历史上频频出现）面前保证集体安全和国家参与的原则。2008 年四川的地震、2009 年河南的干旱、当前的全球金融危机……这些都是现实的例子。国家机构在承袭它们的历史任务，实行保证社会安全的一般制度，这为它们赋予了合法性。但与此同时，从总体上看，个人对于缴纳个人税款仍然持排斥态度。一种"非正式"的思想在普通群众中比较普遍，社会中充斥着大量没有申报的小职业。然而，缴税在西方人权和公民身份的革命性要求中是处于核心地位的。在笔者看来，中国人对缴税仍然抱有反感态度的事实是一个重要的迹象，表明人权和民主问题还没有进入中国人的思想中。

对中国不尊重人权和民主的攻击似乎只是表面的，深层看来是有政治倾向性的。当地震发生时，政治学家能够承认军队的作用是很难替代的。事实证明，中国军队总是人民群众的首要保护者，他们与中国共产党紧密地结合在一起。从形式上看，刚刚袭击了全球特别是中国的金融危机具有与大地震相同的影响力和破坏力。日益衰退（特别是选举时弃权人数不断增加）的西方民主难道就是一个能够自我标榜的模式吗？与此相反，如果中国政府无法保证人民群众普遍要求的集体安全，特别是经济方面的集体安全，是会受到群众指责的。也就是说，尖锐的矛盾仍然存在。随着中国经济的现代化发展，税收基数正在发生改变。一个新的税收国家必然会出现。

5. 谈到国家的保护任务时，我们自然就会遇到这样的问题：在用传统手段处理这些问题的同时，如何寻求一种符合社会主义理想的现代解决方式？然而，笔者认为，适应现代性的前提条件是，一些行为必须在人们的思想深处消失。

例如，有些人指责中国当局迫使工会制度衰弱或不能够很好地为劳动者提供保障。假设这些指责确有其事，中国的工会运动不能够完成工会应当承担的任务。但是，困难在于问题不可能仅凭捶桌大吼就能解决。笔者认为，我们应该对中国社会现实的各个方面进行深入了解，有待解决的困难如下。

无论是哪个国家的劳动者，都是在感到有必要的时候才会向工会求助。但是似乎在中国劳动者的思想现状中，如今占主导地位的还是用身边的关系来保护每个个体的观念。如果靠建立个人的社会关系网就足以解决许多问题，那么还要工会干什么？从外部看来，这种行为被视为腐败。但事实上这与现代腐败完全不同。也就是说，如果这种思想是普遍存在的，那么我们就应该能够很容易地理解，现代工会运动在中国劳动者的头脑中还没有占据相当重要的地位。

如若改变这种情况，就必须使将个人关系作为解决劳动问题的旧形式彻底消失。这将是不可避免的。由于生产的现代化，"旧式的小腐败"不再能解决问题。如果一个劳动者对领导表现得十分顺从，认为自己就此可以免于被解雇的危险，但他最后仍然被解雇了，那么他肯定是非常惊讶的。而他被解雇的原因很简单：经济体制的规律使然，没有商量的余地。体制带给他正确的原则，但是这个过程需要很长时间，而且还要建立在多方面的心理元素的基础之上。中国的社会主义政府无法通过下发政令来改变这些思想观念。不过他们正在进行大量的实验，力求深入改变这个传统社会。

四、社会主义与工资制

总而言之，我们所探究的问题，就是中国社会是否在保持其协调性的同时向着社会主义的方向发展。笔者认为，很明显，所谓的"人权"问题构架是很肤浅的。该问题可以提供价值观的判断，但不能作为学术研究。从理论上说，这个问题的目的是对政治立场进行论证。因此，应该建立一个更稳固的问题研究框架，这正是本文试图做到的。以此为基础的研究可以让我们从一个更有保证的角度出发去认识中国的当代社会。

现实从来不是完美的。中国的领导人认为，中国还处于社会主义初级阶段。由此提出的问题是中国社会能否作为社会主义社会推进发展和稳定。

对个人消费的渴望和对不同部门内雇佣劳动者的集体消费的渴望之间的协调性，为革命的社会主义（或者"反资本主义的社会主义"）的动力提供了保证。正是由于这种协调性被打破，改良主义的社会主义社会才会失去了最初的动力，并最终沦为口头上的社会主义。

回到中国社会。经过简单地推理，我们可以说，劳动者或者劳动适龄者的群体可以被分为两个部分。第一个部分（中高层雇佣劳动者）所取得的工资，能满足一定的个人消费和一定的集体消费的要素。然而，这部分人追求充足的集体消费，只有国家能够提供资金，为他们提供所需的条件。此外，个人消费（例如家用电器）在不存在集体消费（能源生产、供应网络）的情况下是无法实现的。第二个部分（低收入雇佣劳动者和从事小职业的劳动者）所取得的工资，刚好能满足个人的基本消费。因此，他们依靠国家提供工资的补充部分和一定的集体消费，特别是医疗。

当这两类雇佣劳动者互为补充时，一个社会的协调性才能够得到保证。在中国，在这两部分劳动者中就存在一种不言明的联盟，政治机构的任务在于满足这种互补性。假以时日，中国社会主义的成功将由此得到真正的检验。这种协调性主要取决于贫穷的雇佣劳动者能否就以下一点达成共识：只要拥有了他们所需要的集体消费就能继续追求个人消费。另外，与此相补充，较宽裕的雇佣劳动者已经准备在他们自己所需的范围内为集体消费提供资金。

相反，在发达资本主义社会中，我们可以看到，这种联盟关系已经破裂，由此促成了改良社会主义的成功。如今，由于改良主义的社会党拒绝干涉资本主义关系以改变这些关系的最基本的方面，他们的主要支持者就成为代表最宽裕的雇佣劳动者的一类人，这部分人是最能够从全球化的规则中获益的。然而，在此范围内，该类劳动者拒绝为集体消费提供资金，而这些集体消费往往都是必需的。一方面，他们认为他们能够在全球化的进程中很好地保障自己的个人收入（他们本身就是操控者的一部分），另一方面，他们所取得的收入足以令他们获得私人的集体消费，即教育、医疗等。

与此相反，被全球化排除在外的人尽管非常依赖于国家投入的方式获得资助的集体消费，但是很难迫使这项资助额度达到可以接受的质量水平。虽然他们的日常收入刚够维持生计，但是仍然无法使他们获得私人的集体消费，并且他们所获得的公共集体消费正日益萎缩。

因此，两类劳动者联盟关系在凯恩斯时期逐渐破裂，这种破裂是通过被我们视为普世的民主和人权价值的危机表现出来的。我们可以看到一种有趣的现象，即西方最保守的人正是那些主张大幅降低赋税的人。他们事实上是在削弱人权的社会公约的基石之一，因为赋税是公民身份的基础。

如果我们对于贫穷的雇佣劳动者和富裕的雇佣劳动者之间具有联盟关系的假设成立，那么这自然也就意味着过去几年对政治马克思主义的系统阐述存在着某些理论上的错误，特别是关于"工人阶级"具有排他性的论述资料。我们可以回忆起来，有些论述提到只有工人阶级受到剥削，而雇员是不受剥削的。事实上，这类关于工人阶级（或者说是物质资料生产阶级）的理论资料为改良主义的社会民主党留下了几乎可以被视为"与生俱来的"任务，即实现不从事物质资料生产的雇佣劳动者的政治愿望。如今，这类理论已被证明是毒害很深的。工人阶级如今已经衰弱，而较富裕的雇员阶级尽管也受到了经济危机的影响，但是与大众阶级渐行渐远，甚至与大众失去了联系。

　　如今的许多研究忽视了新兴的且十分重要的服务业领域，并试图把注意力都集中在"信息革命"上，认为这代表了工人阶级在现代的延伸。而这些研究无疑走上了与过去的研究相同的道路。因此，通过对社会主义的普遍性思考，我们可以认为，由于在当今中国，正在成形的不同类型的雇佣劳动者之间的联盟关系更能得到保护和巩固，所以中国特色社会主义的动力更加稳固且持久。

（赵超　译）

发展中的社会主义中国的政治经济*

〔德〕 西奥多·伯格曼

[摘　要] 社会主义的国家资本主义是为社会主义服务的经济战略。新中国建立之初的任务就是保证充足的食物供应，建立现代的技术、文化和社会基础，达到工业国家的发展高度和生活水平。只有按计划集中匮乏的物质资源，在不同阶段应用于重要部门，共产主义者的宏伟目标才能实现。改革开放后，技术的引进使得中国达到工业国家的水平，通过向世界市场开放现代化部门，中国成为全球市场的独立因素。由于收入被大幅度拉开，于是政府采取各种措施实现平等。农村人口向城镇的转移促进了阶级意识的形成、工会作用的加强以及社会保障制度的建立。在与资本主义共存的时期，寻找恰当的经济战略来发展社会主义社会需要一个过程。社会主义社会的矛盾可以通过协商解决，社会主义道路本身就是目标。

---

* 本文选自《马克思主义与现实》2011 年第 4 期。作者西奥多·伯格曼（Theodor Bergmann）系德国斯图加特大学教授。

一、任　务

在共产主义者领导下，中国逐步成为世界政治和世界经济的重要因素之一。它以其发展与"和平崛起"向世界、也向国际社会主义运动提出了一些问题。尤其是社会主义者就以下问题存在分歧：中国是社会主义国家，还是正在走向资本主义或已经是资本主义。本文不是要教导中国的专家、策划者、研究人员和政治家，而是试图理解中国的社会经济发展及其合理性，从而使欧洲社会主义者也能够理解。

二、观　念

迄今为止，我们都在运用资本主义经济学和社会学的观念，但并不怀疑它们的有效性；这些观念是由马克思主义经典著作针对资本主义社会自然而然使用的。但是，我们应该知道，语言也是一种霸权工具。在一种或许完全不同的背景下，我们毫不犹豫或不加区别地使用这些观念。我们也接受资本主义媒体的标签，它们几乎一致将中国划为资本主义。但是，在不同的制度下和不同的发展阶段中，同一个词或许有着完全不同的意义。

依据国家制度是否是资本主义制度，国家资本主义也就意味着完全不同的经济战略。在当前全球经济危机过程中，这一点变得更加明显。比如，德国政府接管破产企业的资产从而减轻它们的债务，并明确宣布以后还要将它们重新私有化。相反，对于目前盈利的公共事业却进行私有化。

在上世纪最初20年中，苏联的国家资本主义却有着完全不同的特征。其目的在于学习资本主义的技术以便战胜资本主义，加快社会主义社会的建设步伐。布尔什维克将资本主义看作是一个过渡时期。列宁这样解释不同社会制度下资本主义的区别：

> 我们在我国实行的国家资本主义，是一种特殊的国家资本主义。它与国家资本主义的通常概念不同。我们掌握了一切经济命脉，我们掌握了土地……这一点是很重要的……我还要说，我们今后的一切活动都应当只在这些范围内展开……我们的国家资本主义同从字面上理解的国家资本主义的区别就在于我们无产阶级国家不仅掌握了土地，而且掌握了一切最重要的工业部门。①

但是，列宁完全明白，新战略在某种程度上将资本主义重新引入社会主义国家，而这个国家是由共产主义者领导的：

> 新经济政策……就是在很大程度上转而恢复资本主义。究竟到什么程度，我们不知道。同外国资本家签订租让合同（诚然，已经签订的合同还很少，特别是同我们提出的建议相比），把企业租给私人资本家，这些都是直接恢复资本主义，是从新经济政策的根上萌发出来的。②

在资本主义社会，阶级观念意味着一种对抗，即处于统治地位的资本家和处于被统治地位的无产阶级的长期不相容。因此，在无产阶级革命胜利之后，对于不同的利益集团，这种观念是否依然有效，列宁表示怀疑：

---

① 《列宁选集》第 3 版第 4 卷第 725 页。
② 《列宁选集》第 3 版第 4 卷第 576 页。

所谓阶级，就是这样一些大的集团，这些集团在历史上一定的社会生产体系中所处的地位不同，同生产资料的关系（这种关系大部分是在法律上明文规定了的）不同，在社会劳动组织中所起的作用不同，因而取得归自己支配的那份社会财富的方式和多寡也不同。所谓阶级，就是这样一些集团，由于它们在一定社会经济结构中所处的地位不同，其中一个集团能够占有另一个集团的劳动。①

在列宁看来，阶级的消灭是一个长期的过程，与实现社会主义社会经济发展目标相联系，比如城乡生活条件的一致，体力劳动和脑力劳动差别的消失。

再说民主观念，它为发达的资本主义国家所拥有。在此，瑞典、英国、德国和美国之间的巨大差异完全不存在了。更大的差异将是资产阶级民主——通过院外游说、政府"顾问"、政党筹资和媒体的准垄断（quasi-monopoly），（资本家的）经济权力就转化为政治权力——和社会主义民主之间的差异。

最后，在资本主义社会，剥削意味着，工人创造的剩余价值被生活资料的所有者据为己有，并依其利益而使用。在共产主义政府组织的经济中，国家将工人和农民的剩余价值用作社会利益的长期投资。

关于观念及其含义随着社会制度变化而变化的问题，尼古拉·布哈林（Nikolai Bukharin）这样写道："同样，当我们谈论新的生产过程时，利润和剩余价值的范畴也消失了。但是，既然自由市场继续存在，投机也就存在。"②

---

① 《列宁选集》第3版第4卷第11页。

② Nikolai I. Bucharin,（1922 /1990）,*Ökonomik der Transformations periode*,Berlin, p. 216.

这样，社会主义者像资产阶级经济学家那样使用同样的词汇，但忽略了不同社会制度下内容的可能变化。这促进了资产阶级的霸权，并使无产阶级困惑不解。因此，阐述马克思恩格斯关于非资本主义社会向社会主义过渡时期的理论是很有必要的。只有苏联的布哈林、南斯拉夫的爱德华·卡德尔（Edvard Kardelj）以及中国的孙冶芳和张闻天杰出地完成了这项工作。

三、革命后的状况和共产主义者的任务

1949 年共产主义者取得胜利之后，中国是一个半封建、半殖民地的农业国家，它有着 80% 的文盲，长期的外来侵略和国内战争使其破败不堪。人口（5.47 亿，属世界上最多的人口）生活在绝对贫困之中。基础设施破坏严重。工业化仅限于沿海区域和可通航的河流沿岸。此后，在政治和经济上，中国被资本主义世界联合抵制了 22 年。苏联——由于 1941 年的法西斯侵略，它自身也遭到严重的破坏——是唯一愿意支持中国社会主义建设的国家。

总而言之，任务就是发展这个幅员辽阔的国家，保证充足的食物供应，建立现代的技术、文化和社会基础，达到工业国家的发展高度和生活水平。

农业部门——拥有 80% 的人口——必须提前做出贡献，即提供廉价的食物和劳动力，从而为基础设施和工业化的发展提供资金。对农业部门的"忽视"是有计划的和不可避免的。同时，农村人口的大量迁出必须受到限制，并由户口来控制。① 计划者想要避免未充分就业的农

---

① 户口：对农村居民进行登记以区别于城市居民。因此，户口使农民工无法享受城市人的所有权利，他们的子女也不得在城市读书。

民向城市大规模的流动。相反，要求农村人利用当地劳动力、原材料和资金，来发展自己的城镇和农村企业（township and village enterprise, TVE）。其中一些城镇和农村企业所使用的是原始的技术，并消耗着大量的资源。

所有的农村活动都必须由农民提供资金。另外，国家试图提取高额"剩余价值"，因为在土地革命之前，大部分耕田的人都是佃农，而不是地主，所以这些"剩余价值"以前是由地主、放债者和中间人所攫取的。这就是为什么将农民组织起来成立合作社（人民公社）的主要原因之一。农村作为一个集体负责以低价向国家输送剩余价值。农村贸易是不受欢迎的，但以非法的形式仍然存在（黑市）。

在第一阶段——初级积累阶段——最重要的基础工业、发电站、钢铁厂、通讯和教育制度建立起来，包括生产化肥和农业机械的工厂。在下一个时期，这些工厂将这些输入量传送给农业部门。所以，农业产品和生产力提高了。优先性从工业向农业部门的转变完成了。

基础重工业在庞大的单位中建立起来。它们包括生产线和针对职工的所有设施（住房、学校、诊所和商店等）。

四、计划经济

只有按计划集中匮乏的物质资源，在不同阶段应用于重要部门（希望在这个部门取得重大成就），共产主义者的宏伟目标——使所有人口迅速发展到现代社会的水平——才能实现。计划和方法必须不断地接受检验，失败之后必须予以改变。在计划的过程中，相对立的利益得到表达。计划委员会（planning commission）代表和维护的是整个社会即社会所有成员的长远利益——一种高额投资；相反，所有生产者的短期利益是一种高额消费。如果中央计划者不懂得或忽略了这些利益，计划的目标定得太高或实现目标的步伐过快，那么生产者的积极性就会受挫，不良现象（黑市、小偷小摸和浮夸）就会出现，最终导致不现实的计划。好的计划必须估算，这种经济可以完成什么，生产者可以放弃多少。对于好的计划来说，在计划者和执行者之间进行真诚的沟通是必要的。未来民主的计划将是在社会各阶层的自治代表之间所进行的一种公开磋商。这些代表包括工人、农民、教师和社会工作者等，他们表达自己特定的利益。当计划启动时，这些组织及其成员的民主活动是不存在的；在意识觉醒的过程中，它们才产生、活跃并起到自己的作用。

在计划的早期阶段，所确立的目标都是对数量的追求，因为所有的物资都是匮乏的；只有失业的劳动力是充足的。当基本的要求和需求得到满足，每个人都接受"社会规范"（social norm），各种不同的目标才会确立：普遍提高生活质量和教育水平，保护环境，节约资源。于是，目标或许不再是在数量上达到发达国家的生活水平，而是在文化上实现更高的生活质量。（在发展过程中，大部分人口离这个目标仍很遥远。）

在这一时期，只有基本物资和基本需求才受到关注；在这种情况下，定量的指令性计划和配给就是必要的和可行的。随着经济的进步和成功，生产变得多种多样，个人要求和需求得到表达，并得以满足。当大众购买力和要求与以合理的价值供应之间的平衡建立起来，配给就可以废除，而代之以间接的调控和国家干预措施。

在从农业社会向工业社会过渡的漫长阶段，也进行着自然和"社会"经济向市场和货币经济的过渡。多数产品和服务以货币来评估和交换。家庭或农村社会经济被社会保险制度所取代（养老金、健康保险、失业保险和劳动意外保险）。

五、从封闭走向开放和参与世界市场

在革命后的最初阶段，资本主义世界企图以隔离线（cordon sani-taire）来遏制社会主义的尝试。在这种情况下，发展所有国内的物质和智力资源从而达到"独立自主"是很重要的。这为以后与资本主义"伙伴"的协商奠定了基础。但是，这种非自愿的专制也有其代价。现代技术没有被引进，而是花费很高的代价和大量的时间又一次重新发明机器，而这种自力更生成为一种理论。在这个阶段之后，周恩来的建议——四个现代化（农业、工业、教育和国防）——得到实现。这最终形成了2002/2003年以来的自主创新能力。

技术的引进使得中国达到工业国家的水平，并在此基础上进一步研发新的技术。从经济上来说，1978年邓小平宣布改革开放。通过向世界市场开放现代化部门，中国成为全球市场的独立因素，并对这些规则产生了重要的影响。几个门槛国家（threshold country）——即不属于G7（七国集团）的国家——也是如此。另一方面，世界市场对中国经济的影响仍然是有限的，因为政府控制着金融体系和对外贸易这两个经济的制高点。

技术引进的途径包括在国外留学和实习、购买专利以及合资。外方要带来现代技术和生产方法。外来资本家享受优惠条件和低工资。在新经济政策之后的阶段，这些激励措施被取消。在第三个阶段，外来"投资者"开始转向能够提供高利润和低工资的国家。这个阶段或许只是开始：来自韩国的企业家从中国转向工资较低的其他亚洲国家。对外贸易的工业结构逐步从劳动密集型产品的生产和出口转向技术密集型产品的生产和出口以及原材料的进口。

六、收入和平等

在 1949 年之后的物质匮乏时期，最低生理需要量（physiological minimum）是由配给和平等分配来保障的。这被称为战时共产主义。那些少数特权是功能性的，因而被人们所接受。在随后的阶段，这种平等被指责为平均化（leveling），因而收入被大幅度拉开，从而给予某些群体以物质激励。在新经济政策时期，少数成功者出现了。在某种程度上，收入的普遍提高和正在开始的社会转型缓和了收入的巨大差距。然而，这仍然危及了社会稳定。于是，政府就引进税收，控制暴发户的财富获得，组织扶贫项目，启动针对贫困地区的区域结构政策。

这是有危险的，因为官员和官僚的子女企图世袭功能性特权（functional privilege）。

在评价城乡居民平均货币收入差距时，我们必须明白，农民的粮食和住房是不计算在官方的收入统计数据中的。

在低收入时期，精神鼓励和运动——奖章、奖品和公开表扬等——激励着人们取得更高成就。随着财富的增加，社会就可以提供物质激励了。

彼得斯（Peters，2009）告诉我们，有一句中国的著名口号在翻译之后容易引起误解。1978 年 12 月，在十一届三中全会上，邓小平阐述了新战略的基本路线。他指出："在经济政策上，我认为要允许一部分地区、一部分企业、一部分工人农民，由于辛勤努力成绩大而收入先多一些，生活先好起来。一部分人生活先好起来，就必然产生极大示范力量，影响左邻右舍，带动其他地区、其他单位的人们向他们学习。"①

彼得斯认为，这篇发言标志着中国经济的历史性转折。邓小平不是像通常的翻译所暗示的那样，提倡让少数人富裕起来，而是指贫穷状态下的平等（equality in poverty）的结束。

七、社会转型

从 1978 年开始，改革就意味着人口从农村向城镇，从第一部门向第二部门、第三部门以及中间部门的转移。同时，职业人口（active population）增加了，从 4.01 亿迅速增长到 7.92 亿（2008 年）。国有企业的员工人数下降，而各种私营和集体企业的员工人数增加了。

专业培训、资格和工作经验提升了年轻工人的自信心。自在阶级（class by itself）逐渐转变成自为阶级（class for itself），学会组织起来，学会承认共同利益，还学会为共同要求而奋斗。这样，阶级意识形成了，他们希望在工会中发挥积极作用，以便从附属物变成自主的会员代表。

尽管如此，这些工会的作用与资本主义工会的作用不同。它们的任务是双重的：一方面，代表工人阶级的利益，以抗衡管理者和工厂主；另一方面，教育工人遵守厂规厂纪，学会团结一致，并懂得自己的社会角色和共同的长远利益。这两项任务必须同时完成。

计划不是凭空捏造的，它依赖于内部和外部因素，而这些因素很难辨认和估算。社会主义计划经济不再是专制的；相反，它必须对来自世

---

① 《邓小平文选》第 2 卷第 152 页。

界市场的外部因素做出反应。而且，在各种计划时期的转型过程中，经济会摇摆和震动；但是，这些不同于资本主义危机，因而解决的方法也不同。

全面的社会保障制度形成了，它最终将覆盖所有人口。针对特殊群体——比如农民，他们只有一个孩子——采取额外措施。新的社会制度从一开始就受到公共资金的支持，因为尽管还没有积累起基金，但现在补助已经发放了。现在农民也交得起一些费用了，因为他们的产量正在提高，也能将自己的产品拿出来买卖了。

八、最终目标

斯大林和毛泽东对历史的理解是非历史的和乌托邦的；他们相信和谈论的是一种最终的、完善的和彻底的社会主义社会。早在 1925 年，塔尔海默（Thalheimer）就对这种小资产阶级思想发出警告。在对共产国际草案纲要进行批评性评论时，他写道：

我们应当避免完善的共产主义社会的思想，避免准形而上学最终阶段的思想（与令人厌烦的天堂想象类似）。我们应该特别强调，这个社会是新的人类巨大发展的起点。所有发展都是按照辩证法的规律，在新基础上的矛盾中进行的。①

---

① August Thalheimer, (1928/1993), Programmatische Fragen, *Kritik des Programmentwurfs der Kommunistischen Internationale*(Ⅵ. Weltkongress), Mainz, p. 78.

所有社会都是有生命的组织，没有静止的最终状态。因此，毛泽东的大跃进思想是非理性的，他想在通向完全的社会主义社会的道路上超过苏联。或许道路本身——社会主义社会的逐步建立——就是目标。

中国共产党将其目标表述为和谐社会；它说的并不是一个无阶级的社会——欧洲马克思主义者所使用的术语。不同于马克思主义的术语或这个术语的中国版本的某种东西是否很难翻译成中文？（顺便说一句，布哈林 1902 年就论述过"新的和谐社会"①）：

共产主义不再是一种过渡时期的形式，而是一种完成形式。它是一个无阶级和无国家的结构，它的所有部分都是和谐的。②

一位中国政治学家——彼得斯曾引用过他的话——重复了官方的断言：在中国，"不再有传统意义上的阶级关系，那种阶级关系是以争夺生产资料的所有权为特征的"。现在，有的只是社会主义的劳动人民。

中共中央总书记胡锦涛的术语被翻译成"和谐"。在这种情境下，彼得斯（2009 年）引用了毛泽东的《论人民民主专政》："使中国有可能……由新民主主义社会进到社会主义社会和共产主义社会，消灭阶级和实现大同。"

彼得斯评论道："根据马克思主义者的理解，在中国文化里，'大同'这个术语（来自中国古典哲学）即'最大限度的一致性'，常常与

---

① Nikolai I. Bucharin, (1922/1990), *Ökonomik der Transformations periode*, Berlin, p. 117.

② Nikolai I. Bucharin, (1922/1990), *Ökonomik der Transformations periode*, Berlin, p. 175.

'共产主义'这个术语相等同。"①

相反，德国《世界报》（*Die Welt*）（2006 年 5 月 5 日）相信，胡锦涛所说的"和谐"不是指无阶级的共产主义思想，而是指儒家思想。他试图用儒家学说来取代共产主义意识形态。在我看来，彼得斯的解释似乎更有说服力。这个术语或许也反映了这样一个愿望：从优先发展某个部门转变为所有部门更平衡地发展。

现在，中国社会存在着各种矛盾，比如生产者的短期利益与计划委员会和共产党所表达的社会长期利益之间的矛盾，（在工资问题上）雇员和企业管理者之间的矛盾，（在粮食价格问题上）城乡居民之间的矛盾，（在计划者的要求问题上）计划委员会和国有企业管理者之间的矛盾，（在资源输送问题上）欠发达地区和发达地区之间的矛盾，（在投资分配问题上）中央政府和各省之间的矛盾，（在独生子女政策问题上）计划生育政策和农民之间的矛盾。

这些矛盾不是对抗性的，不像资产阶级和无产阶级之间的矛盾那样，最终只能以各种形式的阶级斗争的方式来解决。在阶级斗争中，妥协可以通过讨价还价来达成，并以休战而告终；但不消灭资产阶级就不会有真正的解决方案。然而，在社会主义社会，矛盾可以通过协商来解决。因为如上所述，社会阶层的自主代表与不可避免的官僚行政部门之间的势均力敌是根本性的，并且正在出现。

---

① August Thalheimer,（1928 /1993）, Programmatische Fragen, *Kritik des Programmentwurfs der Kommunistischen Internationale*(Ⅵ. Weltkongress), Mainz, p. 254.

九、结　论

　　在与资本主义世界共存的庞大的社会里，摸索恰当的经济战略来发展社会主义社会需要一个过程。本文试图理解这一过程以及在其中必然发生的变化。有些难题并没有论及，比如对农民工的关注，对资本家的控制，腐败以及计划生育的后果，所有这些都与计划战略相互影响。

（沈默　译）

社会主义与市场经济的一体化[*]

〔丹〕尼斯·H.克里斯腾森

[摘　要] 从西方的角度来看，中国社会主义与市场经济的结合是一个悖论。然而，中国每天实践的恰恰是这种不稳定和不合乎逻辑的结合。本文试图回答的问题是：市场经济如何能够在社会主义中国行得通？它又是如何得到合法化的？为了回答这个问题，本文将拉克劳和莫菲的话语理论作为理论的出发点。通过分析中国共产党的话语，我们看到市场经济作为一种在社会主义初级阶段发展生产力的方式而得到了合法化，市场经济变成了"中国特色社会主义"不可分割的一部分。

一、引　言

对西方的观察家来说，中国的政治是一个悖论：共产主义政权引入了市场经济，但共产主义标签和一党制仍然纹丝未变。中共十六大上的一句话可以作为证明："在社会主义条件下发展市场经济，是前无古人

＊ 本文选自《马克思主义与现实》2008 年第 6 期。作者尼斯·H.克里斯腾森（Nis H. Christensen）系丹麦哥本哈根商学院国际商业和政治研究中心研究员。

的伟大创举，是中国共产党人对马克思主义发展作出的历史性贡献。"
但是，像这样的话为什么给人留下悖论的印象呢？或许，西方人的视角
无法理解我们在中国看到的发展。我们把市场经济与民主政体连接起
来，因而市场经济与社会主义的结合变成无法想象的事情。市场经济往
往被视为社会主义的威胁。这可能是中国经常被视为不稳定和学术界关
注离心力量——例如公民社会、私营部门的发展、民工和边缘群体——
的原因。① 在布鲁斯·吉雷（Bruce Gilley）的《中国的民主前景》
（*China's Democratic Future*）一书中可以找到极端的例子。他在书中分析
了自由民主政体如何出现在中国，而不是它是否会出现。

　　然而，在将近30年的市场改革之后，中国共产党仍然在执政。因
而我们似乎可以合理地提出一个问题：市场经济在社会主义中国如何能
够行得通？又是如何得到合法化的呢？

　　为了回答这个问题，本文运用了一种话语理论的方法，分析中国共
产党从1978年至今的各种讲话和公报。这些材料的主要来源是一份由
中国共产党出版的周刊——《北京周报》（*Beijing Review*）。所有讲话都
是官方批准的英文版，要么与中文版同时发表，要么随后发表。对这些
讲话和公报的分析表明确实存在一种"党的话语"，因为这种话语代表
了一种自我指涉的意义，一种结构化的总体性。这或许正如所预料的那
样，但并不应当被理所当然地视为一种先验性。对各种话语的判断和排
序是一个经验问题，而不是一个理论问题。中国共产党话语的霸权地位
是一种理所当然的东西，因为中国是一个权威主义国家。因此，政治话
语和所有的政治行动必须在这种话语内进行定位。不过，为什么分析一

----

　　① 在题为"In the article 'Bringing the Party Back In'"的文章中，Kjeld Erik
Brødsgaard 指出，许多著名学者的研究是关注向心力量的例子。

个权威主义国家中的政治话语——在这个国家中一个政党对权威拥有着绝对的控制——令人关注呢？正如下文所证实的那样，即使一个权威主义政权也需要把自己的政策合法化，并为这些政策的前进方向和根据确立一种有意义的理解。

从话语理论的观点来看，我们不可能区分出不同类型的霸权话语。这些霸权话语只要已经确立，就被视为分析的重要对象。在戈登·怀特（Gordon White）的《骑虎难下》（*Riding the Tiger*, 1993）一书中，我们可以为关于权威主义国家中霸权话语的研究找到一种基于经验的辩护。在怀特看来，共产主义政权（与其他任何政权相比）是一种意识形态政体："它们依赖一种明确和制度化的意识形态，其意识形态的功能在于赋予政权合法性、论证党对权力垄断的合理性和指导政治精英的行为。"这种制度化的意识形态具有重要的意义，因为它对中国社会产生了广泛的影响。沈迈克（Michael Schoenhals）分析了程式化政治术语的力量，指出了霸权话语的影响："作为国家管理和操纵的一种权力，语言的程式化因而对中国政治的一切方面都产生了影响。运用和滥用这些论述的主体必须同中国共产党的最高层不断进行战略性的协商。在某些情况下，政策决策过程无法同政策表述过程区分开来。"（Schoenhals, 1992, 3）

这种在措辞上的极端敏感性似乎是中国政治的独特特点。（1963年）毛泽东对此非常清楚："一言可以兴邦，一言可以丧邦。这就是精神变物质。"这段引文证明党深刻地认识到话语的重要性和力量。这段引文的第二句话也值得注意，因为它强调话语最终会产生出物质的结果。中国共产党拥抱并在中国建立市场经济证实了这种观点，使我们想起了话语与措辞的力量。

总而言之，选择党的话语作为分析的对象是因为如下假设：即便是一个权威主义的政党也不得不合法化自己的政策。政治话语（党的话语）必须被视为有意义的，因而必须被视为中国政治的制约和动力因素。

二、话语理论

正如上文所述，理论上的起点是拉克劳和莫菲提出的话语理论。拉克劳和莫菲所说的"话语"一词是指一种从接合实践中产生的结构化总体，换句话说，它是一系列构成一个结构化总体的具有差别的地点。

话语被视为漂动和不完整的结构。这就是说，话语不可能表现为一种完全结构化的客体。话语的不完整性使新的接合成为可能，但同时带来稳定或固定话语的持续努力。[①] 在拉克劳和莫菲的话语理论中，这种固定话语的企图发生在建立一个中心的过程中，话语能够依靠这个中心得以固定。这种中心被称为具有特权的话语点——节点（nodal point）。我们仅仅是在讨论固定意义的企图，记住这一点非常重要，因为完全固定住一种话语是不可能的。意义始终会存在剩余，因而任何固定都是局部性的。[②] 然而，对话语中的所有接合实践来说，固定意义的持续努力使节点变成了转动点（point of rotation）。

社会主义中国如何能够建立市场经济呢？我们在尝试回答这个问题时不得不借助节点理论。根据话语理论，像市场经济这样的概念只有同其他的术语和概念——尤其是节点概念联系起来，才会变得有意义。因

---

① 如果一件事没有意义或不能整合到话语内，话语就会去稳定化，用拉克劳和莫菲的话语，就是脱节。

② 这种意义的剩余被称为话语性场域，并且使新的接合称为可能。（Laclau & Mouffe 1985，111；2001，24）

此，市场经济在党的话语中处于何种位置是一个基本的问题。但是，我们如何评价特定位置的重要性呢？我们不能选择话语之外的标准，因为我们的目标是理解中国的政治如何能够引入市场经济，而不是其他的问题。相反，市场经济与节点之间的关系的本质可以充当讨论和评价市场经济在话语中的位置及其重要性的最佳起点。于是，这一理论假设为判断这些关系在话语中的性质的努力奠定了基础。正如我们在下文中将要看到的那样，这也使发现节点成为一个重要的分析步骤。

三、市场改革与节点

在中国共产党十一届三中全会中，邓小平充分利用了 1976 年毛泽东去世打开的"机会之窗"。邓小平宣布"剥削阶级"已经消灭，从政治议程上取消了阶级斗争，由此开创了一个新的起点。这次会议的公报宣布"全党工作的着重点应该从一九七九年转移到社会主义现代化建设上来"。① 这不仅使党的工作重心转移到现代化上来，而且也使党不再坚持社会主义和资本主义之间的对抗性关系。社会主义现代化建设成为其他所有概念、问题和政策必须与之相连的新节点。因此，一切阻止增长的东西都不得不改变了。例如，这次公报宣布："实现四个现代化，要求大幅度地提高生产力……改变一切不适应的管理方式、活动方式和思想方式。"② 因而，党的话语的节点同经济和经济发展连接起来了。这一变化具有至关重要的意义，因为即使在今天，中国政治也认为持续的现代化是理所当然。

---

① *Beijing Review* 1978, no. 52, p. 7.

② *Beijing Review* 1978, no. 52, p. 11.

　　"社会主义现代化"与经济增长之间的关联变成日益市场化的中国的一个核心特征。政治创新行动的空间得到了扩大，因为"满足社会主义现代化的要求"是必然的。这种话语变化所引起的发展最好说成是一种从严格的意识形态到经济和具体结果的转变。随之产生的是一种新的经济体制，自由市场在其中首次与社会主义经济——例如计划经济——联系起来，指导原则是"计划调节与市场调节相结合"。自由市场被赋予了补充性的作用。

　　从 1984 年起，党的话语的节点发生了改变。"有中国特色的社会主义"开始出现在那些过去为"社会主义现代化建设"所保留的关系中："只有这样，我们党才能坚持社会主义道路，建设和发展有中国特色的社会主义，一直达到我们的最后目的，实现共产主义。"[1]"有中国特色的社会主义"获得了节点的性质，因为它基本上可以与一切东西连接起来。[2] 但是，"有中国特色的社会主义"并未完全取代"社会主义现代化建设"。相反，两者之间可能出现了交替，似乎开始向彼此靠近。[3]

　　回顾 1987 年以来的党史，1978 年向"社会主义现代化建设"的转变被说成是一种向"有中国特色的社会主义"的转变，即使后者的概

---

　　[1]　*Beijing Review* 1985，no. 39，p. 18.

　　[2]　例如，"有中国特色的社会主义"突然被认为能够创造出公司的活力："有中国特色的社会主义首先应当能够为公司注入活力。"（*Beijing Review* 1984，no. 44，p. 6）

　　[3]　例如，1986 年，"中国的马克思主义理论工作者"被要求研究"我们在社会主义现代化和改革过程中获得的新经验，研究建设有中国特色的社会主义的规律"。这两个概念由于被这样使用，因此，它们表示的是同一个东西，因而是可以互换的。

念当时并不存在。^① 这表明了两者本质上是可以互换使用的。它们直到今天在党的话语中都保持了节点的地位。

四、市场经济的合法化：一种话语理论的透视

1992 年，由于引入了"社会主义市场经济"这个术语，中共十四大全面接受了市场经济。市场经济被建立在"有中国特色的社会主义"的框架内："经济体制改革的目标，是坚持公有制为主体……建立和完善社会主义市场经济体制。"^② 随着自由市场的扩大和计划经济体制开始消解，"社会主义市场经济"得以建立，"市场对资源配置的作用越来越大……社会主义市场经济体制逐渐取代了计划经济体制"。^③ 在得出这一结论之后，党不得不放弃了计划经济和市场经济分属于社会主义和资本主义的传统认识："传统的观念认为，市场经济是资本主义特有的东西，计划经济才是社会主义经济的基本特征。"^④ 相反，市场和计划的共同特征得到了强调，即两者都是经济手段。中共十四大的报告重申了邓小平同一年所发表的评论："计划经济不等于社会主义，资本主义也有计划；市场经济不等于资本主义，社会主义也有市场。计划和市场都是经济手段。计划多一点还是市场多一点，不是社会主义与资本主义的本质区别。"^⑤

---

① "中国的共产党人找到了一条建设有中国特色的社会主义的道路，因而开创了中国社会主义发展的新时期。"(*Beijing Review* 1987, no. 45, p. 25)

② *Beijing Review* 1992, no. 43, p. 14.

③ *Beijing Review* 1992, no. 43, p. 12.

④ *Beijing Review* 1992, no. 47, p. 17.

⑤ *Beijing Review* 1992, no. 43, p. 17.

社会主义与资本主义的基本区别仍然存在，但这种区别并非计划还是市场。相反，公有制的规模成为决定性的差异。按照这种推理方式，选择计划还是市场并不重要。然而，提到宏观经济管理本身加强了市场的地位，因为这应该从先前的行政控制相反的方向来理解。这是将社会主义市场经济合法化的第一种解释。在接下来的数年里，这种解释很少出现，但是只要提及市场经济，随后就会提到宏观经济管理。这是1993年时的一个例子："社会主义市场经济必须拥有适当的宏观经济管理。"即使在2002年，这仍然是相同的模式："市场体系建设全面展开，宏观调控体系不断完善。"① 在党的话语中，与"市场经济"一语伴随的是"宏观调控"，这基本上是指市场经济与计划经济的共同特征。

第二种解释旨在将把市场经济引入社会主义规划中合法化，具有更为重要的意义。这种解释也遵循了相同的模式，因为就第一次市场改革指出了发展生产力的必要性而言，它可以追溯到1979年："在建设社会主义市场经济体制的过程中，判断改革和各项工作成本得失的标准，应该主要看是否有利于发展社会主义社会的生产力，是否有利于增强社会主义国家的综合国力，是否有利于提高人民的生活水平。"②

1987年党的一项决议支持把发展生产力的要求作为一种建立市场经济的方式。该决议认为中国处于"社会主义初级阶段"："以为不经过生产力的巨大发展就可以越过社会主义初级阶段，是革命发展问题上的空想论……"③ 把这一论证同有中国特色社会主义——当时党的话语的节点——直接连接起来，这就强调了认识到中国处于特定发展阶段的

---

① *Beijing Review* 1993, no. 47, p. 19.
② *Beijing Review* 1993, no. 47, p. 13.
③ *Beijing Review* 1987, no. 45, p. 3 – 4.

重要性："正确认识我国社会现在所处的历史阶段，是建设有中国特色的社会主义的首要问题，是我们制定和执行正确的路线和政策的根本依据。"①

这种认识中国发展阶段的新方式是建立在如下主张上的：中国处于一种独特的条件下，"在中国这样落后的东方大国中建设社会主义，是马克思主义发展史上的新课题"。②"有中国特色的社会主义"成为这个独特阶段的解决办法："必须从国情出发，把马克思主义基本原理同中国实际结合起来，在实践中开辟有中国特色的社会主义道路。"③ 因此，发展生产力成为社会主义初级阶段的主要任务。

正如上文所表明的那样，市场经济被称为一种发展生产力的方式。这意味着市场经济在建立的时候成为社会主义初级阶段的决定性特征。1997 年党的一篇讲话证明了这一点。在这篇讲话中，生产据说要"适应初级阶段生产力发展水平和实现现代化的历史要求。把社会主义同市场经济结合起来，是一个伟大创举"④。在社会主义初级阶段，为了实现现代化，要把市场经济同社会主义结合起来。当市场经济被合法化的时候，这也表明了节点的重要性。

---

① *Beijing Review* 1987, no. 45, p. 3.

② 全部的引文如下："在中国这样落后的东方大国中建设社会主义，是马克思主义发展史上的新课题。我们面对的情况，既不是马克思主义的创始人设想的在资本主义高度发展的基础上建设社会主义，也不完全相同于其他社会主义国家。"(*Beijing Review* 1987, no. 45, p. 4)

③ *Beijing Review* 1987, no. 45, p. 4.

④ "Holding High the Great Banner of Deng Xiaoping Theory, Carrying the Cause of Building Socialism with Chinese Characteristics to the 21st Century", *Xinhua Domestic Service*, 21 September, 1997.

五、社会主义与市场经济的结合

在党的话语中引入市场经济后，中国进行了许多改革。这些改革拥有一个公分母：它们全都建立在一种市场主张上。例如，1993 年，要求企业遵照市场经济的法则，随后是要求改变管理、工作纪律、技术研发、质量管理、销售、融资、决策等等。政府也必须按照市场经济的要求转变职能："建立社会主义市场经济，迫切需要加快政府改革，转变政府职能。"[①] 这些例子全都证明了市场经济在党的话语中的重要地位。

但是，市场经济如何与这个节点连接起来呢？建立市场经济被说成是"建设有中国特色社会主义理论的重要内容……对整个社会主义现代化建设事业具有重大而深远的意义。"[②] 这意味着社会主义市场经济成为节点的重要成分，也成为现代化建设——节点的最重要方面——的重要成分。在某些情况下，市场经济甚至同现代化建设具有等同的地位："建设社会主义市场经济体制，加快社会主义现代化建设事业，我们必须加强和改善党的领导。"[③] 这些例子都证明了市场经济在党的话语中的核心地位。倘若关于根据同节点的关系来评价市场经济的重要性的假设是正确的，我们无法想象出比此更强的同节点之间的联结了。

---

① *Beijing Review* 1987, no. 45, p. 4.

② *Beijing Review* 1993, no. 47, p. 12.

③ *Beijing Review* 1993, no. 47, p. 30.

六、结论与批评

我为研究权威主义国家乃至中国的霸权话语的重要性提出了一些论证。本文就是关于选择党的话语作为分析的对象的论证。然而，对这种路径的主要批评可能在于它简单地提出了错误的问题。真正的问题是自由市场是否产生了社会的影响。这类观点可以表现为许多形式。例如，超市中的自由选择将会溢入到政治领域中，要求自由选举。或者就像福山所提出的更为复杂的观点。他运用了黑格尔的观点，解释了民主制度最终获得胜利的原因，指出了人对承认的需要。这些是可能相关的不同推理方式。然而，有一个重要的问题可能是时机问题，即当前的状况何时发生改变？另外，现有的研究表明，党的话语是一个稳定因素，努力维持着中国当前的秩序，但它的逻辑却是不连贯的。党的话语认为，它的基本前提包括党在中国拥有一种全面的统治地位和理解党的推理非常重要，在可以预见的将来，可能执政同样是它的基本前提。

我们现在可以回到引言提出的问题：市场经济在社会主义中国如何得以可能？又是如何被合法化的呢？第一，市场经济成为中国特色社会主义不可分割的一部分，也成为现代化建设事业的一个重要方面。后者具有特别的重要性，因为自从 1978 年以来，只有一项计划成为中国政治的转动点：现代化计划。这仍然是中国今天的计划。从理论上来看，这一点之所以重要，是因为有中国特色的社会主义和现代化是党的话语的节点。因而，市场经济被尽可能地整合成中国政治的一部分。这对于我们如何理解社会主义中国具有种种意义。例如，市场经济的成功加强——而不是削弱或破坏——了社会主义制度。

第二，把市场经济作为有中国特色的社会主义的一部分进行合法化依靠如下主张：(1)市场经济和计划经济都是宏观调控的手段；(2)市场经济有助于发展社会主义初级阶段的生产力。这第二个主张还是建立在承认中国的"独特性"的基础上。

从话语理论的视角来看，在中国的政治话语中，社会主义与市场经济显然没有任何不协调之处。只有从西方的视角才能看出这样一种不协调，因为西方的视角不重视中国政治的组织方式。把中国视为一种悖论，使我们认为中国也是一个不稳定的国家，但是这种视角表明了中国的政治话语作为一种稳定来源所具有的意义。因此，从许多方面来看，把市场经济视为中国社会主义的推动因素更为合理，即使中国的社会主义是一种完全不同的社会主义。这样一来，我们（西方人）在试图认识中国发展的动力时就能够超越悖论的视角，获得更好的理论武器。

（原载丹麦 *Politik* 杂志第 2 卷第 11 期）

（赵慧广 译）

中国式金融体系与社会主义市场经济*

〔法〕托尼·安德烈阿尼　雷米·艾莱拉

[摘　要] 金融体系在当代中国经济中起到了愈来愈重要的作用。该体系以银行信贷为基础，但金融市场也扮演了角色。最近的历史表明，金融市场缺乏监管和自我调节机制，是危机的滥觞之地。对于中国的社会主义市场经济而言，传统的依靠银行信贷融资的方式更能避免道德风险，并与传统的经济文化更加合拍，因而较金融市场具有更大的优势。中国的公有制企业具有规模效益，不片面追求利润的最大化，并且部分允许企业职工参与企业的管理，对国家的宏观调控反应更加迅速，因而私有化并不完全符合中国的利益。中国不应该追求利率的自由化和人民币的国际化，应该限制银行业务的自由化并探索新的经营和监管模式。

　　按照中国官方的说法，中国仍处于社会主义的"初级阶段"，即"中国特色"的社会主义市场经济阶段。如同其他国家一样，金融体系

---

　　* 本文选自《马克思主义与现实》2013 年第 2 期。托尼·安德烈阿尼（Tony Andreani），法国巴黎第八大学教授；雷米·艾莱拉（Rémy Herrera），法国国家科学研究中心研究员。

在中国经济中的地位是举足轻重的，因此，考察中国的金融体系是否具有符合社会主义市场经济的那些特征，它是否对中国经济的迅猛发展（尤其是当这种发展是用 GDP 来衡量的时候）做出了贡献，就是十分关键的问题。

一、在以信贷为基础的体系中，金融市场具有何种地位？

时至今日，中国的金融体系在很大程度上仍然以银行信贷为基础。法国的金融体系也经历了相当长的时间才完成这一转变过程，直到 20 世纪 80 年代，法国（包括其间执政的"社会主义"政府）才开始逐渐地去中介化和去管制化，以所谓"直接"金融（依赖股票市场、债券市场，并自 1985 年始，依赖衍生品市场）代替"间接金融"（依赖银行信贷）。丁一凡教授认为金融市场被引入中国及其发展，与公有制企业向股份制企业的转型有关，后者意味着交易所的建立，并且，在更广泛的意义上，意味着创造出了这些企业的新融资需求（债券市场、保值产品）。

那么，中国为什么要将这些企业股份制化呢？丁教授认为，有两个主要的原因：当中国摆脱计划经济并不再为这些企业分配资本和信贷之后，这些企业不能长期依靠国家来融资。这些企业不仅需要自筹资金并从银行获得信贷，而且需要寻求外部投资者来实现自我发展。由于转型成为独立的经济主体，它们必须丢掉那套计划经济条件下的规则制度，以适应新的管理和商品类型的标准，为此，也就需要借鉴西方企业的那种追求利润最大化和股东控制企业的管理模式。私人股东的参与还能防止国家（即便是出自善意）经常干预企业管理，从而约束企业的自主权。

只是在第二个阶段，主要是自 2005 年之后，改革才波及中国的国有银行，以便它们在这个经济模式中能够生存：它们的资本不仅对那些热衷于分红和股票价值的中国股民开放，而且也在一定程度上有节制地向西方的大银行资本开放。对这些银行实行了"公司治理"的规则，同时也让它们在金融市场上参与金融业务的管理。丁教授指出，在四大国有银行上市之前，高盛（入股中国工商银行）、瑞银集团（入股中国银行）、美国银行（入股中国建设银行）以战略投资者的名义参与它们的资本，以便"通过股东分散化来改善企业的治理结构和企业文化"。

因此，金融市场也在中国的金融体系中起到愈来愈重要的作用，这种作用体现在两个方面：首先是在金融企业和非金融企业的融资方面；其次是在银行自身的业务方面——银行在储蓄和信贷业务上的市场竞争活动更加频繁。丁教授似乎认为这是一种值得称道的，也可以说是不可避免的"现代化"。在他看来，以信贷为基础的旧制度，是与一系列因素相联系的，如法律秩序（一部不完善且实施力度不大的工商法）、文化原因（中国儒家传统建立在人际关系而非商业契约基础上）和社会原因（保守的中国人怯于承担风险）。但是，这里不应该将即便是以"改革"为借口的"现代化"，与对资本主义道路的纯粹简单的适应相混淆，因为这就意味着彻底放弃社会主义事业和唯有社会主义才能保证的社会进步。

丁教授讨论的关键一点是，在他看来，中国当局正在两种模式之间寻找平衡点，因为，如果通过金融市场来融资动力不足或是失败了，银行融资就再次得到重视。我们认为，这种做法带来了一系列问题，这些问题我们现在要予以初步考察，以避免一些误解和作出一些令人泄气的结论。因为我们知道，中国经济近几十年来的迅速发展，并不是在全无周期性危机的条件下实现的，这些危机有时候还十分严峻，如在

1989—1991 年、1997—1998 年，以及 2008 年。这些危机，特别是 2008
年的危机，越来越直接地与中国经济的逐步金融化以及中国经济进一步
且矛盾重重地融入世界体系相关。这些危机迫使中国的货币管理当局作
出断然反应，以减少不稳定因素的影响（特别是在社会层面上），从而
使制度框架进一步得到演化，并获得更加强有力的控制手段，从而巩固
民族发展的大业。尽管围绕着这一事业的定性，仍有许多不确定的因
素，既有内部因素（例如，如何使这些制度演化与社会主义市场经济的
规划相适应），也有外部因素（例如，中国的政策变化将走向何方？），
事实是，中国仍然是一个南方经济体，它的领导阶级实现了一个真正的
深思熟虑的、协调的并且有益于所有人的"发展战略"。

二、金融市场是一种比银行信贷更有效的资源配置方式么？

对金融市场的有效性的肯定，深深植根于正统经济学（新古典学
派）的理论著作中，这一观念自 20 世纪 70 年代就确立了其统治地位，
一直延续到今天新自由主义发生突变的时刻。它提出，金融市场与商品
市场一样，在信息、评估和优化配置等方面起到了积极的作用。正是在
这一论证下，西方开始了对金融体系的去管制化，最终导致了我们今天
看到的由金融寡头统治的金融资本主义。但是，这两类市场是存在根本
区别的，商品市场涉及实物（生产性资本），而金融市场则关乎盈利的
预期和前景（虚拟资本）。

更值得争议的地方还在于，这种金融市场的有效性已经被近十年
来的历史所证伪了。这段历史证明，金融市场根本不能为任何一种资
产——不论是涉及计算利息的债务，还是股票或汇率——提供一个均
衡的价格（更不用说"公平的"价格了）。我们只须简单地列举一下

在欧洲主权债务方面金融市场的失灵：起初这些国家的债务被认为是等值的，而今天人们则以一种非理性的方式评估其价值；还有 2000 年"新经济"泡沫的破灭，以及汇率脱离基本实际情况的波动。另外一个例子是在法国 CAC-40 指数大幅下跌时，这 40 家公司仍然日进斗金。

我们对金融市场的益处毫无信心：它经不起历史的检验，充斥着（凯恩斯意义上的）动物精神和自我实现的预言，缺乏商品市场的自我调节能力，纯粹的投机行为大行其道，而忽略了它作为保值（对冲）工具本来应该实现的最重要的作用。它被证明是次贷危机灾难的起源，这场危机就是一次阵发性的表现。

相比之下，银行信贷有着巨大的优势。银行比市场分析者更加了解它们的客户并能更好地关注其动向。后者则常常只浏览金融数据，很容易就被企业的管理层所欺瞒。银行信贷也和中国文化传统更加合拍，因为这个文化传统更加重视人际关系以及建立在人际关系基础上的信任氛围。这一点在我们看来非但不是中国金融系统，或者广泛一点说是中国经济本身的缺陷，反倒是其长处。当然，事情总有其反面：串谋、腐败（当银行紧紧依靠政府当局时尤其如此），以及伴随而来的种种不良后果（如呆坏账的积累）。市场在分配资本和债务方面的决定作用会显得更加隐秘，从而更加客观。

但是，私人部门的腐败并不会比公共部门更少一些，对此，最近几十年的金融史提供了许多例子。这证明了所谓的"市场的裁决"不过是虚有其名。此后，证券的估价就不过是一个参考标准了。改善银行信贷功能的做法要更加明智一些，如让员工代表、用户、顾客来干预银行的管理，他们可以监管银行的业务，并通过外部专家的介入来严格信贷分配的标准。

由此看来，以竞争的方式来引入合格的外国投资者，通过他们的资本来优化资本市场的结构和投资者理念，是否有用呢？如果我们说，中国的银行需要向这些投资者学习，就一些金融业务来说，当然是正确的，例如金融中介业务。但是，如果指的是模仿他们的实践，这恐怕产生严重的后果，因为我们知道他们曾经是如何来分配信贷的（我们可以以西班牙为例，它正在付出代价）。并且，如果指的是模仿商业银行的业务，这将是危险的，它将导致衍生品泛滥。在这里，我们只需提醒读者回忆一下，那些西方最大的银行是如何卷入操纵伦敦银行同业拆息和欧元区银行同业拆息业务的丑闻的。

三、中国的公有制企业应该像私人企业那样管理么？

中国式的社会主义市场经济是建立在一个强大的公共部门的基础之上的，它在经济中占有战略性地位。种种迹象表明，这个部门是中国经济中绩效最佳的"部门"之一，这一点并没有让低眉顺眼的自由主义者——这些私有产权和利润最大化的胆怯的拥护者们感到不快。这种绩效无疑与其规模有关，因为中国的公共部门无疑是一个庞然大物，涉及能源（电力、石油）、原材料（冶金、化学，等等）、半成品、建筑或海运多个领域。规模经济极大地减少了采购、生产和销售的成本。正是这些企业为无数生产投入品的中小企业提供了销售市场、最低工资（虽然有迅速增长的趋势，但还不到销售价格的 2%—10%），还有在世界市场上取得成功的生产条件。但这并不是唯一的原因。

另外一个解释是，准确地说，中国的公有制企业不是向西方的私人企业那样管理的，西方的企业要在交易所上市，追求"股东利益的最大化"，在中国，要实现这样一种投资回报（15%，或者更多）是不可能的，因为这会给整个下游的、通常是分散布局的产业链造成压力。如果中国的国企同样表现得凶猛和贪婪，它们会给当地的经济结构造成损害，但实际上显然不是这样。此外，据说我们接触到的还是一种"国家资本主义"（在西方人们经常这样说）的极端或者说野蛮的形式，人们并不觉得这种形式在哪一方面优于私人资本主义。但是，公正地说，如果这些国有企业盈利，它们并不只是想着为自己的股东捞钱，它们也进行了生产性投资，为其顾客提供了服务。最终，如果这些利润被用于刺激整体经济发展而不是用来增长亿万富翁的人数，那么国企是否比西方私企盈利要少是无关宏旨的。

我们这里只想举出一个证据，这些企业纳了许多税，但是只向它们的首要股东，即国家分了很少的红利（似乎平均10%）。这一点与许多西方的国有企业不同，如在法国，国企只要盈利，立即成为国家的摇钱树。在我们看来，效法西方国企那样向国家分红，不是一个好的做法。更好的办法是设立一种资本税，对使用这种资本征收租金。那些绩效好的企业由此可以保留利润的更大部分，用作投资和研发，只要预先扣除它们利润中相称的部分作为用于社会的税收。

今天，世界银行的一份报告极力主张增加国企的分红，证监会对此表示完全同意。在我们看来，这不是一个好的政策，因为这样一来国企就被剥夺了最后的王牌，而且，即便它们受国家监管，也会像许多西方资本主义企业那样，更多地分红以吸引私人股东。这对于像银行这样的金融企业也是适用的。

我们认为，中国国企的另外一个优势在于，企业职工通过监事会和工人大会的工人代表参与企业的管理，虽然这种参与是有限的。股东逻辑的进一步发展显然与这种职工参与制度相悖。此外，工人参股制虽然在西方大企业中经常实行，但是只占很少的比例，因此非但无法对管理造成任何影响，还使得工人永远处于作为工薪阶层和作为股东两种不同利益的冲突之中。

中国国企的第三个优势在于，事实证明，中国的国企更容易对国家的规划目标作出反应。这当然并不只是局限于国家出于政治目的给它们指派任务，这会损害它们的自主性并且给它们的盈亏造成负担。国家计划当然也可以通过间接手段（如税收、补贴和补助，等等）来调控私企。但是，通过控制企业管理层的任命和管理，公共权力有方法可以确保国企按照它们的意愿行事。特别是当需要完成法国所谓的"公共服务任务"时，或者当需要在纯商业部门提供公共服务时，因为私企常常会想办法规避这些任务（在北方国家，我们可以找到许多例子来证明公共服务随着国企的私有化——尽管是部分的——而变质），并且私企会不择手段地为自己的利益而损害市场竞争。

最后，像管理私人企业那样管理公有制企业能有什么好处？我们真切地希望，中国当局能在这一方面抵制自由主义的诱惑。这在很大程度上关系到"中国式社会主义"的命运。因为，抛开与引入市场机制相联系的积极后果——特别是在促进经济增长方面，它使得当前采取的战略显得更加合理——我们认为，中国政府选择资本主义道路最终必然导致其发展战略的破产，反之，这种选择也无法回避美国霸权对广大南方国家，特别是对中国的日益增强的挑衅。因此，我们对斯蒂格利茨提出的"改革"货币体系和国际金融体系的建议持怀疑态度，这些意见在联合国组织委员会的最终报告中得到了阐明。斯蒂格利茨近来主持诺贝尔经济学奖的颁奖，并且从来没有质疑过当前金融全球化的基本原则（浮动汇率制、自由贸易、美元霸权、金融寡头统治和公司治理……）。

重新回到企业融资的问题，我们承认，依靠信贷和企业自我融资可能是不够的，但是，我们认为求助于境外投资者即便可能，作用也同样有限，特别是这种做法不能够导致对股票价值（以超出金融债券所要求的风险溢价的多少计算）的实践的调整。中国的储蓄是足够用来实现融资的，这种融资可以通过本国的机构投资者来实现，对这些机构投资者最终还可以实行盈利限制。当然，这种限制必然与国家股东所要求的那种限制不同。

四、应该实现利率的完全自由化么？

在法国，利率长期以来都是受管理的。好处是这样做人们可以控制利率，不利之处是，在对信贷和债务的供求关系上无法实现灵活的调整。我们认为，今天的中国，利率也是受到"部分管理"的。自然，丁教授提醒我们，中国的利率很大程度上是自由浮动的（例如，银行同业拆借、国库券和金融机构发行的债券，等等）。但是，必须注意到在债券方面，由于大部分的债券由国家、央行和国有金融中介发行，公共权力对债券供给的控制还是很重要的。但其他的债券则不是如此。信贷的基准利率水平，以及储蓄的利率上限，都仍由央行控制。

直到最近，趋向利率自由化的消息才被释放出来：中国的银行机构此后可以向其顾客提供高出基准利率 10% 的回报，并为贷款提供 20% 的利息折扣。这旨在放开竞争，并更多地吸引投资者，但同时，银行以较小的代价收集和处理存款的自由也受到了限制——存款的回报率低于通货膨胀率，尽管中国家庭并没有因存款贬值而得到补偿。

我们已经知道，利率的完全自由化在西方导致了什么后果：利率的反常，对于主权债务而言尤其如此。我们确实希望了解，中国政府会如

何来预防市场的"失灵"。人们提出，应该由（监管）委员会来负责
监督。在西方则不是如此，这些委员会只是满足于监督一些谨慎的标
准是否得到了执行，例如巴塞尔委员会所制定的标准，这一标准是建
立在对自有资本率的尊重上的，实际上还是遵循的股东逻辑。但是，
银监会必须完全独立于银行，两者不能形成一种就各自利益形成串谋
或者至少是达成"谅解"的局面（特别是银监会的成员通常是由前
银行家构成）。国有银行能否比私人银行更加明智？我们无法保证这
一点。因此，看起来，一个部分管理的利率制度仍然是可取的，值得
让它进一步演化。中国的货币政策，虽然服从于本国的需要，以维护
主权为第一要务，但也逐渐公开采取北方资本主义国家的央行常用的
手段，并确定了和它们相似的目标，首先是反对通货膨胀。我们承
认，在中国经济高速发展的今天，通货膨胀压力显然是一个现实的威
胁，但不要忘记，从马克思主义的角度看，通货膨胀本身就是一系列
力量关系，或者说是阶级斗争的结果。因此，我们认为，绝对有必要
通过以人民的需要为出发点的政治意志，使国家的货币政策服从于一
种发展的目标，这种发展应该以最大化地加强社会政策为旨归，换言
之，就是拒绝自由主义强加的经济政策手段的等级化，这种等级化将
货币政策的内部和外部组成置于最高地位，紧随其后的是预算和财政
政策，最后才是社会和基础设施政策。

我们认为，颠覆这种新自由主义的优先等级或金字塔结构，应该是
中国发展战略的特征。更加令人欣慰的是，今天的西方资本主义经济为
利息政策的彻底破产提供了有益的借鉴：事实上，利息率的最终决定权
是在金融寡头手中，而不是在国家手中，2008 年以来利息率的降低和
结构性危机的爆发，并没有导致生产性投资的复兴和经济增长。

五、中国的银行应该成为全能银行么？

丁教授的论文为我们追溯了这样一批银行的历史（这些银行大多是国有银行），它们在 20 世纪 90 年代前后首次进入金融市场和其他领域（特别是保险业和房地产业）——这和西方资本主义银行相似，它们也是在公共权力取消他们的专业分工限制之后进入这些领域的；此后，随着 1989 年到 1991 年的持续动荡，这些银行在 1992 年到 1995 年间被禁止经营这些业务，但后来又被重新允许开展所谓"混业经营"（即同时发放银行信贷和参与金融市场）。这一选择是不得已的，因为随着中国政府逐渐允许国外大银行在华开展业务，国有银行面临着外国大银行在境外和境内的竞争。

然而，银行业务的自由化正是这次结构性危机的主要原因之一，这次危机将金融领域与实体经济联系起来，沉重打击了世界经济。这次危机极度严峻的形势，要求大规模的干预和国家资本主义的复兴，从而放任那些小规模的银行破产，而为拯救那些金融寡头而背负沉重的债务，即所谓的"大而不能倒"的原则，因为据说这些金融寡头的破产可能导致整个金融体系崩溃。

这一切让"全能银行"的模式出现了问题，法国银行如今对这一模式充满信心，而忘记了在法国，它们也多亏了国家的援救才得以幸存。在西方，现在开始了两大改革。美国在 2012 年开始实施"沃尔克法则"，禁止银行为自身利益进行交易，换言之，银行不能利用储户的存款来投资风险资产从而发财（对于法国银行，这是可行的）。然而，我们应该了解风险业务从何而来，又如何为此建立一道"防火墙"。第二种安排，或者说"沃尔克改革"显得更加有力，它最初产生于英国，在 2019 年之前不会实施。按照这种安排，银行存款应该被划归一家分行严加监管，国家只为这一分行提供担保，该分行不得向其他参与市场业务的分行提供接济。问题在于，这一简单的法律意义上的分离容忍了所有其他的安排，因而给商业银行提供了很大的回旋余地。有不少专家也在考虑，是否应该将零售银行和投资银行彻底分离开来，这样一种分隔并不意味着零售银行就不能提供贷款，它可以用定期存款进行投资，但是这样的投资必须受到管制，且对于用户要完全透明。

按照丁教授的说法，中国正倾向于采取一种不同的解决方案，即"集团规模上的混业经营"加上"分行的隔离经营"。集团将采取一种股份制结构，某一家分行的破产不会导致整个集团破产。这样一种解决方案与广义上的沃尔克改革相近。我们承认，中国会对拆散本国的全能式大银行感到反感，但我们并不肯定这样一种解决方案会带来好的结果。该方案成功的前提是中国的银行和银监会不受外界影响，同时时刻监督分隔经营是否得到了严格的遵循。当然，这对西方经济而言要简单得多，因为在中国，大多数的大银行都是国有银行，——这种解决方案应该广泛实施，以确保存款的使用和银行信贷成为一种公共品，而银行则有义务提供公共服务。

但是，从外部来控制银行的所作所为是十分困难的，特别是，由于存在各种利益冲突或道德风险。西方的经验表明，管制者经常穷于应付各种金融工程，并无法监控频繁交易中资金的流动（即便他们能监控到一部分）。至于咨询公司、审计机构和评级机构，我们已经知道它们是多么的无能和宽纵。我们又回到了同一个问题：监管必须首先从内部开始，这就要求行为主体的多样化，例如从工人自身开始。因为，一个以金融为主导（凌驾国家之上）的体系，不仅意味着经济的完全失控，在政治层面上，也意味着民主制度的倒退。走向金融化的道路，与让人民参与与自身共同命运息息相关的根本决策这样一种发展道路相背离。在法国，我们已经有了许多来自银行部门的工人的反面例子，他们已经彻底被忽视了，我们还能看到，银行雇员的职业素质是如何地败坏（他们不愿意再去领会顾客的要求，而是最大限度地向他们推销一些他们自己也不明白的产品）。

六、人民币应该国际化么？

将人民币国际化，使之成为国际储备货币，必须满足一系列非常严苛的条件，如：（1）资本项目的完全开放和采取浮动汇率制度；（2）将中国的金融市场纳入资本主义世界体系；（3）宏观经济政策要以赢得金融市场的信心为导向（特别是抗击通胀和限制公共债务）；（4）有一个能适应这一主权货币国际化宏图的必要的经济规模。前两个条件是缺一不可的。后面两个条件则不是必要条件——此外，在过去和目前，就是拥有作为国际储备货币的资本主义国家也并不总是系统地遵循它们。

达到这些要求自然会为相关国家带来一些利益，如征收铸币税的权利，美国就是一个很好的例子。但是，这样一个定位意味着要更加彻底地屈从于统治世界的金融集团，也由此需要放弃一部分对货币政策的自主权。中国是否能在获取人民币国际化带来的利益的同时，避免付出与此相联系的巨大代价（即放弃对自身主权货币的完全控制，并彻底放弃自主的发展战略）？就我们所知，在新自由主义时代，金融需要一个强大的政府，但这个政府应该是服从于金融而反对人民利益的。通过反危机的政策而导致的新自由主义国家职能的复兴就是一个范例，它的目标不是拯救人民，而是拯救金融寡头。但是，应该当家做主的并非债券，而是人民自身。

在今天的中国，要求金融市场自由化的压力（这些压力来自不少经济学家和政治家），由于坚持对目前改革进程的控制和"现代化"中国经济的金融体系、最终达到人民币国际化目标的必要性的话语而有所减弱。但是这些话语仍然让人对中国社会主义市场经济的前途感到担忧，因为这些话语与国际货币基金组织或一些北方资本主义国家的新自由主义领导人给中国提出的建议十分合拍。我们还记得，法国前总统萨科齐在 2011 年 11 月的 G20 戛纳峰会上，同时支持中国采取新自由主义措施和将人民币纳入国际货币基金组织特别提款权的货币组成篮子。

（周思成 译）

中国的社会主义法制建设：障碍、压力和风险 *

〔法〕让·皮埃尔·卡贝斯唐

自 20 世纪 90 年代以来，中国的法律制度及其司法体制得到改革，并基本上实现了现代化。然而，中国的司法体制仍然面临着许多难题。其中，职业法学家的匮乏、腐败和地方保护主义似乎是根本性的难题。中国的"法治"（rule of law）和"法制"（rule by law）依然根据各方各自的政治、官僚和经济权力而不是根据法律或平等的原则来解释。法律制度的现代化将会继续下去，但实现社会和国际社会法律要求的政治转化仍有待时日。同时，风险、挫折和困境将继续阻挠中国建立真正独立的司法体制和法治。

中国社会主义法治的主要障碍

中国建立独立司法体制和"社会主义法治"的障碍可以分为两种。

---

* 本文选自《马克思主义与现实》2006 年第 1 期。作者让·皮埃尔·卡贝斯唐（Jean-Pierre Cabestan），法国国家科学研究中心高级研究员，巴黎大学比较法律研究所研究员，并曾任法国当代中国研究中心主任，主要研究中国的政治体制和改革、法律、台海关系和台湾政治。

一些来自官僚或者个人（大多数是地方上的）对新法规和中央建立的司法制度的抵制，因为这些法律和制度直接削弱了这些相关的利益群体。其他的一些障碍来自于中国政治体制所施加的规则、程序和限制。后一类障碍似乎更难以克服。但是，实际上很难划出这两类阻碍之间的界限，因为中国像其他国家一样，法律实践和审判严重依赖自身发展的政治、经济和文化环境。

在这些障碍中，有三个障碍似乎非常突出，因为无法为它们找到容易和快速的解决办法：财政和人力资源的缺乏、腐败和地方保护主义。

1. 财政和人力资源的缺乏

由于仍然是一个发展中国家，中国分配给法律制度尤其是司法体制的现代化的财政和人力资源很有限。这并不是否认最近 20 年里中国在恢复法律和法律职业上已经做的许多工作。

然而，这些数字仍然很低：一名法官对 6000 名居民和一名律师对 1 万名居民的比例不仅远远低于法国和美国等发达国家，而且远远低于诸如印度这样的发展中国家。当前的律师数量仍然很低，分布也极其不均衡，其中大多数都在沿海地区和城市中工作。另一个让人担忧的标志是律师和法官之间的比例失衡，它表明捍卫权利的力量不足：在大多数国家中，律师的人数远远多于法官的人数。2001 年，中国律师的诉讼参与率只有 27%（1996 年是 18%）；而且如果他们参与 54% 的刑事诉讼和 43% 的行政诉讼，那么他们就会缺席 4/5 的民事诉讼和 2/3 的经济诉讼。此外，中国的诉讼数量仍然大大低于诸如印度这样的国家。

除了数字之外，中国的司法体系仍然存在严重的专业人才匮乏问题。绝大多数法官和检察官仍然是匆忙接受法律培训的退役军官或警官。2002 年的一份报告表明，只有 10% 的法官拥有本科学历。律师只有一半受过四年的全日制大学法律专业教育。此外，法学家更愿意成为外国律师事务所或商法律师事务所的律师。许多中国律师只有在受到司法部门处罚制度强迫或威胁的时候，才从事刑事诉讼。

虽然北京和其他大城市有相当多的合格法官和律师，但这并非3500 个司法管辖区和 10225 家律师事务所的全部情况。这是法院的大多数判决书为什么没有公开的公认原因：其中许多判决书甚至不是书面形式的，而书面的判决书常常不够全面，或者不符合最高法院规定的标准。这种专业人才缺乏的状况将使下述状况持续很长时间：在只涉及中国的国民时，法院的判决至少在一定程度上仍然是秘密的。在最近几年里，中国作出了几项决定来改变这种状况。

最后，财政资源的缺乏将继续制约法院提供的司法援助。尽管最近几年作出了重要的努力来援助贫困的被告人，但在 2001 年只有 30 万件诉讼得到了这样的援助，仍然有将近 500 万民事争端不是由法院而是由大约 100 万个仲裁委员会来解决的。在这样的体制中，地方政府发挥了至关重要的作用。

在未来一段很长的时间内，中国的法院将继续遭受人才缺乏之痛，而律师事务所则程度小一些。情况正在逐步改善，但令人侧目的不平等在司法管辖区和法官中将持续存在。

2. 腐败

中国像其他许多转型国家一样，政府的退出常常更有利于产生不受控制的新权力领域和没有安全网的新的社会不平等领域。强权者或富人的力量、党政干部日益增多的腐败和行政人员的贪污腐化是中国今天面临的最严重的问题。当然，越来越多的中国人认为腐败是"第一位的政治挑战"。这些缺陷只能抑制或放慢中国法律制度尤其是司法体制当前的现代化进程和中国领导人建立"社会主义法治"的雄心。最近几年，一些地方的党政干部与黑社会并肩同行，或者为之提供保护伞。这些情况突出了中国某些地方的政府犯罪化的危险。毫无疑问，这不仅阻碍了法律的平等性，而且严重破坏了政府的机能和合法性。

最近几年，贿赂法官和检察官或者窃取这些职位的企图日益增加。当然，有人可能认为，这样一种倾向突出了中国法院日益增加的重要性和影响力。法官待遇低下的另一个副作用是使兼职成为必要的。大多数人因为显而易见的原因（尤其是不愿看到法院被它的法官抛弃）而对之采取了容忍的态度。然而，这样一种情况往往增加了利益冲突和偏袒的风险，因为几个小时后，许多法官变成了法律顾问（实际上是律师）。

法官教育水平低下及其升迁和流动规则缺乏透明度也被视为腐败的主要因素。此外，即使法官们设法秉公执法，但法院几乎没有强制性力量来强迫诉讼人执行判决：地方的政治或经济压力和被告方的破产是法院判决难以执行的最常见原因。换句话说，虽然腐败能够破坏法院的工作和对大量法律诉讼的处理，但其他的因素也能够中断应有的法律程序。其中，地方保守主义可能是最强大的因素。

3. 地方保护主义

虽然地方保护主义在中国有着根深蒂固的背景，但在今天的中国，它是两个主要因素的结果：一种失去权力制衡因而失去独立控制机制的制度模式；一种基于不同地区不均衡发展的经济战略。中国的领土规模也经常被当作是地方保护主义的原因，也就是说，许多省份尤其是竞争力较弱的地区倾向于只实施那些没有危及自身利益的国家法律和行政法规，而且颁布它们自己的"地方法规"，从而在此过程中变成中国人常说的"独立王国"。但是，虽然一个国家的地理状况决定了它的制度安排，但它很少意味着把国内市场分割成多重的和对立的"官僚和经济封地"。然而，这仍然是中国今天所存在的问题。

尽管法官和检察官相对专业化，但法院仍然高度依赖其管辖区的党和政府。当地方利益受到危害时，党委书记、市长（始终是党委的二把手）和分管政法委的副书记会影响法院的判决。这种趋势在经济领域中尤为明显。地方政府也试图影响高等法院的重审判决。法院对地方政府挥之不去的财政依赖以及党的干部制度也使这些干预变得轻而易举。

自从中国加入世界贸易组织之后，这种状况变得越来越难以忍受。但是，这种状况能够改变多少、能有多快呢？中国共产党在每一个政府行为中的领导地位不容置疑。尽管中国的宪法承认法院在司法活动中的独立性，但这后一种规则从属于前一种原则。可以说，打破省级和省级以下的保护主义以及阻止地方政府对法院判决和判决执行的干预已经明显成为第一位的事情。

中国司法制度可能需要的是组织模式的彻底革新和法院体系的垂直一体化。这种改革并不必然危及一党制。但是，今天大多数党的领导人，特别是地方领导人，仍然认为这种改革太复杂和不稳定，从而不予考虑。当然，中国建立"社会主义法治"也存在其他障碍，而更多的则是文化或历史的障碍。然而，在大多数中国法学家的眼里，上面简单讨论的三个问题是在中国的政治环境下建立"法治国家"的主要障碍。

中国法律制度面临的压力和风险

中国的社会主义"法治"有资格称为"法治"吗？毫无疑问，在中国政治民主化的过程中，上文指出的三个问题不会一夜间消失。经济（和文化）的制约是中国正在培养合格的法学家、根除腐败和同地方主义做斗争的环境。我们应该记住，这一点仍将是任何具有政治合法性的中国政府最高的议程。

中国的法律制度正在不同的社会和经济环境中演变。两套压力正在中国发挥作用。而且，即使这些压力不会直接使中国共产党的领导地位受到怀疑，它们也很可能迟早会迫使中国的领导人加速制度和司法体制的改革。第一套压力来自外部：中国加入世贸组织将迫使中国的法律制度逐步变得更加透明、可信和公正。这不仅是对强大的跨国公司而言，而且是对卷入司法争端的普通外国公司和地方企业而言。即使在今天，许多外国公司还是谨慎地看待中国对执行世贸组织规定的承诺，要求立法程序和对企业的监控中有更大的透明度。但是，关于这些外部的压力，重要的一点是它们可以增量地涌入中国的社会，并且说服更多的地方公司一窝蜂地转向法律行为，即使这是为了保护冲突的利益。

因此，第二套压力是来自国内的压力。这些压力常常被低估。不仅中国的商人增加了对法律和司法制度的要求，而且整个社会更加广泛的部门也是如此。这些要求反映在大多数改革主义或自由主义法学家所提出的思想或建议中。发生在 2003 年春天的"孙志刚事件"是这种压力有效性的良好例子。2004 年对党的政法委施加更多限制的努力、更具保护性的劳动法的发展和律师协会日益增加的自主性，这些都是党必然要去适应国内压力的例子。这种适应并不会直接挑战党的政治领导地位，它可能会促进国家与社会关系的稳定，同时又有利于法律和法院的逐步自主化。换句话说，这些国际和国内的压力即使不能够促进法治的诞生，也至少能够有利于中国成为一个新的"法治国家"。

然而，在这些压力产生的同时，中国的法律制度正面临着两种不同的风险。第一种风险是沿海地区和内陆地区之间日益扩大的差距。在沿海地区，法律和司法实践正在迅速地专业化；而在内陆地区，腐败官僚所控制的贫困地区将通过违反中国入世承诺和法律现代化的侍从主义（clientelism）和法团主义（corporatism）继续成功地保护自己。第二种风险是如果法律制度、尤其是司法制度没有表现出它们能够更有效地缓和社会面临的社会和法律问题，那么会导致政治的不稳定乃至动乱。如果在这一领域中提出无法接受的办法，社会动荡的风险和建立自由工会的压力可能会大大增加。

（原载"The Political and Practical Obstacles to the Reform of the Judiciary and the Establishment of a Rule of Law in China,"Jean-Pierre Cabestan, in *Journal of Chinese Political Science*, Vol. 10, No. 1, 2005.）

（吕增奎 译）

诊断和矫正资本主义的致命缺陷：
对中国的若干启示 *

〔美〕 克利福德·柯布

[摘　要] 关于此次全球性经济危机有两种解释方式，即前事实解释和后事实解释。目前，经济学家和评论家们只提供了后事实解释，认为是经济的周期性衰退构成了资本主义的致命缺陷，导致了经济危机，因此经济危机是不可避免的。这种关于经济危机的后事实解释无法解决经济问题，因此必须引入前事实解释，通过对资本主义制度的事前预测和分析指出资本主义的致命缺陷，提出解决办法。在世界经济出现衰退时，中国经济亦可以通过事前的预测和分析，出台相应政策，未雨绸缪，避免重蹈覆辙。

引　论

2007 年，当世界经济出现衰退时，中国经济保持了健康发展。但是，现在有迹象表明中国经济也出现了下滑的趋势。尽管中国的领导人在 2010 年初已经开始考虑出台相应政策阻止经济危机，但要完全避免

---

　　* 本文选自《马克思主义与现实》2011 年第 2 期。作者克利福德·柯布（Clifford Cobb）系美国著名生态经济学家，中美后现代发展研究院高级研究员。

灾难已是亡羊补牢。如果事实果真如此，那么，我们或许可以未雨绸缪，这样，就可以避免以后重蹈覆辙。

错误的判断：问题的核心

有关 2007 年经济衰退的权威解释是独一无二的。这意味着评论家在寻找这次经济危机的特殊原因，似乎没有先例可循。通过这种方式的分析，他们已经完全忽视了危机的真正原因，这也就意味着他们不可能阻止未来可能发生的同样的危机。结果，当中国的领导人向美欧等西方国家的专家寻求解决危机的办法时，这些专家也就无法提供能够帮助中国有效避免类似灾难的政策措施。

在美国，关于这次经济危机的经典解释是：第一，联邦储备银行把利率调得太低；第二，20 世纪 90 年代后期国会不适当地放宽了对银行的监管；第三，银行获准可以拆散住房贷款并重新打包成标准化的金融工具；第四，国会要求银行向具有不良信用的借贷者提供贷款；第五，银行家的冷酷与贪婪。最后一点不是经济学家的解释，但现在多数美国人似乎认为这是唯一必要的解释。

在考虑有关目前经济危机的其他解释之前，让我们回过头来更多地考虑一下这样一个一般性的问题，即解释这些事件意味着什么。直到我们承认存在不同的解释方式，为什么目前有关危机的诸多解释毫无意义就不言自明了。

两种不同类型的解释方式：后事实解释和前事实解释

众多文章中常见的关于全球经济危机和其他社会现象的一种解释方式属于事后解释，我们称之为后事实解释。也就是说，这样的理论是建立在事后搜集的有关资料的基础之上的。比如，一个事故发生后，警察到场后要寻找事件的原因。他们通过重现现场提供了似乎合理的事件经过及解释，这就是所谓的后事实解释。

另一种解释方式属于事前解释，我们称之为前事实解释。这种解释方式更为少见，但却可能形成科学的推测。前事实解释始于怀疑，然后假定一个潜在的原因。前事实解释的一个经典案例是牛顿的地球引力理论。我们不能直接测量地球引力，只能通过推断得知引力的存在。

把一个未被观察到的或者推断的变量作为某一事件的起因，是形成科学理论的第一步。然后，理论提供了一个预期，即我们将会发现意想不到的证据。科学理论就是这样创建可实验的假说并预测可能发生的事件的。

不仅对于普通公众，而且对于专家学者而言，认为这两种解释没有区别或具有同样的价值是产生一系列困惑的根源。后事实解释总是临时的，并且没有连贯性。它只是描述某一特定的事件。只有前事实解释才能提供隐匿于诸多事件背后的规律。

资本主义的致命缺陷：未被科学解释的危机

对于解决经济问题而言，前事实解释是必须的。但是经济学家和评论家只提供了后事实解释。基于此，经济的周期性衰退构成了资本主义的致命缺陷，因为这似乎无药可治。

就当前的经济衰退而言，奥巴马总统已经任命了一个金融危机调查委员会。毫无疑问，尽管这个调查委员会宣称的目的是发现危机的起因，但它将完全依赖于所谓的对银行放松管制这样的后事实解释。经济学家约瑟夫·斯蒂格利茨（Joseph Stiglitz）和保罗·克鲁格曼（Paul Krugman）公布的关于这次危机的解释，同他们有关 1997 年亚洲金融危机的判断非常相似。他们指出，错误在于对金融市场放松管制，允许没有政府适当监管的货币投资。

更深层次的问题是，从马克思、凯恩斯到米尔顿·弗里德曼，所有关于经济危机的普遍解释都没有提供一个前事实解释的理论。没有人提出一个推断的、隐藏的变量，来解释为什么经济会出现从快速增长到突然衰退的急剧转变。相反，每一个理论解释都似是而非，而且符合一些明显的危机的事实。马克思提供了一个关于资本主义长期失败的前事实解释（过度储蓄假说），但是，这种解释仅仅是对经济周期性衰退与扩张的观察和描述。凯恩斯和弗里德曼都没有对经济周期性失败的原因给出任何解释。相反，他们倒是给出了一些处理危机征兆的建议。凯恩斯建议增加消费以满足总需求；弗里德曼建议持续不断地增加货币供应以保持经济持续增长。

这样，对于经济学家来说，反复出现并一直困扰市场经济的经济危机，是一个无法解释的谜。资本主义的这一致命缺陷，是一个永远挥之不去的阴影。一个适用于所有类似危机的前事实解释的普遍理论是必要的。这种前事实解释理论通过确定某一潜在于每一次危机中的变量，将有助于我们预测并可能阻止将来发生的危机。这种前事实解释可能吗？

一种关于经济危机的前事实解释：弥补缺陷

实际上，不用回溯很远，这种关于经济危机的前事实解释就可以找到。亨利·乔治（Henry George）在1879年就给出了这样一种解释。他指出，周期性上涨的土地价格导致土地所有者的租金提高，导致支付给工人的工资和生产性投资相应下降。日益上涨的房地产价格导致生产下降、失业增加。直到房地产价格降到与其恢复平衡，生产才停止下滑。最近，加利福尼亚大学的麦森·格夫尼（Mason Gaffney）教授完善了亨利·乔治的理论。[①]

土地投机是导致萧条的初始因素。这是亨利·乔治理论的核心内容，也是麦森·格夫尼教授理论的出发点。后者指出，土地投机导致了继周期性扩张之后的突然衰退，这种衰退弱化了金融体系。他根据资料指出，土地价格上升——经济突然衰退——土地价格下降——经济缓慢复苏的这种周期性循环，在过去的200年中每16至20年就会发生一次。世界经济在2007年经历的这种相同的转变，分别于1798、1819、1837、1857、1873、1893、1912、1932、1958、1974和1991年在美国经济中发生。而且，这种情况可能在2026年再次发生。

麦森·格夫尼发展了一种"资本周转"的一般理论，他根据这一理论指出了房地产怎样周期性地影响持有其作为抵押品的银行。可贷资金在土地价格上升期间不断扩张，然后在经济由繁荣到萧条的时候突然收缩。银行一直是过度地举债经营，这意味着它的存款只是其贷

---

① Mason Gaffney. 2009. *After the Crash*: *Designing a Depression-Free Economy*. Edited by Clifford W. Cobb. Malden, Mass.: Wiley-Blackwell.

款的一小部分。举债经营使银行在经济繁荣期间获得利润，因为它们的资产价值似乎在以它们所拥有的、作为抵押品的房地产的形式增值。但是，房地产的价格最终会在达到某个峰值之后开始下跌。这时，银行资产的价值就处于危险之中了。所有人都同时想出卖他们的房地产，这恰恰促使价格大跌。当借贷者无法还贷，或者选择放弃已经资不抵债的资产的时候，银行把它们持有的资产当做了抵押品。这样，银行拥有了无法卖掉的贬值资产。由于银行储备成为无法卖掉的资产的束缚，所以，银行不能再贷款给小企业作为它们的运转资金。结果导致破产迅速增加。

房地产价格的周期性循环是目前资本主义的致命缺陷，但不是一个自然现象。它是由人类社会的制度造成的，也是可以改变的。借助征收土地市场价值至少3%的税收，就可以通过增加持有土地以期升值的成本而阻止土地投机行为。（较高的税收是更可取的，但是，征税土地的宏观经济收益似乎是从大约3%开始的。）一般而言，土地是运转笨拙的不动产，这就是不动产给银行系统制造麻烦的原因。但是，通过征税，土地就成了高效周转、收益较高的不动产。这可以有效避免由于大量长期外贷而使经济停滞的问题。

由于有影响的学究式的经济学家忽视了亨利·乔治和麦森·格夫尼提出的前事实解释理论，人们未能看见资本主义的致命缺陷。这就导致人们对世界范围主要经济危机持续的错误分析。只有拒绝所有关于经济危机的后事实解释，才能使经济学家认识到，这种能纠正导致资本主义似乎无法成功的缺陷的前事实解释理论的重要性。

中国当前的相关问题

2006 年以来，中国主要城市的土地价格像其他国家的房地产泡沫一样，以超乎想象的方式增长。北京、上海等地的房屋均价同家庭年收入平均值的比率已经上升到了 20 至 30（其他国家历史上的平均值是3）。北京、上海等地高档公寓的空置率则达到了 22%—30%。2003—2010 年间，北京新建住房的价格上涨了 362%。

地基价值或土地价格比房地产价格上涨的要快。现有的指标融合了快速上涨的土地价格和缓慢上涨的建筑成本，这样就导致土地价格上涨率被低估。尽管中国的业主是从政府手中租得土地而不是拥有，但 70 年的租期同拥有土地是等值的，同时，承租人会获得土地增值的所有收益。

对于知道寻求什么的分析人士而言，房地产价格上涨的不可持续性的证据，早在 2009 年就十分清楚了。下面三个因素中的任何一个都能显示出房地产价格过高、房屋过剩，相应而来的当然是严重的收缩。第一，房屋价格超出房屋租赁市场和家庭平均收入的比例；第二，开发商过度建造办公楼和其他商业地产；第三，地方政府的基础设施建设远远超出目前的需要。我已经分析了第一个因素即房屋价格升值的问题。关于第二个因素的一个例子是，尽管北京和上海的空置率分别达到了15%—17% 和 13%，但大量的办公楼依然拔地而起。

关于第三个因素，即地方政府过度的基础设施建设，虽然并不明显，但却是非常重要的。在中国，大量的基础设施投资是其经济过度增长的主要因素，也将是经济萎缩乃至停滞的主要因素。2009 年，中国

GDP 增长的 92% 来自于固定资产投资（GDP8.7% 中的 8%）。地方土地出让收入占 GDP 的 4.4%（大约是 1.5 万亿元人民币）。此外，地方政府及其代理人（城市开发公司）已经通过出让或抵押房地产，为基建工程借款 9 万—11.4 万亿元。当房地产资产价值下降（实际上必然会这样）时，全国范围的地方和省级政府将面临一个重大的财政危机，通过投资驱动的中国经济将会放缓甚至停止。实际上，地方政府包括政府所属的企业都是通过提升土地价值来筹措资金的。地方政府涉足房地产市场人为地助涨了土地价值上升。当房地产市场泡沫破裂的时候，地方政府及其商业企业也将面临倒闭的命运。

关于中国房地产市场的矛盾预测

自 2009 年末，一小部分中外经济学家一直在预测房地产市场将会崩溃，但是，由于缺少有关把土地价格与经济的其他方面连接起来的一般理论，大多数经济学家没有完全准确地预测房地产泡沫引发的风险。谁都知道有风险，但没有一个分析人士把握住了全部风险。

有些经济学家已经完全否认了问题的存在。另一些人则指出，由于以下某个原因，中国不会像其他国家那样面临同样的命运。这些原因包括：第一，中国的购房者必须支付房屋价格 30%—40% 的款项；第二，大多数投资来自国有企业；第三，中国政府拥有大量的现金储备。这是一种典型的"后事实解释"的思考方式。这种思考方式利用了某一不同于其他事件情形的特征，使之成为主要因素。这种情况在 20 世纪 90 年代早期的日本曾经发生过，当时，人们认为由于日本是一个多山的小国，所以房地产泡沫不会破裂。然而，日本的房地产泡沫还是破裂了，土地价格急剧下跌，银行系统丧失了流动资金。

一些分析家认为中国不存在房地产泡沫，因为，国家统计局列出的70个大中城市的房屋价格增长速度不比其他国家的快。但是，那些分析人士没有认识到地方房地产市场的投机行为能够毁坏整个经济体系。在美国，仅仅少数地方市场产生的危机就会影响整个世界。自2007年房地产市场下滑以后，2008年有4个州35个县（全国共有50个州、3000多个县）取消抵押品回赎权的情况达到了50%。20世纪30年代，底特律一家由于房地产投机受到削弱的银行控股公司的失败，成为1933年"银行假日"的主要原因，当时，全美所有银行业务都暂时中止以防止全国性的恐慌。因此，北京、上海某些银行的失败也能导致中国整个经济出现严重的问题。

中国的回应

尽管中国政府在2008年和2009年让城市土地投机行为推高了房地产价格，但是，中国的领导人最终在2010年注意到了这个问题。不幸的是，中央政府采取的行动没有改变主要房地产投资者（国有企业）的投资冲动。2010年3月，国务院出台了一系列法规以阻止银行向房地产投机者贷款，但是，投机者有效规避了大部分法规。结果，2010年6月，财政部报告建议2012年开始在几个城市试点，向房屋和土地同时征收物业税。由于省级和地方政府的抵制，物业税推迟征收，而这些政府的企业都是通过出让土地筹措资金的。

旨在提高拥有空置或被低价使用的房屋成本的物业税，将会极大地刺激城市里房产的使用。在中国，大约有2亿的城市家庭，然而城市里大约有 6000 万套房屋空置。据推测，这些房屋大多被以投机为目的的购房者持有。如果必须要支付拥有房产的成本，有些人可能会卖掉他们的房产。

物业税的一个关键问题是能否成功抑制投机冲动。批评者认为，2% 或 3% 的物业税不能阻止投机者购买并迅速卖掉以获利的行为。他们没有理解物业税，特别是关于区位价值的那部分税收，如同高利率一样，给房价施加了巨大的压力。当利率很低时，投机行为就大量增加。征收 2%—3% 的土地税将会抵消处于低位的利率，并保持房价处于一个较低的区间——民众买房是为了居住而不是买卖。在美国，限制物业税的州的购房贷款率最低。征收高物业税州的房地产市场很少会出现极端的不稳定情况。

有关物业税的另一种担心，是其导致中国经济非凡增长率下降的可能性。实际上，其相反的影响会更大。土地投资取代了生产设备和劳动力投资。而且，占用耕地导致城市向农村过度发展。如果征收物业税，这种分散的发展将不再经济。相反，由于增加了城市土地的使用效率，这种发展将更加平衡。

中央政府的回应表明高层正在把土地价格上升的问题视为经济的严重威胁。2010 年 4 月，财新网报道称："一份提交给李克强副总理的报告称快速上涨的房价威胁到了社会稳定。"① 很难想象，在西方，一份提交给高级官员的类似的报告正在准备。美国的经济学家几乎异口同声地赞扬地价暴涨是经济健康的反应。直到美国的房地产泡沫破裂，那些

---

① Fu Tao, Li Shen, Yu Ning, Zhang Yanling and Huo Kan. 2010. New Rules Pour Cold Water on Housing Market. Caixin online. April 20. http：//english. caing. com/2010 - 04 - 20 /100137084. html.

质疑价格暴涨的人才被称为"乌鸦嘴"。

直到现在，大部分中国的经济学家都在追随着美国著名大学经济学家的观点。但是，美国经济学家的名望更多地是来自于他们的政治联系而不是其原创的观点或正确的政策建议。通常情况下，美国的经济学家都忽略了房地产作为宏观经济模式组成部分的作用，所以，没有理由指望中国的经济学家有任何不同的看法。凯恩斯主义者和货币学派仍然控制着经济思想，所以，政府决策更多地是保持总需求和阻止货币供应的爆炸性增长。（2007年，中国实行了财政刺激政策。）

中国的经济学家需要从学习历史和质疑失败的标准化模式中发展独立自主的经济政策建议。尽管中国政府阻止房地产投机导致的严重衰退的努力为时已晚，但是，仍然能从通过把房地产整合到宏观经济模式的努力中得到启示。

结 论

资本主义已经为其经济周期性崩溃导致的高失业和社会失序的趋势的致命缺陷所累。我已经表明这个缺陷是可以弥补的。由于建立在"后事实解释"的基础之上，凯恩斯和弗里德曼的政策已经失败。现在是依赖于"前事实解释"理论揭示资本主义经济周期性崩溃的深层原因的时候了。

现在仅仅出现了一个有关目前经济萎靡不振的"前事实解释"理论，即假设土地投机、银行举债经营与金融市场周期性波动相关。这一由亨利·乔治和麦森·格夫尼阐发的理论，既能揭示问题产生的原因，也能提供通过向房地产征税来解决问题的方法。时至今日，如同市场经济没有周期性崩溃的命运一样，自由市场依然起作用。亨利·乔治提供了一个既不同于社会主义也不同于资本主义的组织经济生活的方式，他的洞见也能提供这样一种解决问题的方式，通过这一方式，中国经济能够规避与资本主义有关的所有问题，而这正是中国领导人努力寻求的兼具社会主义和资本主义各自特征的一种方式。所有这一切所需要的就是开放的思维。

（刘志礼 译）

东亚的现代性与革命：区域视野中的中国社会主义 [*]

〔美〕阿里夫·德里克

[摘　要] 本文探讨了东亚的革命者是如何不仅从他们与欧洲和北美之间的对峙当中，也从他们彼此的互动过程当中，学会了现代民族主义和革命，产生了地方化的革命话语。文章重申了与社会主义联系在一起的革命现代性的重要性，以及某些因社会主义而充满活力的国家观念的重要性。区域互动在东亚（包括中国）的社会主义、无政府主义的产生过程中，在东亚革命现代性的形成过程中，扮演过很重要的角色。这种区域互动不仅塑造了东亚的革命现代性，也塑造了并继续塑造着东亚区域本身。

我以下要讨论的是通过一种区域视角，来探讨如何更全面地理解东亚社会主义的兴衰起伏。我认为，这种区域视角能够把互动（interaction）带入那些缺乏或者轻视基于国家的考虑的激进主义者的视野当中。尽管在对这些互动过程于形成区域性的社会主义话语当中、或者于任何国家的社会主义成功和失败当中所起的部分作用做出准确评价之前，需

---

[*] 本文选自《马克思主义与现实》2005 年第 3 期。作者为美国俄勒冈大学历史学教授，本文为作者为本刊特别撰稿。

要进行进一步的研究；但从它们至少对各个区域的社会主义的维持和意识形态活力做出了贡献、某些情况下也对不同的革命运动所采取的路线做出了贡献这一现存事实中作出推论，也是合情合理的。同样的，该区域一些国家从 20 世纪 70 年代以来在全球资本主义经济当中所取得的成绩，也对那些革命的成功曾经使共产主义制度释放了巨大能量的国家从社会主义当中后退起到了某种作用。

区域方法要求关注自身也是一个问题的区域构成（region-formation）问题。我在这里的研究不仅仅是把区域设想为既定的自然实体——即某种所谓的历史阶段意义上的地理区域，而是把它们本身也看作一个正在进行的建构和重构过程。我将通过结论来详细解释这一问题。在此表明这一点已足够，即东亚激进主义的互动本身就是东亚区域的现代建构的一部分，我在这里所指的东亚，包括了东亚和东南亚，这既符合二战之后关于该地区的地理概念，也一直作为那时以后有关劳工分工的区域研究的基础。我认为，这种用法也更符合该区域居民所形成的概念实际。

我这里所设想的社会主义和区域问题是与现代性这一更重大的问题纠缠在一起的。假如从广义上来理解社会主义，以便包括一端是无政府主义另一端是布尔什维克的马克思主义观的一系列思想体系，那么，社会主义从东亚在 19 世纪末和 20 世纪初面对现代性的一开始，就作为一种意识形态问题和政治问题出现了。而且，社会主义在中国（以及在这一地区的其他国家）从一开始就是同民族主义纠缠在一起的。尽管不能把民族主义和社会主义彼此归结到一起，但中国和其他东亚国家的革命运动，从一开始就是民族意识激起的产物。我们可以从与国家建设任务和国家建设暗含的现代化任务关系重大的社会主义因素当中，找到这种民族意识的一些最重要的表现形式。反过来看，国家建设似乎也是为社会主义反抗贪得无厌的资本冲动走向全球而保留空间的唯一途径。民族国家既成了资本的代理人，也成了对抗资本的防守人。在后一方面，社会主义也扮演着重要的角色。国家建设和社会主义之间的辩证法所导出的观点，塑造了东亚采取的革命现代性的形式。

目前有一种普遍的趋势，即把东亚的社会主义革命看作一种对现代性任务的背离，明确地或不言自明地把这种现代性与资本主义现代性等同起来，而后者如今在所谓的全球化过程中得到了完全的体现。这种趋势也导致了阶级不平等、社会与经济公平等问题的边缘化，甚至导致了对民族国家的现代观念至关重要的国家与公民的亲密关系问题的边缘化。为了反对这种趋势，我在此重申了与社会主义联系在一起的革命现代性的重要性，以及某些因社会主义而充满活力的国家观念的重要性。我们所说的现代性并没有什么预先规定，它不仅仅是历史运行所产生的状况，而且是一种可能的历史意识，现代性本身已成为为未来斗争的地带。现代性意识，或"在现代"（being modern），本身也包裹在不同的空间性、时间性以及现实的或想象的文化差别当中。现代性不是我们继承来的或与生俱来的，它是我们在前进过程中创造或再造出来的东西，我们可以为现代性这样命名，也可以那样命名——从前现代到后现代。革命的现代性力求实现普遍现代性的承诺。区域内部的互动有助于这些承诺在整个东亚蔓延开来。后来，这个地区的一些社会在资本主义发展道路上取得的成功，很可能在人们失去对区域性的革命现代性的信任方面起了重要作用，带来了重要的全球后果。

一份最近发表的研究报告表明了东亚的革命者——从日本到菲律宾，经中国和东南亚一路到印度——是如何不仅从他们与欧洲和北美之间的对峙当中，也从他们彼此的互动过程当中，学会了现代民族主义和革命，产生了地方化的革命话语。① 一些东南亚社会特别是中国的华裔人口在这一区域之内或之外（例如北美）的蔓延，导致该区域自动产生了激进的民族主义政治。显然，海外中国人的民族主义影响了东亚，特别是东南亚的民族主义政治，这种现象似乎更值得密切关注。在这一地区流动的激进主义者当然有机会加强他们相互之间的联系，这不仅帮助了民族主义政治的扩散，而且培育了一种区域的甚至是整个亚洲的"种族意识"和文化意识，因为他们越来越认识到，面对欧美的帝国主义，亚洲人遭受着相似的命运。

从 19 世纪末到 20 世纪初，东京被当作了激进主义者的教育和活动场所，这很容易使人们联想到伦敦对欧洲激进主义者所起的作用。东京已成了被不平衡的发展和殖民主义打上烙印的东亚内部现代教育的风向标。来自整个亚洲（远至亚洲另一末端的土耳其帝国）的学生和激进主义者云集东京，他们的互动点燃了在民族主义当中找到表达方式的激进主义，但是从 20 世纪头十年起，它几乎立刻被表述为社会主义：开始时是无政府主义，最后以马克思列宁主义在中国、朝鲜和越南的最终胜利而结束。由于区域内部的互动对革命话语的传播有着重要的作用，激进主义者也参加了试图从殖民主义和帝国主义势力下解放出来的联合革命斗争。民族主义也许最终会使这一区域的激进主义者分道扬镳，但是在 20 世纪前半叶，为了对抗他们所理解的共同的国家敌人和阶级敌人，民族主义仍然使他们走到了一起。

在东亚社会主义的第一阶段里，无政府主义是占主导地位的意识形态。它在 20 世纪头 20 年期间的传播，使得激进主义的区域力量逐

---

① Rebecca Karl, *Staging the World*: *Chinese Nationalism at the Turn of the Twentieth Century* (Durham, NC: Duke University Press, 2002).

渐显现出来。无政府主义给那一时期弥漫的社会达尔文思想及其对冲突和帝国主义的合法化提供了另一种选择。日本、中国、越南和朝鲜的知识分子在通过"相互帮助"以达到进步的无政府主义者的承诺当中找到了希望，这种现象可以解释彼得·克鲁泡特金为什么会成为在东亚具有广泛影响的、最重要的无政府主义理论家。无政府主义知识分子依次向东亚的激进思想灌注了各种观念，这些观念包括从普及教育到政治上的社会参与、从妇女在社会中的重要性到家庭和社会之间的矛盾、从体力劳动和脑力劳动的分工给社会带来的不良后果到在任何可以预见的未来实行农业与工业结合的必要性，以及支撑这些观念的基本信念：正如所有的经济都必然是社会的经济一样，所有的政治最终必然是社会的政治。

这些观念被一种社会革命概念所包含，或者，在更广泛的意义上，被社会概念所包含；无政府主义者就是这些观念的首要的、最热心的鼓吹者。在无政府主义者引进到东亚思想的各种观念当中，产生了持久影响的是"社会革命"的观念，换言之，这种观念就是：如果不以社会转型为基础，就不能实现重大的政治变革。尽管一些无政府主义者被暴力所吸引，把暴力当作社会转型的一种手段，但另一些无政府主义者还是拒绝接受使用暴力，而偏向于和平方法，特别是普及教育。但是他们都坚持一个信念，即社会和社会力量是政治的决定因素，并且任何有意义的变革都必须将其作为出发点。

扎根于东亚知识分子和政治传统中的观念和价值，本应该有助于产生本土的、改造过的无政府主义，但它们对东亚和其他地方的无政府主义的历史发展却没有起到什么作用。这主要是因为这些地方的无政府主义者似乎只是偏好于简单地使这些价值适应无政府主义，或者反过来，使无政府主义简单地适应东亚的价值，而没有把这些观念和价值与欧洲

346

无政府主义者的思想结合起来，尽管这二者有一定的相似之处，但后者毕竟是由不同的历史和社会关注所激发的。与早期东亚社会中已经存在的观念相比，无政府主义者的观念刚一出现就代表了对政治空间的一种不同理解。东亚的无政府主义学者们曾努力把无政府主义放到过去时期的各种祖先遗产——从新儒家学说到道教和佛教——中加以解释。这种努力更多地是弥漫于东亚研究中的文化主义的产物，而不是对具体历史条件下出现的无政府主义的历史表述，它回避了在历史起因与为了一种产生于别的地方的历史意识而占有过去之间作出严格区分。它不仅与作为革命者的无政府主义者的自我形象相冲突，也与历史事实相冲突。无政府主义，以及他们提倡的社会革命意识，是由资本主义的现代性所导致的新的历史环境的产物，也是这种现代性在民族国家的形式下寻求政治重构的产物。欧洲的无政府主义者（例如克鲁泡特金）往往是科学和民主启蒙承诺的狂热鼓吹者，而绝大多数东亚的无政府主义者都赞成与本地传统正相反对的类似观念，这给他们带来了无休止的麻烦。要在本地传统中找到无政府主义，只能预设一种新的政治意识，其结果是必须根据现在的需要和意识来重新解释过去。

所有这些情况在东亚无政府主义的演变过程中表现得十分明显。无政府主义首先出现在日本，并在中国、越南和朝鲜的知识分子当中迅速传播开来。无政府主义在东亚的历史，集中体现了这个地区的显著的观念流传过程，知识分子本身的交流促进了这一过程，后者在这个世纪初达到了高峰。正是在这个意义上，我们才可以谈论依靠联合行动和共同话语而建构起来的东亚区域。无政府主义加上它对民族国家的批判，为区域整合的表达提供了合适的途径。

社会主义意识被当作救治工业社会问题的药方，首先是在 19 世纪 90 年代末的日本出现的。当时日本工业的发展已经使人们产生了对

"社会问题"的关注。但是，那些把自己看作社会主义者的人们也开始关注国家的力量以及东亚的日本帝国主义问题。幸德秋水（1871—1911）就是这样的社会主义者之一，他第一个宣称自己是无政府主义者。1905年初，幸德秋水因为有反战（俄日战争）行为而被关进监狱，他在给一个外国友人的信中写道，他作为一个马克思主义的社会主义者被关进监狱，回来时却成了一个激进的无政府主义者。[①] 他在监狱里阅读的书籍，特别是克鲁泡特金的著作，给他留下了深刻的印象，导致了他的这一转变。从监狱里释放出来之后，幸德离开日本到了旧金山的海湾地区，在那里，他不仅卷入了激进主义者当中，也卷入了激进主义者的活动当中。他在美国获得的经验使他放弃了议会策略而转向"直接行动"。1906年6月返回日本之后，幸德参与了激进主义者的社会活动，并有可能使得新成立的日本社会党受他的"直接行动"观点的摆布。这些活动使他与当局发生了冲突，当局控告他密谋刺杀明治天皇。1911年初，幸德被当局处死。

正是这一时期，在迅速发展的社会主义运动里的中国知识分子当中，也出现了明显的无政府主义趋势。1900年义和团运动之后，作为改革的一部分，清政府向国外派出了许多留学生。1906年至1907年，在这些出国知识分子当中出现了两个无政府主义者团体，一个在巴黎，另一个在东京。1906年（新）世界社（New World Society）在巴黎成立，它于1907年开始出版一份刊物《新世纪》（*The New Era*）。《新世纪》在随后的三年中成了无政府主义理论的主要载体，也成了关于欧洲无政府主义运动的一个主要的信息渠道。其中起指示灯作用的是李石曾

---

① "Letter to Albert Johnson", quoted in F. Notehelfer, *Kotoku Shusui: Portrait of a Japanese Radical* (Cambridge, UK: Cambridge University Press, 1971), p. 113.

（1881—1954），他曾去法国学习生物学，通过认识法国无政府主义地理学家埃里希·邵可侣（Elisee Reculs）一家人而转变为无政府主义者。《新世纪》提出了革命的、未来派的无政府主义，并且成为公开抨击本国传统，尤其是儒家学说的第一份中国出版物。几乎在同时，一个无政府主义社团在东京成立，它是一个研究社会主义的社团。与前者相反，由于受列夫·托尔斯泰的影响，他们提出了一种反现代的无政府主义，并且强调无政府主义与中国过去的哲学潮流，特别是道教之间的亲和力。在古典派学者刘师培（1884—1919）及其妻子何震的领导下，这个社团也出版了自己的刊物《天义报》和《衡报》。有趣的是，与巴黎的同仁相比，在这些东京出版物中，他们对于当代问题，尤其是反帝国主义和女权问题，采取了更为激进的态度。这些出版物还鼓吹克鲁泡特金关于在社会组织中使农业和工业相结合以及体力劳动和脑力劳动相结合的社会、道德利益的思想；这种思想在中国的无政府主义中有着持久的影响力。在这个社会主义协会（the Society for the study of Socialism）的成立大会上，幸德秋水是主题发言人。

正是由于同东京的中国无政府主义者的合作，使得无政府主义也输入了越南。当时，越南激进主义者潘佩珠就在东京，他和中国及日本的激进主义者一起进行活动。中国激进主义者当中的泛亚反帝国主义思想与潘氏对把越南人民从法国殖民主义统治下解放出来的关注之间产生了共鸣。但是，山本达郎教授指出：潘氏具有守旧的性格，他也可能是从东京的中国无政府主义者的"本土主义倾向"中找到了魅力。①

----

① *Hue-Tam Ho Tai，Radicalism and the Origins of the Vietnamese Revolution*（Cambridge，MA：Harvard University Press，1992），p.61.

1911 年对幸德秋水的谋反审判和处死，"标志着日本无政府主义的
'黑暗时期'的到来，这个黑暗时期一直持续到了一战结束"。[1] 尽管如
此，无政府主义活动并没有停止；大杉荣（1885—1923）是随后 10 年
中出现的最重要的日本无政府主义人物，他继续出版刊物并组织了一些
活动。虽然大杉在中国无政府主义者当中，以及后来在朝鲜的无政府主
义者当中，具有不可忽视的影响力，但是，由于警方的严格监管（大杉
自己也不断地进出监狱），这些活动是零星的、短暂的，并没有在日本
产生更多的后果。

与日本的情况相反，在那 10 年里，无政府主义却深深地扎根在了
中国内地的激进知识分子之中；虽然这些激进主义者与他们的东京同仁
一样也遭到了警方的干涉，但是，1911 年清朝政府垮台，随之而来的
骚乱局面使得他们有了更大的活动空间。在中国南方工人运动中，无政
府主义者的活动非常积极。巴黎无政府主义者把他们的活动带回了国
内，特别是在教育界产生了很大的影响。以一个由刺客转向无政府主义
者的人物为核心，中国南方出现了新一代的无政府主义者。这个人物就
是刘思复（1884—1915），其正式名字"师复"则更为大家所知晓。师
复于 1912 年成立了晦鸣学社并且出版了一份刊物——《民声》。晦鸣学
社成了 20 世纪 10 年代中期中国最重要的无政府主义组织。师复鼓吹克
鲁泡特金的社会无政府主义；尽管他不是一位特别有创新的思想家，但
在与社会主义者江亢虎（1883—?）之间进行的——关于澄清无政府主
义（"纯粹的社会主义"）与其他社会主义思潮之间的区别——辩论中，
他还是起到了很重要的作用。首要的是，由于他的严肃宗旨对其追随者

---

① John Crump, *Hatta Shuzo and Pure Anarchism in Interwar Japan* (N. Y. : St.
Martin's Press, 1993), p. 30.

和其他人产生了影响，以至于到了 20 世纪 20 年代，他的思想获得了"主义"（‑ism）的地位：师复主义。刘师复死于 1915 年，但他的追随者仍旧继续了他所成立的晦鸣学社的活动。

20 世纪 10 年代后期，教育改革活动在北京已开始起步，并在 10 年代末与 20 年代初的新文化运动中达到了高潮；这也为现代中国的文化革命播下了种子。在这些改革活动中，巴黎无政府主义者及其同仁起了重要作用，那些曾在师复指导下接受了锻炼的青年无政府主义者们携手走到了一起。无政府主义者关于家庭、青年和妇女的思想，他们发起的社区试验，以及他们对于劳动问题的关注——所有这些都在新一代的文化中占据了主流，尽管他们当中有许多人甚至不知道中国语境下的无政府主义源于何处。毛泽东就是受到无政府主义影响的人之一，与后来很多布尔什维克一样，他在那段时期对欧洲无政府主义者及其思想也表现出了热情。无政府主义者在中国第一个布尔什维克团体的建立过程中也起了作用，这种作用在 1921 年中国共产党成立时达到了顶峰；共产党的成立使无政府主义者渐渐失色，并把他们推向了中国激进主义的边缘。

20 世纪 10 年代中国无政府主义的蓬勃发展，也继续培育了越南的无政府主义。1911 年后，潘佩珠移居到中国南方，他不仅得到了来自日本的前同仁的支持，也得到了刘思复的支持。刘不但在经济上给他帮助，而且给他的组织活动提供了建议；支持的成果之一就是振华兴亚会（The League for the Prosperity of China and Asia），振华兴亚会"旨在促进中国和亚洲殖民地国家，尤其是越南、印度、缅甸及朝鲜之间的团结"[1]。

---

[1]　John Crump, *Hatta Shuzo and Pure Anarchism in Interwar Japan*（N. Y. : St. Martin's Press, 1993）, p. 60.

但是，到了 20 年代早期，这种情况就倒转过来了，无政府主义开始走下坡路，并从此一蹶不振。随着俄国十月革命的爆发，无政府主义者发现在其左边出现了一个强大的竞争者——布尔什维克共产主义者，这些人有着更好的组织能力，因而在组织正在壮大的工人运动方面效率更高，而且自然而然地可以得到新生的苏联的支持。日本的无政府主义者决定回复到最初的活动范围：加强工人运动，尽量远离政治。大杉荣于 1923 年被警方暗杀，但在八太舟三（1886—1934）的领导下，无政府主义者和工团主义者的活动仍在继续发展。八太舟三原是一个牧师，后来转变为无政府主义者，他企图使无政府主义摆脱马克思主义成分的"玷污"，并企图通过创立"纯粹的无政府主义"来达到其目的。无政府主义者在工团主义和"纯粹的无政府主义"之间的冲突中左右摇摆，其最终结果便是 30 年代的政治镇压，使得日本所有的激进主义都走到了末日。到 1927 年，中国的无政府主义者出于他们的反布尔什维克理论，把其主要精力放在了反对布尔什维克意识形态和工人运动；他们当中的一些人还与中国政界最反动的人物相勾结。

这种趋势的一个例外出现在朝鲜激进主义者当中。20 年代早期，朝鲜无政府主义者在中国多个地方成立了无政府主义社团，在东京也是如此。与他们的越南同仁相似，把朝鲜激进主义者吸引到无政府主义的最重要的因素是其反帝国主义立场。他们当中的一些人也在无政府主义者强调"直接行动"的口号中找到了吸引力，这为他们动员群众反对日本殖民政府提供了策略。申采浩是一位活跃在中国的最卓越的朝鲜无政府主义者，也是 1923 年《朝鲜革命宣言》的执笔者。他在无政府主义当中找到了用大众暴力反对殖民主义的合法性。他也相信，无政府主义为人们找到了另一条与布尔什维克专制主义和受莫斯科控制的激进运动不同的道路。朝鲜无政府主义者在东京的活跃也强化了无政府主义在反殖民主义斗争中的重要性。无政府主义与反殖民的民族主义的这种互相纠缠也许可以作为一个重要理由，以解释为什么很多朝鲜学者坚持认为：无政府主义者只不过是身着伪装的民族主义者。

在中国，无政府主义可能有着最为持久的影响。20 年代中期以后，尽管无政府主义者的活动与政治无关，但他们也继续进行了一些文化、教育活动。在文化界，做出了最重要贡献的是李芾甘（巴金，1904），这位小说家在很长一段时间里是唯一一位与国外的无政府主义圈处于同等高度的中国无政府主义者。在 1927 年上海成立国立劳动大学的过程中，巴黎无政府主义者起过帮助作用，他们试图把在教育上使体力劳动与脑力劳动相结合的必要性的无政府主义信条付诸实践，这一时期持续了五年。这一信条以及克鲁泡特金坚持的在社会发展过程中结合农业与工业的思想，曾成为新文化运动中激进文化的一部分。无政府主义者对中国激进主义的这些贡献比无政府主义运动影响更加深远，并且在 1949 年后反对布尔什维克官僚主义的斗争中成了一种重要的因素。

区域互动在马克思主义的起源和演变过程中、在这种主义于 20 世纪 20 年代所激起的共产主义运动中，同样起了重大的作用，此时，马克思主义已经取代了无政府主义而成了东亚社会主义的主流。就像无政府主义一样，马克思主义也是在日本找到了第一批追随者。因此，日本成了马克思主义理论文献以及 20 世纪 10 年代末共产主义激进运动的主要的——如果不是唯一的—— 源泉。早在 20 世纪的 10 年代，马克思主义者片山潜就已活跃于第二国际和日本在美国的社团组织。20 世纪 10 年代，马克思主义又得到了日本学术界河上肇等人的极力拥护。河上肇的理论著作给中国的第一批马克思主义者提供了马克思主义的知识。河上肇代表了日本学术界一种趋势的开始，这种趋势一直持续到 20 世纪 30 年代，30 年代到"二战"期间遭到镇压，"二战"结束后，又得以恢复。20 年代末至 30 年代，马克思主义在日本社会科学界有着很大的影响力，在有关日本历史和东亚其他国家的历史的著述中，更有着特殊的影响力。马克思主义历史学家在日本学术界的影响力一直持续到 20 世纪 70 年代。

1917 年俄国十月革命以后，马克思主义的共产主义同样成了无政府主义在日本激进的政治运动中的对手。在这期间，政府的持续镇压虽然避免了激烈的工人运动的爆发，但是马克思主义对工人、对妇女运动却产生了强烈的影响。"二战"中，共产主义者发挥了重要的作用，"二战"刚结束的一段时间，激进的联合活动又有了一定程度的恢复，但到 20 世纪 40 年代末又因美国占领当局的帮助而被镇压下去了。

马克思主义思想从美国和欧洲的社会民主和社会改革中渗透出来，与逐渐高涨的民族主义运动结合在一起，在 20 世纪初的中国达到了激进的程度。20 世纪 10 年代，在孙中山及其身边一班人被"流放"到日本的时候，国民党的一批理论家，如胡汉民、戴季陶等，对马克思主义有了更深入的了解。这说明在 20 世纪前 20 年当中，那些对马克思主义抱有好感的激进主义者，正是当时居住在日本、并与河上肇那样的日本激进主义者有着频繁接触的人。大约在 1920 年，当国民党再一次在中国大陆安定下来时，国民党理论家们也属于了开始探讨马克思主义理论的阵营。1919 年五四运动之后，经历了无政府主义阶段的新一代激进主义者逐渐转向马克思主义，并很快加入了这一阵营。正是这些激进主义者，在刚刚建国的苏联派来的顾问的帮助下，于 1921 年成立了中国共产党。1925 年 5 月，参加反帝国主义游行的中国工人和学生遭到杀害，这一事件导致了"五卅"运动的发生，共产党随后迅速壮大起来。这一运动之后，共产党顺利地成为全国工人罢工的当然领导者。而在中国南方，共产主义运动的重心在 1924 年国共合作之后发生了转移，与国民党和无政府主义者的联盟仍然强大，这导致了工人运动内部的严重分裂以及 1927 年国民党对共产主义运动的镇压。

1927 年 12 月的广州起义，创建了短命的广州公社，标志着中国共产主义革命运动由城市转移到农村。参加广州起义的人当中，包括了一些日本人、朝鲜人以及一些越南的共产主义者。① 正如早期的民族主义和无政府主义运动一样，全东亚的共产主义者在革命行动中携手合作，不仅是由于共产国际的推动，而且也是政治斗争的需要。尽管共产主义运动在这一区域所有的社会中都遭到了政府镇压，但在殖民统治的国家，镇压尤其残酷，如法国统治下的印度支那、日本统治下的朝鲜和台湾。另一方面，1927 年之后中国农村的共产主义运动的发展，则为非中国的共产主义运动提供了活动空间。

1910 年殖民统治确立以后，俄国（也就是后来的苏联）东部各省、中国东北（满洲）和上海，为持民族主义和共产主义倾向的朝鲜激进主义者提供了活动场所。早在 1918 年 1 月，一个朝鲜共产主义组织在伊尔库茨克成立，这也对 1920 年以来共产国际推进中国共产主义的发展很有帮助。② 据徐大苏所说，朝鲜共产主义者始终受到党派之争的困扰，这使得各地区的共产主义者通过各种方式与其他国家的共产主义者加强联系。这种联系有时候表现为不同政党之间合作的形式，例如，30 年代中期，中朝共产党开始在东北组成统一战线，"二战"期间又在延

① 有关这些参加者的记录，可参看 Kim San, Song of Ariran; A Korean Communist in the Chinese Revolution, by Nym Wales and Kim San(San Francisco: Ramparts Press, 1972)[rev. reprint of original published in 1941]；中央党史编辑委员会等：《广州起义》，北京新华书店 1988 年版，第 607—635 页。

② Dae-sook Suh, The Korean Communist Movement, 1918—1940(Princeton, NJ: Princeton University Press, 1967), p. 10.

安革命根据地组成统一战线（直至"二战"结束后，延安一直作为包括日本和美国在内的国际共产主义者的聚集地）。30年代中期，身居日本的朝鲜共产主义者在一些情况下完全成了日本共产党党员。中朝共产主义者在东北、在满洲的合作是最为紧密的，满洲在"二战"后成了解放朝鲜的基地。战后北朝鲜的领导人金日成就出生在满洲，在中国接受学校教育，并在中国的游击战争中开始了他的革命生涯。

另一方面，越南革命者从一开始就对延伸泰国到中国南部的网络表现得最为积极。民族主义者和无政府主义者在20世纪初就已经对这一网络表现出热情。越南共产主义革命的领导人胡志明（以前的名字是阮爱国），在法国时就已经转向布尔什维克主义，但正是从中国的基地开始，他才担任了越南革命的领导人。一位法国间谍在1925年的报告中写到：

> 阮爱国在广州找到了一个完全符合他的理想的社会环境……他领导的安南革命军正在前线战斗……他的许多亲属在广州做军事领导，他对广州环境的熟悉使他在反对法国的团体中发挥了主导作用。①

1925年至1927年是广州—香港大罢工的高潮期，之后又发生了1930年对抗议者的大屠杀，首先是在上海，然后是在广州，许多人把广州当作世界革命的前沿阵地，亚洲的"红色首府"。像阮爱国这样的越南革命者追求的不仅仅是越南的革命事业，与早期的片山潜一样，他们追求的是全世界范围的共产主义事业。

---

① 引自 Christopher E. Goscha, *Thailand and the Southeast Asian Networks of the Vietnamese Revolution, 1885—1954* (London：Curzon Publishers, 1999), p. 66。

　　对以区域网络为基础的东亚共产主义运动的研究并不多，其中，克里斯托夫·高沙（Christopher Goscha）表明了区域视角在理解共产主义在越南革命中发展和传播的重要性。越南共产主义者不仅以东南亚和中国北方的基地为活动场所，而且充分利用了中越的商业和血族关系网络，以各种方式拥护包括孙中山、无政府主义者和共产主义者等在内的中国革命者的领导，以避免在中国大陆受到压制。因此毫不奇怪，中国和越南的革命运动会在东南亚复杂的民族纠纷中彼此纠缠在一起。1930年，新成立的印度支那共产党2000名党员中，1/10是中国侨民。①

　　东亚的各种共产主义运动的合作甚至相互纠缠，同样一直伴随着彼此之间的怀疑。正如经济、政治、社会和文化互动的以往成果为寻求整个区域的革命现代性提供了语境一样，政治不平等的传统也导致了相互猜疑，这种猜疑在19世纪末由于现代帝国主义和殖民主义引发的新型的分裂和镇压而进一步加剧。中国、越南以及朝鲜的共产主义政治胜利后，这些冲突的传统依然显现。合作以后，怀疑和武装冲突也随之而来（例如中国和越南）。然而，20世纪上半期反抗殖民主义和寻求革命现代性的共同历史记忆，是不能被"二战"后民族主义驱使下的冲突所抹掉的。

　　东亚社会的共同点，如主要是农业官僚社会、受帝国主义和殖民主义的统治、为了反抗帝国主义和殖民主义所动员的强大武装力量而有必要开展长期的武装游击战争、在这些斗争中相互合作等，无疑也十分有助于共产主义在这些国家所推进的民族解放运动。这些运动把摆脱帝国

---

　　① 引自 Christopher E. Goscha, *Thailand and the Southeast Asian Networks of the Vietnamese Revolution, 1885—1954* (London：Curzon Publishers, 1999)，p. 86。

主义和殖民主义统治的民族解放任务和反抗过去遗留下来的或者由全球资本主义经济所创造的统治阶级的社会革命任务结合在了一起。同样重要的是长期革命斗争所要求的共产主义理论的军事化，这在亚洲马克思主义者的各种措施当中表现得十分明显，如中国的毛泽东和林彪，越南的胡志明、武元甲和范文同，朝鲜的金日成。这种要求实现到何种程度，则取决于具体的民族和历史语境。

由于这些意识形态倾向是东亚解放斗争的产物，也是该区域寻求革命现代性的共有的传统，因此，当它们在解放后建立的官僚社会主义政权下被不明智地引向逻辑结论时，有时也将导致灾难性的后果，并破坏自己曾允诺过的寻求革命现代性的努力——这是东亚革命政权共有的黑暗面。东亚社会主义的失信和衰落不仅仅归咎于社会主义政权的失败。这些政权从成立之初就受到侵略和骚扰。最后，周边东亚资本主义政权的成功对共产主义政权的不稳定和幻灭产生了巨大的影响，至今，只有北朝鲜还是共产主义政权，但也几乎是与世隔绝。谈论革命现代性的承诺是否已被彻底忘记，也许还为时过早。20 世纪 70 年代末以来，与全球资本主义经济的融合在像中华人民共和国这样的社会里产生了深刻的问题，其中包括政治一体化的问题，这将有助于保持这些承诺，哪怕只是在记忆中保持。但是，在人类的世俗需求开始超过华丽的现代性景观的时候，这些社会——以及通常所说的全球联系——正在以把革命现代性和它对普遍公平和正义的承诺放逐到往日岁月的方式进行重塑，这不仅仅是在东亚，而且在全球都如此。

我想用几句话总结一下区域视角的方法论意义。我在这里建议用这种视角去审视的不光是社会主义，而且是普遍意义上的东亚现代性。区域视角很重要，但同样重要的是不能把区域概念具体化并掩盖那些进入了区域建构和区域历史的互动过程。不同的区域概念也许和不同的政治倾向和议程联系在一起，比如在"东西"的划分上，"二战"后长期用文化地理取代政治，或者取代地理政治化的、利用殖民主义、东方主义和美国在太平洋亚洲的利益等长期传统所做的区域定义。我们还需要注意，一个区域的视角并不一定与类似的文化传统有关，就比如革命者一样，他们不仅仅只是承继了某个区域，而且建构了他们选择的区域——这不光是观念上的，还包括行动上和组织上的。我在上文中已经提到过，克里斯托夫·高沙认识到了现存网络对于创造殖民的和革命的政治空间的重要性，但他也只是这样写道：

> ……这些亚洲运动的地理学是这样的，新的区域概念开始在这些反殖民的头脑中形成……比如，1931 年，法国人从搜获到的文献中得知潘佩珠的游击队准备在整个亚洲建立三个大的活动地带，来避开法国的近距离监视。第一块地带……包括香港码头所覆盖的地区、广州、澳门和东京。第二块地带覆盖了上海和南宁，而第三块地带……连接新加坡、泰国和老挝，以便在印度支那西侧建立一条走廊。旧的区域叫法，如 Ha Chau 和 Tieu Tay Duong，正在被以一种新的、甚至是颠覆性的方式加以改造。①

区域之间的关系与区域内部的关系一样，也经受了历史性的、方式多样的转变——就像东亚与法国指示、莫斯科指示之间的关系的转变，或者在殖民主义、民族主义和资本主义问题上区域内部关系的转变。要想说明这个动态过程，要想说明不仅地区而且国家和文明都不是同质的

---

① 引自 Christopher E. Goscha, *Thailand and the Southeast Asian Networks of the Vietnamese Revolution, 1885—1954* (London：Curzon Publishers, 1999)，p. 40。

单元而是历史的"高地"（Ecumene），还需要说上更多①。在最近的一篇文章中我曾经提到过，对像"高地"这样的概念所表现出来的空间进行重新定义，不仅对于在历史写作中克服欧洲中心主义，而且对于给我们概念化我们组织历史思考和写作所处的空间重建历史性，都是必要的。这里最重要的考虑是：要把共性和个性都放在突出的位置，并意识到共同空间的内部空间性的多样化，共同空间不仅以严格的界线为标志，而且以互动的强度和集中度为标志，而互动本身又受制于历史的变动。这样一种对于"高地"的理解是与该术语的词源一致的，意味着一个有人居住的或适于居住的世界，一个从希腊人到欧洲人再到中国人所构思的世界，一个不包括我们所理解的世界、却仅仅指涉关乎紧要的世界的世界。正是现代性从古人的众多世界中创造了一个世界，但即使这个世界，也已经被所谓的全球化弄得面目全非，全球化把已知的星球统一起来，但又沿着旧的和新的裂痕把它撕得粉碎。

东亚区域化的范围变动，在我前面提到的革命传统中已经可以看出来，而其他在区域定义中所展现的传统也说明了这一点。东亚儒家和新儒家学者近年来对此谈论不少，当然，一直以来，儒家学说就是中国文明的特征，而中国文明在东亚占有主导性的中心地位。想想很有趣，一旦孔子成为中国人，他就从一个周朝的贤人一跃成为民族意义上的文明的起点。当日本、朝鲜和越南为了他们自己的目的而采用儒家学说时，一直强调要有他们自己独特的个性，他们这样做是为了成为宋、元、明

---

① 此处"高地（Ecumene）"的定义是"强烈的、持续的文化互动的地区"。这一定义是约翰·科马罗夫（John Comaroff）和吉恩·科马罗夫（Jean Comaroff）在乌尔夫·哈内兹（Ulf Hannerz）和尤格·柯皮托夫（Igor Kopytoff）的基础上作出的。参看：Jean Comaroff and John L. Comaroff,"Millenial Capitalism：First Thoughts on a Second Coming,"*Special issue of Public Culture*。

的一部分，而这又是他们曾经奋力反对的；或者因为他们觉得儒家学说的管理国家的本领和社会组织方面的价值存在于与其说是中国的不如说是古典的、在不同国家有不同表现形式的传统之中。① 这是我在提到共性和个性甚至根本区别时，我头脑中所想到的。当这种想法涉及各个社会在各种各样的"高地"中相互纠缠在一起时，情况就更加复杂。我们所说的中国，本身不完全是由里而外地成长起来的，不仅仅是以黄河平原为中心辐射形成的，而是同样来自不同方向的、产生跨地域空间的外来力量注入的产物。这些内外互动产生了我们现在所知道的中国，她一旦形成，就会包容这些互动的力量，把这些力量的记忆推到一边去。这些力量向着历史探索中心的记忆恢复，以比我前面提到的多得多的方式重铸着中国的历史。

我之所以过分强调那些阻止分裂力量进入同质整体的力量的作用，目的不是要取消历史，而是要把历史描绘成一种微观历史的聚合体。我只想阐明一种完全彻底的历史主义可能会带来什么结果。范例（或者说隐喻，假如你喜欢的话）是一种在很多情况下都能结出硕果的东西。它的优点之一，就是准许"高地"的不同部分在面对不同"高地"的部分时能够做出不同的——并且是自主的——反应。在某些情况下，区域也可能起到这样的作用，但是"高地"并不是按照自然距离而是按照社会和文化结构形成的，这样的"高地"也可以被用来指遥远的距离，例如，散布全球的当代移民人口。

---

① 关于这些问题的最新、最全面和最具有启发性的讨论，请参看：Benjamin A. Elman，John B. Duncan，and Herman Ooms（ed.），*Rethinking Confucianism：Past and Present in China，Japan，Korea and Vietnam*（Los Angeles，CA：UCLA Asian Pacific Monograph Series，2002）。

根据这样的人口流动，我们可以带点夸张地说，东亚的范围扩及到了全球，尽管如今该区域在地理上千差万别的一些部分正在走向边缘化。这方面的例子如，中国的西部甚至内腹地区正日趋落后，同时大量的经济、政治和文化力量聚集到了沿海地区。同样的情况在这个国家发展的早期阶段，在革命政府设法克服这种情况以保证国家的经济和政治统一之前，也曾经存在过。中国的海外华侨曾经为中国的种种革命活动提供了帮助，同样，他们也在这些发展当中起到了关键的作用。

区域的重构与全球化这一术语所包含的过程息息相关。全球化不仅对社会主义革命的传统提出了挑战，而且对从寻求革命现代性的过程中衍生出来的民族意识提出了挑战。介于全球、民族和地域之间的区域视角，对于抓住这些重构来说是必要的。但我们要记住一点，即区域本身也是被改造的，哪怕在我们思考这个问题的时候。

（谭翠莺、曹义恒 译　曹荣湘 校）

图书在版编目（CIP）数据

科学社会主义研究 IV ／ 李媛媛主编.
—北京：中央编译出版社，2014.12
（马克思主义研究资料 ／ 杨金海主编；22）

ISBN　978 - 7 - 5117 - 2450 - 2

Ⅰ.①科…　Ⅱ.①李…　Ⅲ.①科学社会主义理论 - 文集
Ⅳ.①D0 - 0

中国版本图书馆 CIP 数据核字（2014）第 306234 号

科学社会主义研究 IV

出　版　人：刘明清
责任编辑：盛菊艳
责任印制：尹　珺
装帧设计：田晗工作室
排版制作：北京宏章文化发展中心
出版发行：中央编译出版社
地　　　址：北京西城区车公庄大街乙 5 号鸿儒大厦 B 座（100044）
电　　　话：(010) 52612345（总编室）　　　(010) 52612335（编辑室）
　　　　　　(010) 52612316（发行部）　　　(010) 52612317（网络销售）
　　　　　　(010) 52612346（馆配部）　　　(010) 55626985（读者服务部）
传　　　真：(010) 66515838
经　　　销：全国新华书店
印　　　刷：山东鸿君杰文化发展有限公司
开　　　本：787 毫米 × 1092 毫米　1/16
字　　　数：293 千字
印　　　张：23.5
版　　　次：2014 年 12 月第 1 版第 1 次印刷
定　　　价：140.00 元

网　　　址：www.cctphome.com　　邮　　箱：cctp@ cctphome.com
新浪微博：@中央编译出版社　　微　　信：中央编译出版社（ID：cctphome）
淘宝店铺：中央编译出版社直销店(http://shop108367160.taobao.com)　　(010)52612349

本社常年法律顾问：北京市吴栾赵阎律师事务所律师　闫军　梁勤
凡有印装质量问题，本社负责调换。电话：(010)55626985